KB203843

격려의 말.

진실함과 단순한 마음은, 늘 얼마나 소중한 것들인지!
참으로 자기 마음에 있는 것을 말하는 자는,
굳이 찾지 않아도 자기 말에 귀 기울일 사람들을 얻을 것이다.

– 토머스 칼라일(Thomas Carlyle: 1795 – 1881 영국의 사상가이자 역사가)

우치무라 간조 회심기

우치무라 간조 회심기

: 내 영혼의 항해 일지

How I became a Christian : Out of My Diary

우치무라 간조 지음
양혜원 옮김

홍성사

내 영혼이 천국에 들어갈 수 있도록
준비시켜 주는 하나님의 사자로서
이 책에 약자(略字)나 기타 표기로 나타나는
훌륭한 사람들에게,
죄인 중의 괴수가 쓴 이 보잘것없는 글을
가장 깊은 애정으로 바칩니다.

■ **일러두기**

1. 〈우치무라 간조 회심기〉(*How I Became a Christian*)는 우치무라 간조가 원래 영어로 쓴 책
   인데, 정작 영어권 국가에서는 출판되지 못하여 1895년 일본 도쿄에서 먼저 영어로 출간
   됐다. 그러나 나중에 시카고에서 출판된 이래, 널리 알려져 유럽에서는 독일어, 스웨덴어,
   핀란드어, 덴마크어, 불어로도 번역 · 출간됐다. 이후에 일본에서도 일본어로 번역되어 고
   전으로서 자리매김하며 오늘날에도 꾸준히 읽히고 있다.

2. 인물이나 지명, 사상 등에 관해 괄호 안에 풀어 쓴 내용 설명은 편집자 주(註)로서, 따로
   표시하지 않는다.

3. 본문 중 일본 현지에서 통용되는 화폐 단위($)는 저자가 영어권 독자들을 위해 당시의 엔
   화를 달러로 환산하여 표기한 것이다.

차례

서문

일본 출간본

내가 미국에 있을 때, 여러 종교 모임으로부터 딱 15분 동안만—모임의 주요 강사인 어떤 유명한 박사가 대부분의 시간을 채울 예정이므로—이야기를 해달라는 요청을 자주 받았다. 그럴 때면 나는 내가 무슨 말을 해주면 좋겠느냐고 의장에게 종종 물었는데, 내가 들은 가장 보편적인 대답은 "그냥 어떻게 회심(回心)하게 되었는지 말씀해 주세요"였다. 나는 어떻게 하면 그러한 요구에 부응할 수 있을지 늘 막막하기만 했다. 기독교를 접하게 된 후부터 내 영혼에 밀어닥친 엄청난 변화를 '딱 15분 동안'에는 도저히 설명할 수가 없었기 때문이다.

사실, 이교도(異教徒)의 회심은 그들에겐 언제나 경이로운 일이다. 그러기에 내가 어떻게 우상을 불 속에 던져 버리고 복음을 붙잡게 되었는지를 직접 듣고 싶어하는 그들의 바람은 당연하다. 그러나 나의 회심은 다른 많은 회심자의 회심보다 더 완고하다. 순간적인 환희를 느낀 적도 여러 번 있었고, 예기치 않은 영적인 조명을 받은 적도 많았지만, 나의 회심은 느리고 점

진적인 과정이었다. 나는 하루 만에 회심하지 않았다.

내가 더 이상 우상 앞에 엎드리지 않게 된 후로도 한참 동안, 아니, 내가 세례를 받은 후로도 한참 동안 기독교의 기본적인 가르침들—지금은 나 자신을 기독교인이라고 부르는 데에 핵심적인 것이라 믿고 있는—을 믿지 않았다. 아직도 나는 "내가 잡은 줄로 여기지 아니하고 그리스도 예수 안에서 하나님이 위에서 부르신 부름의 상을 위하여 달려가"면서(빌 3:13 – 14 참조), 현실 속의 나는 예전의 이교적인 면을 모두 떨쳐 버리지는 못하고 있는지도 모른다.

이 기록들은 내가 지나온 영적인 성장의 다양한 단계들을 정직하게 고백한 것이다. 독자들이 인간의 마음을 꾸밈없이 표현한 것으로 이 글을 받아들여 주고, 이 글이 기록된 언어를 관대하게 평가해 주기를 바란다. 이 언어(영어 – 옮긴이 주)는 내 모국어가 아니며, 나는 화려한 문필로 먹고 사는 사람이 아니기 때문이다.

— 1895년 5월 1일, 태평양의 한 섬에서 조너선(저자의 세례명)

미국 출간본

미국에서 이 책을 출판하게 된 것은, 전적으로 미네소타 주

미네아폴리스에 사는 나의 존경하는 '형' 데이빗 C. 벨의 도움과 격려 덕분이다. 십여 년 전, 포토맥 강 언덕에서 우연히 시작된 우리의 우정은, 그 때 이후로 큰 바다를 사이에 두고 편지를 주고 받으며 키워 나갔다.

이렇게 우리의 관계가 지속될 수 있었다는 사실은, 신앙의 보편성을 보여 주는 결정적인 증거다. 그 신앙 안에서 우리는 나이와 국적의 차이를 뛰어넘었고, 그 옛날 다윗과 요나단처럼 가까운 사이가 되었다.

이 책에서 선한 것이 조금이라도 나온다면 그 칭찬은 전부 나의 벗에게 돌리기를 바란다. 고통받는 인류의 신실한 친구요 미국의 탁월한 주일학교 교사인 그는 가련한 이교도 회심자를 섬기는 데 자신을 내어 주었고, 그 안에서 자신만을 사랑하는 이기적인 사람은 결코 알지 못할 기쁨과 만족을 누렸다.

이 세상에서 주를 믿는 형제들 간의 사랑의 사귐보다 더 달콤한 것이 또 있을까!

— 1895년 10월 4일, 일본 교토에서 우치무라 간조

독일어판 신판(新版)

나의 독일인 친구들에게.

내 작은 책 〈우치무라 간조 회심기〉(*Wie ich ein Christ wurde*)의 새로운 인쇄판이 새 독일(New Germany, 세계 제2차 대전 후의

독일 – 옮긴이 주)에서 나오게 된 것은 매우 감사한 일이다.

세계 대전 동안 나는 '독일로서의 독일' — 전투적인 제국주의 (Kaiserism)의 독일이 아니라, 복음주의 신앙과 관념주의 철학의 독일 — 에 대해 늘 연민의 마음을 가지고 있었다. 이제 구체제는 가고 새체제가 왔으나, 독일에 대한 나의 사랑과 믿음은 한 치도 변함이 없다. 독일은 굴욕을 당할 때마다 그 위대함을 발휘했었기에, 지금 당하고 있는 큰 굴욕 속에서도 다시 한 번 그 위대함을 발휘하리라 믿는다.

나는 해군과 식민지를 빼앗긴 지금의 독일이야말로 본래의 모습을 찾은 것이라 생각한다. 독일의 참된 행동 영역은 육지나 바다가 아니라, 정신과 영혼에 있기 때문이다. 그러므로 내 작은 책의 신판을 통해서 새롭게 부활한 독일의 운명에 적게나마 한 몫 할 수 있다는 건 참으로 영광스러운 일이다!

다시 한 번 불굴의 시인 월트 휘트먼의 말을 인용하면서, 내 친애하는 독일에 새로이 내 사랑을 전한다.

"승리하는 것이 좋다는 말을 들어 보았는가? 내가 말하건대 실패하는 것도 좋으니, 전쟁에 질 때의 정신은 전쟁에 이길 때의 정신과 다르지 않다."

— 1922년 11월 30일, 일본 교토에서 우치무라 간조

들어가는 말

나는 '왜' 기독교인이 되었는가를 쓰려는 것이 아니라 '어떻게' 기독교인이 되었는가를 쓰려고 한다. 소위 '회심의 철학'이라는 것은 내가 다루고자 하는 주제가 아니다. 나는 오직 그 '현상들'만을 설명할 것이며, 훌륭한 지성들이 철학적 사고를 할 수 있는 자료들을 제공할 뿐이다.

나는 일찍이 일기 쓰는 습관을 들였는데, 갑자기 떠오른 생각이나 경험한 일은 무엇이든지 일기로 기록해 놓았다. 나는 나 자신을 세심한 관찰의 대상으로 만들었고, 그것은 내가 연구한 그 어떤 것보다 신비로운 것이었다. 나 자신의 부상(浮上)과 진보, 실패와 퇴보, 기쁨과 희망, 그리고 죄와 어두움을 적어 놓았다. 이러한 관찰에 뒤따르는 그 모든 끔찍함에도 불구하고 이 관찰은 내가 해온 그 어떤 연구보다 흥미롭고 재미있었다.

나는 이 일기를 '항해 일지'라 부른다. 거기에는 죄와 눈물과 많은 고뇌 속에서, 위에 있는 하늘을 향해 울부짖는 불쌍한 외침의 하루하루의 진행이 담겨 있기 때문이다. 차라리 '생물학자의 스케치북'이라고 불러도 좋으리라. 그 안에는 씨앗에서 잘

익은 옥수수로 성장해 가는 발생학적 과정 속에 있는 영혼이, 장차 겪게 되는 모든 형태학적인 변화들이 기록되어 있기 때문이다.

그 기록의 일부가 이제 대중에게 공개되었다. 이 책으로부터 어떠한 결론을 도출하든 간에 그것은 어디까지나 독자의 자유다. 지금부터 시작될 나의 일기는 내가 기독교를 받아들이기 불과 몇 달 전부터 시작된다.

1

우상 숭배

청년 시절의 우치무라 간조(1881-1883)

아침마다 일어나서 씻고 난 직후 나는 사방에 위치한
네 부류의 신들에게 각각 이 공동 기도를 드렸고,
특별히 동쪽에 위치한 신에게 집중했는데, 떠오르는
태양이 모든 신 중에서도 가장 위대했기 때문이다.

그레고리력에 의하면, 나는 1861년 3월 28일에 태어났다. 나의 가족은 무사 계급에 속했고, 따라서 난 싸울 운명 즉 '사는 게 싸우는 것'(*vivere est militare*)이라는 운명을 타고났다.

친할아버지는 모든 면에서 군인이셨다. 육중한 갑옷, 대나무 활과 꿩의 깃털로 만든 화살, 그리고 23킬로그램짜리 화승총으로 치장했을 때만큼 행복해하신 적이 없었다. 할아버지는 이 땅이 평화로운 것을 슬퍼하셨고, 자신의 생업을 실천해 보지 못한 것을 회한으로 품고 돌아가셨다.

아버지는 좀 더 교양 있는 분이셨는데, 시(詩)를 잘 쓰셨고, 사람을 다루는 기술에도 조예가 깊으셨다. 군대나 전쟁 등에 관한 일에 있어서도 만만치 않은 능력을 가지고 계셨고, 가장 난폭한 연대(聯隊)라 할지라도 훌륭하게 이끄셨다.

외할아버지는 근본적으로 정직한 사람이셨다. 정직한 것 빼고는 별다른 능력이 없으셨다. 이기심이 찬양받는 요즘 세상에 정직함을 능력이라고 부를 수나 있다면 말이다. 내가 들은 바에 의하면, 고리(高利)로 공금을 대출해 주라는 지시—이런 관행은 시시한 지방 영주의 회계를 맡은 사람들 사이에서는 매우 흔한 일로, 이자는 영주가 가져 갔다—를 받은 외할아버지는, 그 지시에 불복해서 상관을 언짢게 할 만큼 어리석지는 않으셨지만, 가난한 채무자들에게 터무니없는 이자를 거두기에는 너무 양심적이셨다. 그래서 대출할 돈을 직접 가지고 계시다가 상환 때가 되면, 그 높은 이자를 당신 주머니에서 털어 원금과 함께 고리대금업을 하는 관리들에게 돌려주시곤 하셨다. 외할아버지는 또한 술을 전혀 하지 않으셨다. 평생 동안 입에 대신 술이 20잔을 넘지 않는다고 알고 있는데, 그나마도 의사들의 권유 때문에 드신 것이다.

외할머니는 정직하고 절제 있는 할아버지와 잘 어울리는 배우자셨다. 외할머니는 일할 운명 즉 '사는 것이 일하는 것'(*vivere est laborare*)이란 운명을 타고난 분이셨다. 40년 동안 외할머니는 인간이라는 연약한 존재가 할 수 있는 일은 다 하셨다. 50년 동안 과부로 사셨고, 다섯 명의 자녀들을 양육하고 교육시키셨으며, 이웃에게 잘못을 한 적도, 빚을 진 적도 없으셨다. 이제 여든하고도 넷이 되신 외할머니는, 세상의 소란과 소음에 귀를 닫고, 그윽한 눈에는 늘 눈물이 고인 채, 당신이 그토록 용감하게 헤쳐 온 인생에서 벗어나게 해줄 그림자를 조용히 기다리고 계신다.

외할머니의 '우상 숭배'처럼 고귀한 행위에 대해서는 비애감이 느껴진다. 외할머니의 경우는, 아무리 신학이나 철학을 다루는 사람이라 하더라도 미숙한 손길이 건드리기에는 너무도 신성하다. 오직 하나님의 영만이 그분을 빚을 수 있으리라. 그리하면 많은 시련을 겪은 그분의 영혼에 아무런 해가 없으리라(할머니는 이 책이 준비되는 중에 평안하게 돌아가셨다).

어머니는 외할머니로부터 일에 대한 광적인 자세를 물려받으셨다. 어머니는 일을 하는 가운데 인생의 모든 고통과 슬픔을 잊어버리신다. 힘겨운 인생을 우울해 할 '시간이 없는' 그런 분이시다. 보잘것없는 우리 가정이 어머니의 왕국이며, 그 어느 여왕보다 뛰어나게 그 왕국을 다스리고, 씻기고, 먹이신다.

나의 태생이 이러했고, 나의 성격 형성에 영향을 미친 분들의 마음이 이러했다. 그러나 내가 소년 시절에 일찍이 습득한 '종교적 감수성'은 그 어느 분에게서도 유래를 찾을 수 없다.

아버지는 모든 종류의 우상에 대해서 확고하게 불경스러운 태도를 가지고 계셨다. 한번은 어느 절에서 동전 하나를 함에 넣으면서, "내가 지금 걸려 있는 소송에서 이기도록 도와준다면 동전 하나를 더 주지" 하시며 경멸하는 투로 거기에 있는 우상들에게 말씀하셨다. 이런 태도는 나의 종교적인 체험, 그 어느 시기에도 감히 시도해 보지 못한 업적이다.

그러나 나는, 내가 인간의 살을 먹어 본 적이 없고, 저거노트 (Juggernaut, 인도의 신으로 비쉬누 신의 여덟번째 화신인 크리쉬나 신의 별명. 이 신상이 축제일에 거대한 수레에 실려 끌려 나오면 신자들은 그 바퀴에 몸을 던져 깔려 죽기를 빌었다는 설이 있다)의 수레바퀴 앞에 꿇어 엎드린 적이 없으며, 악어에게 어린아이를 먹이로 주는 광경을 목격한 적이 없는 것을 하나님께 늘 감사한다. 따뜻한 분위기 가운데 나의 속마음을 고양시켜 주는 복된 안식의 집에서 어린 시절을 보내지는 못했지만, 황금 숭배와 밀주 거래라는 무서운 저주는 면할 수 있었다. 이런 일들은 우리 같은 이교 국가보다는 다른 국가 체제에서 더 흔하게 일어난다. 나의 유치한 열정의 격렬함을 잠잠하게 해 줄 복음서의 이야기는 듣지 못하고 자랐지만, 남자와 여자들을 일찌감치 무덤으로 보내버리는(중세 로마 가톨릭 교회가 행한 '마녀사냥'을 일컫는다) 소위 기독교 국가라는 곳의 흥분과 맹렬한 기세 또한 나는 알지 못했다. 만약 우상 숭배가 어두움의 지배라면, 그것은 밤을 주관하는 달과 별들의 지배일 것이다. 그 빛은 분명 침침하지만, 동시에 평온하며 상대적인 순진함을 지녔다.

나의 아버지는 훌륭한 유교학자셨고, 공자의 기록과 말씀을 거의 대부분 암기하고 계셨다. 따라서 나의 초기 교육은 자연스럽게 그 선상에 있었으며, 비록 그 중국 현인들의 윤리·정치학적인 개념들은 이해하지 못했다 하더라도, 그분들의 가르침이 가지고 있는 일반적인 정서는 깊이 받아들였다. 봉건 영주에 대한 충성, 그리고 부모와 스승에 대한 성실과 존경은 중국 윤리의 핵심 주제다. 효를 모든 덕의 근원으로 가르쳤고, 그것은 "여호와를 경외하는 것이 지식의 근본이어늘"(잠 1:7 참조)이라고 하는 솔로몬의 훈계와 맞먹는 것이었다.

한겨울에 부드러운 죽순이 먹고 싶다는 나이 든 부모의 분별 없는 요구에 어린 자식이 숲 속으로 그것을 찾아 나섰다가 기적적으로 눈 밑에서 그 싹을 발견하는 이야기는, 기독교인 청소년들에게 요셉 이야기가 생생한 것만큼이나 내가 사는 나라의 어린이들 기억 속에 선명한 이야기다. 심지어 부모의 독재와 억압도 온순하게 견뎌야 했고, 과거 위인들의 업적 가운데서 그러한 예들이 많이 인용되곤 했다.

내가 사는 나라의 젊은이들이 가지고 있는 윤리의 개념 속에서 봉건 영주에 대한 충성, 특히 전시(戰時)의 충성은 좀 더 낭만적인 모습을 띠었다. 남자는 위급한 상황에서 자신의 영주를 섬기도록 부름 받았을 때, 자기 목숨을 마치 먼지처럼 하찮게 여겨야 했다. 그리고 그가 죽을 수 있는 고귀한 자리는 주인의 군마(軍馬) 앞이었으며, 그 발굽 아래 자기 시신이 밟힌다면 그것은 복을 세 배로 받는 길이라고 믿었다. 남자가 지식과 도덕을 가르치는 자기 스승을 생각하는 마음 또한 그보다 가벼워서는 안 되었으며, 스승은 남자에게 있어 다른 사람으로 대체할 수 있는 단순한 학교 선생이나 대학 교수가 아니라, 참된 스승 즉 자신의 몸과 영혼의 보호를 완전히 맡길 수 있고, 맡겨야만

하는 대상이었다. 바로 영주, 아버지, 그리고 스승이 남자의 삼위일체였던 것이다. 그중 어느 하나도 그에게 덜 중요한 것은 없으며, 그에게 가장 골치 아픈 질문은, 만약 그 세 사람 모두가 동시에 물에 빠져 죽을 지경에 놓였을 때 그에게 오직 한 사람만 구할 힘이 있다면 누구를 구할 것인가 하는 문제였다. 또한 그 세 사람의 적은 자신의 적이 되어야 하고, 그 적과는 같은 평온한 하늘 아래 살 수가 없었다. 그 적은 땅끝까지라도 추격해야 하고, 눈에는 눈, 이에는 이로 보복해 만족을 얻어야 했다.

윗사람에 대한 순종과 경외심을 강하게 주입시키는 동양의 교훈은, 동년배와 아랫사람과의 관계에 대해서도 많은 교훈을 준다. 성실한 우정, 형제간의 우애, 그리고 자신보다 못한 사람들과 피지배자에 대한 자비도 강조하고 있다. 여러 가지로 전해져 내려오는 여자들에 대한 이교도들의 잔인한 태도 역시 그들의 도덕적 규범에서는 그 근거를 찾아볼 수 없으며, 이러한 일에 그 규범이 완전히 침묵하고 있는 것도 아니다. 우리의 이상적인 어머니나 아내와 자매들은 가장 고상한 기독교의 여성상에 비해 별로 열등하지 않으며, 이 이방 여인들 중에는 기독교의 고귀한 영향을 받지 않고도 매우 탁월한 행위와 성품을 갖춘 사람들이 있다는 사실은 나로 하여금 그들을 더욱 존경하게 만든다.

솔직히 말해, 나는 이러한 유교적인 가르침 그리고 그 외 다른 가르침들이, 기독교인이라고 자칭하는 많은 사람들이 받았고 또한 소유하고 있는 가르침에 비해 절대로 열등하지 않다고 진지하게 믿는다. 그러나 어쩔 수 없이 나는 많은 결점과 미신으로부터도 자유롭지 못했다.

중국 윤리의 가장 큰 약점은 성도덕을 다루는 데 취약하다는 것이다. 중국 윤리가 사회적 순결의 미덕에 대해서 전적으로 침묵하고 있는 것은 아니지만, 순결의 법에 위배되는 일을 다루는 사회의 일반적인 방법이나 그 일을 저지른 사람의 잘못을 알면서도 묵인해 주는 태도 때문에 사람들은 이러한 문제에 대해서 전반적으로 무관심하게 되었다. 사실 동양인이 일부다처제를 액면 그대로 받아들인 적은 없다. 그러나 결론적으로 같은 결과를 낳았던, 첩을 두는 풍습은 도덕주의자들로부터 약간의 비난—그나마 비난이라도 했다면—만을 받았을 뿐이다.

의무와 높은 야망에 대한 아버지의 엄격한 가르침 속에서도, 나는 열심히 공부하고 노력하는 것이 결국에는 여러 처첩들을 염두에 두고 하는 말임을 간파할 수 있었다. 위대한 정치적 능력이나 학식은 순결의 개념과 무관하게 얼마든지 존재할 수 있었다. 정신이 말짱할 때에는 국가의 고삐를 잡다가도, 그보다 좀 덜 심각한 순간들에는 불결한 젖가슴 위에서 쉴 수도 있었다. 날카로운 지성을 가지고 있고 사회적 명예를 존중하는 사람들이 이글거리는 방탕기를 품고 있는 경우도 종종 있었다.

다른 나라에도 우리 나라만큼이나 어두운 구석이 있다는 사실을 모르는 건 아니지만, 사회적 순결의 문제를 다루는 데 있어서만큼은 중국 윤리가 무능하다는 것을 나는 서슴없이 인정한다. 그러나 나의 과거 시절을 회상해 볼 때, 내가 더듬어 헤맸던 영적인 어두움, 천박한 미신으로 꾸준히 지속되었던 그 어두움만큼 부끄러운 것은 없다.

나는 셀 수 없이 많은 사원마다 각각 신이 있다고 진지하게 믿었고, 그 신은 재판권을 빼앗기지 않으려고 안간힘을 쓰며 자기 눈에 만족스럽지 못한 죄인은 언제든지 벌을 줄 채비를 하고 있었다. 내가 가장 존경하고 사랑하는 신은 배움과 글쓰기의 신이었는데, 나는 이 신을 위해 합당한 정결과 희생으로 매월 25일을 신실하게 지켰다. 나는 그 신의 형상 앞에 꿇어 엎드렸으며, 내 필체가 나아지고 기억력이 좋아지도록 도와달라고 진지하게 간청했다. 그리고 쌀 재배를 주재하는 신도 있었는데, 그가 인간에게 보낸 심부름꾼은 흰 여우였다. 그 신에게는 불과 도적으로부터 우리 집을 지켜 달라는 기도를 했는데, 아버지가 집에 거의 계시지 않은 탓에 어머니와 단 둘이 있는 날이 많았던 나는 이 쌀의 신에게, 그러한 재난들로부터 이 가난한 집을 보호해 달라고 애원하기를 멈추지 않았다.

내가 그 어떤 신보다도 두려워했던 또 하나의 신이 있었다. 그의 상징은 까마귀였는데, 인간의 가장 내밀한 마음을 살피는 신이었다. 그의 신전을 지키는 사람은 어두운 색으로 인쇄된 까마귀 그림이 있는 종이를 나누어 주었는데, 그 종이에는 기적을 일으키는 특성이 있어서 거짓말을 한 사람이 그것을 먹으면 바로 심한 출혈을 일으킨다고 했다. 친구들이 내가 주장하는 것을 의심할 때면, 나는 그 신성한 종이를 가지고 나의 진실함을 시험해 보라고 부추김으로써 내 주장이 정당함을 입증하곤 했다. 또 다른 신은 치통으로 고생하는 사람들에게 치유의 능력을 발휘하는 신이었다. 나는 이 신에게도 간구했는데, 내가 바로 그 괴로운 질병으로 계속해서 고통받았기 때문이다. 그 신은 자신의 추종자들에게 특히 배(pear)가 해로우니 멀리하라고 강요했고, 물론 나는 그 요구를 기꺼이 받아들였다. 나중에 화학과 독물학(毒物學)을 공부하게 되었을 때 나는 여기에 대한 충분한 과학적 근거를 발견할 수 있었다. 썩어 가는 치아에 미치는 포도당의 해악은 잘 알려진 사실이었다.

그러나 이러한 종류의 미신들을 마냥 좋게만 말할 수는 없다. 한 신은 내게 계란을 먹지 못하게 했고, 또 다른 신은 콩을 금했다. 모든 서약을 하고 나면, 어린아이인 내가 즐길 수 있는 것은 얼마 남지 않았다. 신들이 늘어나자 한 신의 요구가 다른 신의 요구와 충돌하는 때가 곧잘 생겼고, 따라서 많은 신을 만족시켜야 했던 양심적인 영혼이 처한 곤경은 참으로 슬픈 것이었다. 만족시키고 달래야 할 신이 그토록 많으니 나는 성마르고 소심한 아이가 될 수밖에 없었다.

결국 나는 모든 신에게 통할 수 있는 일반적인 기도를 고안해 냈고, 혹 각각의 신전을 지나게 될 때를 대비해 그 신에게 적합한 특별 요청을 첨가하는 일도 잊지 않았다. 아침마다 일어나서 씻고 난 직후 나는 사방(四方)에 위치한 네 부류의 신들에게 각각 이 공동 기도를 드렸고, 특별히 동쪽에 위치한 신에게 집중했는데, 떠오르는 태양이 모든 신 중에서도 가장 위대했기 때문이다. 여러 개의 신전이 인접해 있는 곳에서는 똑같은 기도를 반복하는 것이 무척이나 힘들었기에, 양심의 가책 없이 기도하는 수고를 덜기 위해서 나는 일부러 신전이 적게 있는 먼 길로 우회해 가곤 했다.

섬겨야 할 신은 날마다 늘어났고, 마침내 내 작은 영혼은 그 모든 신을 만족시키기가 전적으로 불가능한 상태까지 가고 말았다. 그러나 드디어 구원의 손길이 나타났다.

2

기독교를 소개받다

삿포로 농업대학 기독학생회.
뒷줄 오른쪽에서 세 번째가 간조(1880)

새로운 믿음이 가져다 준 새로운 영적 자유는 나의 지성과
육체에 건강한 영향을 미쳤다. 새롭게 얻은 내 육체는
산과 들을 끊임없이 거닐며 왕성한 활동력을 자랑했고
자연을 통해 자연을 창조하신 그 하나님의 섭리를
찾으려 했던 것이다.

어느 일요일 아침 학교 친구 한 명이 내게 물어 왔다. "나와 함께 외국인 구역에 가지 않겠니? 예쁜 여자들이 노래를 부르고, 키 크고 몸집이 좋은 긴 수염을 한 남자가 환상적으로 팔을 흔들고 몸을 비틀면서 높은 곳에서 소리치고 울부짖는 것을 구경할 수 있지. 입장료는 완전히 공짜야."

이것이 바로 그 당시 내게는 생소하기만 했던 외국어로 진행되는 기독교의 예배에 대한 친구의 묘사다. 나는 친구를 따라갔고, 그곳이 비교적 마음에 들었다. 이런 나의 행동이 가져 올 무서운 결과는 알지 못한 채, 일요일마다 그곳을 찾았다. 내게 처음으로 영어를 가르쳐 준 어느 나이 든 영국 부인은 내가 교회에 다니는 것을 무척 기뻐했다. 가엾게도 내가 '그 마을로 가는 일요일 소풍'이라고 불렀던 그 행위의 유일한 목적이 진리의 추구가 아니라 관광이었다는 사실을 모르는 채 말이다.

받아들이라고 요구하지 않는 한, 기독교는 내게 즐거운 것이었다. 그 음악, 이야기, 그리고 기독교를 추종하는 사람들이 내게 보여 준 친절은 나를 매우 기쁘게 했다. 그러나 5년 후, 기독교를 받아들이라는 공식적인 제안과 함께, 지켜야 할 엄한 규칙들과 많은 희생이 제시되었을 때, 나의 모든 본성은 그것에 굴복하기를 거부했다. 일주일 중 하루는 종교적인 목적을 위해 반드시 따로 떼어 놓아야 하며, 그날은 다른 공부나 즐거운 일들을 해서는 안 된다는 규정은 거의 불가능한 희생이었다.

새로운 믿음을 받아들이기를 거부하는 것은 육신만이 아니었다. 어려서부터 나는 조국을 그 무엇보다도 공경하고, 오직 내 조국의 신들만을 예배하도록 배웠다. 죽음의 위협 앞에서도 조국의 신이 아닌 다른 신들에게 나의 충성을 맹세할 수는 없는 일이었다. 외국에 기원(起源)을 두고 있는 믿음을 받아들이게 되면 나는 조국의 반역자가 될 것이며, 조국 신앙의 배교자가 될 것이 뻔하기 때문이다. 그런데 의무와 애국심 위에 세워진 나의 모든 고귀한 야망들이 하나의 제안 때문에 한순간에 무너질 참이었다.

그 당시 나는 새로 설립된 국립 전문학교—외국인 개척자에 의해 신설된 삿포로 농업대학—의 신입생이었는데, 그곳은 뉴잉글랜드 태생의 한 기독교인 과학자(William Smith Clark: 1826 –

1886 삿포로 농업대학 설립을 위해 미국 매사추세츠 주립 농과대학 학장으로 있으면서 1년 간 일본에 머물렀다)의 노력으로 상급반—당시에는 단 두 개의 학급밖에 없었지만—전체가 이미 기독교로 개종해 있었다. '햇병아리 신입생들'에 대한 2학년들의 독선과 오만에 찬 태도는 세계 어느 곳에서나 같을 것이고, 거기에다가 새로운 종교에 대한 열정과 선교의 정신이 덧붙여졌으니, 불쌍한 '풋내기들'이 받은 그들의 인상은 쉽게 상상할 수 있을 것이다. 그들은 신입생들을 급습(急襲)으로 개종시키려고 했다. 그러나 신입생 중에는 자신이 '2학년 돌격'—몽둥이 돌격이 아니라 종교 돌격—의 연합 습격에 저항할 수 있을 뿐만 아니라, 그들을 옛 신앙으로 다시 개종시킬 수 있다고까지 생각한 사람도 있었다.

그러나 어찌하랴! 내 주변에 있던 힘센 장정들이 쓰러지고 항복하고 마는 이 현실을. 오직 나 홀로 '이교도'—혐오스러운 우상 숭배자, 나무와 돌을 숭배하는 구제불능의 사람—로 남아 있었다. 그 당시 내가 빠져 있던 곤경과 외로움을 나는 생생하게 기억하고 있다.

하루는 오후에 학교 근처에 있는 우상의 신전을 찾았다. 그 신전은 정부가 그 지역의 수호신으로 공인한 곳이다. 나는 보이지 않는 신의 임재를 나타내는 신성한 거울에서 얼마 떨어지지 않은 거칠고 마른 잔디 위에 꿇어 엎드려, 그때 이후로 내가 기독교의 하나님께 드린 그 어떤 기도 못지않게 진지하고 참된 기도를 토해 냈다. 나는 그 수호신이 지금 학교에서 일고 있는 새로운 열광을 속히 가라앉혀 주시고, 이 이상한 신과의 인연을 끊기를 고집스럽게 거부하는 자들에게 벌을 주시고, 애국심을 향한 나의 겸손한 노력을 도와달라고 간구했다. 이렇게 헌신을 다짐하고 기숙사로 돌아왔지만, 새로운 믿음을 받아들이라고 하는 반갑지 않은 설득을 듣는 고통은 여전했다.

학교의 여론은 너무 강했고, 나는 더 이상 저항할 수가 없었다. 그들은 아래의 서약문에 강제로 서명하게 했고, 그 태도는 마치 철저한 금주가(禁酒家)가 구제불능의 주정뱅이에게 금주(禁酒) 서약서에 서명하도록 설득하는 것과 같았다. 결국 나는 굴복당하고 말았다. 지금도 나는 그러한 강압에 굴복하지 말았어야 하는 것은 아닌가 하는 생각을 종종 한다. 그때 내 나이는 16세에 불과했고, 나를 강제로 '끌어들인' 사람들은 훨씬 더 나이가 많았다. 고백하건대 기독교를 향한 나의 첫걸음은 이렇게 강제적인 것이었고, 나의 뜻에 반하는 것이었으며, 내 양심에 반하는 것이기도 했다. 내가 서명한 서약문은 아래와 같다.

예수님을 믿는 자들의 서약

아래에 서명한 S. A. 대학(Sapporo Agricultural College)의 학생들은 그리스도의 명령에 따라 그를 고백하기를 원하고, 십자가 위에서 죽으심으로 우리의 죄를 대속하신 복된 구세주에 대한 우리의 사랑과 감사를 나타내기 위해 모든

기독교의 의무를 참된 충성으로 행하기를 원하며, 그의 왕국을
진전시켜 그의 영광과 죽음으로 베풀어 주신 구원을 널리
선전하기를 간절히 원하는 마음으로, 이 순간 이후로 하나님의
신실한 제자가 되고, 그의 가르침의 정신과 글을 엄격하게
지키며 살고, 언제든지 적절한 기회가 되면 우리 신앙을
점검받고, 세례를 받아 복음주의 교회에 입회할 것임을
하나님과 서약하고, 서로 서약한다.

1. 우리는 성경은 하나님이 인간에게 주신 언어로 된 유일한
직접 계시임을 믿으며, 영광스런 미래의 삶을 위한 오류가 없는
완벽하고 유일한 안내서임을 믿는다.

2. 우리는 우리의 자비로운 아버지가 되시고, 공정하고
절대적인 통치자이시며, 우리의 궁극적인 심판관이 되실
영원하신 하나님을 믿는다.

3. 우리는 하나님의 아들 안에서 믿음으로 진지하게 회개하는
자는 죄를 용서받고, 이 생을 사는 동안 성령님의 은혜로운
인도를 받으며 하늘에 계신 아버지의 주의 깊은 섭리에 의해
보호받으며, 결국에는 구원받은 거룩한 자들의 즐거움을 누리게
될 것이나, 복음의 초대를 거절하는 사람은 모두 자기 죄
가운데서 죽을 것이며, 주님으로부터 영원한 형벌을 받을 것을
믿는다.

4. 우리는 이 땅에 사는 동안 겪는 모든 변화 속에서도 다음의
계명들을 기억하고 지킬 것을 약속한다.

"너는 마음을 다하고 영혼을 다하고, 힘을 다하고, 지성을
다하여 주 너의 하나님을 사랑하고, 네 이웃을 네 몸과 같이
사랑하라. 너는 새겨진 형상이나 아무 피조물의 형상도 섬기지
말라. 주 너의 하나님의 이름을 망령되이 일컫지 말라.
안식일을 기억하여 거룩히 지키고, 그날에는 불필요한 모든
노동을 피하고, 성경 연구와 자신과 다른 사람들이 거룩한 삶을
살도록 준비시키는 데 최대한 많은 시간을 보내도록 하라.
네 부모와 통치자를 공경하라. 살인, 간음, 혹은 다른 음란한
행위나 도적질을 하지 말며, 속이지 말라. 네 이웃에게 악한
일을 하지 말라. 쉬지 말고 기도하라."
서로 돕고 격려하기 위해 우리는 '예수님을 믿는 자들'이라는
이름 아래 협회를 구성하며, 성경과 타 종교 서적이나 논문을
읽기 위해서, 그리고 회의와 공동 기도를 위해서, 함께 사는
동안 매주 한 번 혹은 그 이상의 모임에 성실하게 참석할 것을
약속하며, 우리는 성령님이 우리 마음 속에 명백히 임재하셔서
사랑을 불러일으키시고, 우리의 믿음을 굳게 해주시고, 우리를
구원하는 참지식에 이르도록 인도해 주시기를 간절히 바란다.
—1877년 3월 5일, 삿포로에서

　전체 서약문은 앞에서 언급한 미국의 기독교인 과학자가 영어
로 작성했다. 그는 뉴잉글랜드의 대학 중에서도 가장 복음주의
적인 학교인 애머스트 대학(Amherst College, 후일 저자 자신이

여기서 공부하게 된다)을 졸업하고 그곳에서 교수를 지냈던 인물이다. 15명의 학생들이 서명한 자리 밑에는 그의 서명도 있었고, 내 급우들은 그 수를 30명 이상으로 늘렸다. 추측하건대, 내 이름은 마지막 몇 명 중 하나였을 것이다.

새로운 믿음의 실용적인 유익은 금방 드러났다. 내가 그 믿음을 물리치려고 안간힘을 쓰는 동안에도 이미 그것을 느끼고 있었다. 세상에는 내가 믿어 왔던 것처럼 8백만 이상의 많은 신이 존재하는 것이 아니라, 오직 하나의 신만이 존재한다는 것을 나는 알게 되었다. 기독교의 '유일신론'은 내 미신의 뿌리에 도끼날을 대었다. 내가 한 모든 서약, 그리고 화가 난 신들을 달래기 위해 드렸던 수많은 형식의 예배들이, 이제 이 한 하나님을 소유함으로써 전부 쓸모없는 것들이 되어 버렸다. 나의 이성과 양심은 '그래 이거야!' 라고 반응했다. 많은 신이 아닌 오직 한 분이신 하나님은 내 작은 영혼에 참으로 기쁜 소식이었다.

사(四)방위에 위치한 네 부류의 신들에게 아침마다 드리던 긴 기도도 이제는 필요 없게 되었고, 길을 갈 때마다 지나는 모든 신전들 앞에서 더 이상 기도를 반복하지 않아도 되었고, 독특한 서약과 금기들을 가지고 이 신을 위해서는 이날을 저 신을 위해서는 저 날을 지킬 이유도 없게 되었다. 신전 하나하나를 지날 때마다 나는 얼마나 자랑스럽게 머리를 곤추세우고 거리낌없는 양심으로 지나갔던지! 이제 내가 신 중에 신을 찾았고 바로 그 위대한 신이 나를 지지해 주니, 다른 신들은 그들에게 기도를 드리지 않았다는 이유로 더 이상 나를 벌할 수 없다는 확신에 가득 차서 말이다. 친구들은 내 기분이 달라진 것을 금세 알아차렸다. 신전이 보이면 마음 속으로 기도를 하느라고 얼른 대화를 멈추곤 했던 내가, 학교로 가는 길 내내 즐겁게 웃는 것을 친구들은 보게 되었다.

나는 '예수님을 믿는 자들'의 서약문에 서명을 하도록 강요받은 것을 더 이상 유감스럽게 생각하지 않았다. 이처럼 '유일신론'은 나를 새로운 사람으로 만들어 주었다. 나는 콩과 계란을 다시 먹기 시작했고 마치 기독교 전체를 이해한 것처럼 흥분과 감격으로 가득 찼다. 그 당시 '하나의 신'이라는 사상이 내게 준 영감이 얼마나 큰지 짐작할 수 있을 것이다. 새로운 믿음이 가져다 준 새로운 영적 자유는 나의 지성과 육체에 건강한 영향을 미쳤다. 나는 어떠한 잡념도 없이 공부에 집중할 수 있었다. 새롭게 얻은 내 육체는 산과 들을 끊임없이 거닐며 왕성한 활동력을 자랑했고, 계곡에 핀 백합과 하늘을 나는 새들을 관찰했다. 나는 자연을 통해 자연을 창조하신 그 하나님의 섭리를 찾으려 했던 것이다.

이쯤에서 내 일기장에서 발췌한 글 몇 편을 소개하는 것도 괜찮으리라.

1877년 9월 9일

아침에 S와 M과 함께 산책을 했다. 저녁에는 2학년들이 드리는
그리스도의 기도를 들었다.

'그리스도의 기도'는 특이한 표현이다. 약간의 조롱이 섞여
있음을 알 수 있다.

12월 1일

'예수 종교'의 문으로 들어서다.

그보다는 강제로 들어섰다는 말이 더 맞을 것이다. 즉, 강제
로 '예수님을 믿는 자들'의 서약문에 서명을 했다.

1878년 2월 10일 일요일

2학년인 O가 내 방에 와서 기독교에 대해서 말해 주었다. T,
M, F, H 그리고 Ot와 함께 강변을 산책했다. 집으로 가는 길에
거리의 개들을 죽이는 것을 구경했다. 저녁에는 2학년인 O가
다시 와서 우리와 함께 '제비뽑기 놀이'를 했다.

이 모든 행위들은 청교도 정신에 합당하게 안식일을 지키는
방법이라고는 할 수 없다. 2학년생 O는 나중에 우리 교회의 목
사가 되었다. 우리는 그를 '선교사 중'(missionary monk)이라 불

렀고, 내가 아직 이교도였을 때 나를 가장 많이 놀렸던 사람이다. 주인 없는 개들을 죽이는 장면은 그때에는 흔히 볼 수 있는 광경이었고, 남자아이들은 그 잔인한 과정을 지켜보는 것을 좋아했다. 우리는 그것을 전혀 죄라고 생각하지 않았다. 심지어 주일이라 할지라도 말이다. 우리가 가장 즐겨했던 '제비뽑기 놀이'는 순전히 운에 따라 행과 불행이 오가는 놀이였다. 우리의 장래 목사이자 성직자조차도 주일 저녁에 그 놀이에 끼어드는 것이 성직자의 위엄에 어긋나는 일이라고 여기지 않았다.

3월 3일 일요일
오후에 티(tea) 파티를 열었다. 저녁에는 O의 방에서 교회
모임을 가졌다.

거룩한 날에도 육신의 즐거움에 탐닉하는 것은 여전했다. O는 여전히 이 종교 운동의 핵심이었고, '교회', 좀 더 정확하게 표현하면 '종교 회합'이 그의 방에서 처음으로 열렸다.

3월 31일 일요일
Ot의 방에서 교회 모임을 가졌다. 저녁의 말씀은 정말
흥미로웠다.

그 때 읽은 본문은 로마서 12장으로 기억한다. 우리는 '원수

가 주리거든 먹일' 기분이 아니었기 때문에 양심의 가책을 받았
다.

4월 21일 일요일
아침 9시에 F, M, Ot, H 그리고 T와 기도 모임을 가졌다.
처음으로 큰 기쁨을 누렸다.

점점 더 영적인 사람이 되어 가고 있었다. 기도를 하면서 기
쁨을 느끼기 시작했다.

5월 19일 일요일
모임에서 지나치게 많은 비판이 오갔다. 오후에는 F, Ot, M, A
그리고 T와 숲속을 거닐었다. 벚꽃을 좀 따 왔다. 매우 기분이
좋았다.

'종교적 불화'라고 하는 병균이 이미 나타나고 있었으나, 봄
날의 벚꽃 사냥으로 가라앉았다. 이것은 의견의 차이로 잠시 분
쟁이 생길 때 상처받은 마음을 치유하는 아주 좋은 방법이라고
생각했다.

6월 1일 토요일
대학 체육 대회가 열리는 날이다. 수업은 없었다. 운동장에는

200여 명의 관중이 모였다. 저녁에는 늘 그렇듯 학교 식당에서
대충 배를 채웠다. H와의 난투가 있었다.

다음날 모임을 생각하면 매우 좋지 않은 출발이었다. H는 '교
회'의 일원이었는데, 몇몇 신학적 견해에 있어 나와 의견의 차
이를 보였다.

6월 2일 일요일
아침 10시에 H 목사님의 설교를 들었다. 오후 3시에
또 한 번의 설교를 듣고 기도를 드린 후 여섯 명의 형제들, O 나,
M, A, H, T 그리고 F와 함께 세례를 받았다. 저녁에 다시
한 차례의 설교와 기도가 있었다.

잊을 수 없는 날이다. H 씨는 미국에서 온 감리교 선교사였는
데, 일 년에 한 번씩 방문해서 종교적인 문제들에 대해서 우리
를 도와주었다. 우리의 죄를 위해 죽으신 그분의 이름을 받아들
이느냐는 질문에, 목사님 앞에 무릎을 꿇고 떨리는 목소리로 그
러나 단호하게 "아멘"이라고 대답했던 그날을 결코 잊지 못한
다.
우리 모두는 사람들 앞에서 스스로를 기독교인이라고 고백함
과 동시에 각자가 기독교 이름을 가져야 한다고 생각했다. 그래
서 웹스터 사전의 부록을 뒤져서 각자가 자신에게 어울린다고

생각하는 이름을 하나씩 택했다. Ot는 자신을 폴(Paul, 바울)이라고 불렀다. 그는 문학적인 성향을 가지고 있었기 때문에, 가말리엘(행 22:3 참조)의 문하생 이름이 자신에게 잘 어울릴 것이라고 생각했다. F는 자기 별명인 '대머리'라는 뜻의 '뉴'(Nyu)와 발음이 비슷하다는 이유 하나만으로 휴(Hugh)를 자신의 기독교 이름으로 택했다. T는 프레드릭(Frederick)을 택했고, A는 에드윈(Edwin), H는 찰스(Charles), M은 프랜시스(Francis) 그리고 나는 조너선(Jonathan)을 택했다. 나는 우정의 미덕을 크게 지지했고, 다윗에 대한 요나단의 사랑이 마음에 들었기 때문이다.

이렇게 우리는 루비콘(Rubicon, 로마 교외를 흐르는 강. '루비콘을 건너다'(Cross the Rubicon)는 중대한 결단을 내린다는 뜻 – 옮긴이 주)을 건넜다. 우리는 새로운 주인에게 충성을 맹세했고, 십자가가 우리 이마 위에 그어졌다.

지상의 주인과 스승에게 바치도록 배운 그 충성으로 그분을 섬기자. 그리고 "온 세상 모든 백성 참구원 얻도록"(구찬송가 273장) 한 나라씩 계속해서 정복해 나가자. 회심을 한 우리는 이제 선교사다. 그러나 먼저 교회가 정비되어야 한다.

3

우리들의 작은 교회 I

샷포로 그리스도 교회
친구들과 함께.
왼쪽이 우치무라 간조(1883)

이 작은 교회는 전적으로 민주적이어서 모든 사람들의
교회 직분이 동일했다.
그날의 지도자는 우리에게 그날 하루 동안의 목사요,
신부요, 선생이요, 심지어는 종이었다.

세례를 받고 나니 우리는 새로운 사람이 된 것처럼 들떠 있었다. 아니, 적어도 그렇게 느끼려 했고, 보이려고 애썼다. 한 달도 채 안 되어 우리는 '풋내기'라는 굴욕적인 이름에서 벗어날 것이고, 우리보다 젊은 형제들을 아랫사람으로 두게 될 것이다. 이제 어린애 같은 행동은 자제하고 좀 더 어른스러워져야 할 때였다.

기독교인이자 2학년인 우리들은 이제, 이교도이자 신입인 학생들에게 행동과 학업에 있어서 모범이 되어야 했다. 그러나 이교주의와 풋내기 시절을 합당한 작별 인사 없이 그냥 떠나보낼 수는 없었다. 그래서 학기말에 회심한 신입생들은 함께 모였고—주일날에 모인 것은 아니었다—이제 우리가 뒤로 하고 떠나려는 이교주의와 풋내기 시절을 위한 축제를 그 어느 때보다도 크게 벌였다.

에드윈은 농장에 가서 큼직한 호박 하나를 구해 오는 임무를 맡았고, 다량의 무와 양배추 그리고 토마토도 가져오기로 했다. 우리의 식물학자 프랜시스는, 내게 민들레 잎을 구할 수 있는 곳을 알려 주면서 깡통 가득히 그 맛있는 식물을 채워 가지고 오라고 했다. 기술 좋은 화학자요, 조리학의 이론과 실천에 있어 으뜸 가는 프레드릭은 알칼리와 소금, 그리고 설탕을 준비해 놓았다. 휴는 자신의 능숙한 수학과 물리학 실력으로 우리에게 화력 좋은 불을 붙여 주는 데 한몫 했다. 문학도 폴은 이런 일에는 항상 게을렀는데, 먹는 일만큼은 누구에게도 뒤지지 않았다. 모든 것이 준비되자 먹으라는 신호가 주어졌고, 우리는 30분 만에 그 음식을 다 해치웠다. 그때 이후로 우리는 배를 채우는 것보다는 영혼을 살찌우는 일에 더 많은 신경을 쓰고자 노력했다.

우리의 개인 방에 세워진 작은 '교회'를 설명하기 전에, 우리 구성원들의 개인적인 특징들을 먼저 좀 소개해야겠다.

휴는 우리 중 가장 나이가 많았다. 그는 수학자이자 기술자였다. 항상 실제적이었고 '현금'을 염두에 두었지만, 목적은 물론 기독교적이었다. 기독교가 공명정대하게 사업을 할 수 있도록 해주는 한, 기독교의 이치를 그렇게 따지고 들지는 않았다. 그는 비열하고 위선적인 것은 무조건 경멸한 반면 꾀가 많았는데, 불행하게도 그 꾀는 '교회'에서도 불쑥불쑥 튀어나와, 사람들에게 아픈 상처를 주곤 했다. 그러나 휴는 항상 교회의 든든한 재정적 후원자였으며, 매번 회계를 맡았고, 몇 년 뒤 우리의 새 교회 건물의 견적을 내고 비용을 가장 합리적이고 경제적으로 산출해 냈다.

그다음으로 나이가 많은 사람은 에드윈이었다. 그는 마음이 넓었고, 모든 일에 앞장 섰다. 동정심이 필요한 곳에서는 언제든지 눈물을 흘릴 준비가 되어 있었고, 어떠한 일이 맡겨지든지 '준비 위원'으로 열심히 뛰어다녔다. 크리스마스 헌신예배 때면 식사하는 일조차도 잊고 강당을 꾸미는 일에 열중했다. 이런 성품으로 볼 때 그가 신학을 냉철하게 바라보고 깊이 파고드는 것은 분명히 의외다. 버틀러(Joseph Butler: 1692－1752 영국 성공회 신학자이자 철학자)의 《유추법》(Analogy)이나 리든(Henry Parry Liddon: 1829－1890 영국 성공회 신부이자 저명한 설교자)의 〈뱀프턴 강의록〉(Bampton Lectures)에 나오는 최고의 신학적 논쟁보다는, 〈주간 기독교 삽화〉(Illustrated Christian Weeklies)에 나오는 이야기에서 에드윈은 더 감명을 받고, 자신의 풍부한 눈물도 더 많이 흘렸다.

프랜시스는 우리들 중에서 가장 성격이 원만했는데, 누구에게도 악의가 없고, 모든 사람에게 자비로웠다. "프랜시스는 천성적으로 착해. 착해지려고 노력할 필요가 없는 사람이지"라고 우리는 종종 말하곤 했다. 프랜시스의 존재는 평화 그 자체였고, 우리 개척 교회가 구성원들 사이의 개인적인 원한 혹은 '신학자들의 증오심'(*odium theologicum*) 때문에 해체될 위기에 처했을 때, 우리는 그를 중심으로 다시 한 번 평화와 조화를 이룰 수 있었다. 프랜시스는 국내 최고의 식물학자가 되었고, 평신도로서 그의 섬김은 동포들 사이에서 하나님의 나라가 확장되는 데에 언제나 값지게 사용되었다.

프레드릭은 휴처럼 실용적인 사람이었지만, 그 나이 또래에서는 보기 드물게 영리했고 통찰력이 있었다. 그가 가장 좋아한 과목은 화학이었고, 후에 국내에서 매우 탁월한 과학 기술자 중 한 사람이 되었다. 프레드릭의 학문적인 성취는 상당한 것이었다. 독일어와 불어를 독학으로 완전히 터득했고, 실러(Friedrich von Schiller: 1759 – 1805 독일 고전주의 시인이자 극작가)와 밀턴 (John Milton: 1608 – 1674 영국의 시인) 그리고 셰익스피어를 원서로 즐길 정도였다. 그는 기독교의 기본적인 가르침 몇 가지를 의심하기는 했지만, 그러한 어려움을 전부 다 파고들어서 해결하기는 불가능하다는 사실을 일찌감치 깨달았다. 프레드릭은 '순전하고 흠 없는 삶'을 바라보며 밀고 나갔고, 적어도 인간의 판단으로는, 그 목표를 달성했다고 본다. 때로는 그의 지나치게 실용적인 상식이 교회 구성원들의 철모르는 분위기와 상충할 때도 있었다. 그러나 프레드릭은 참고 또 참았으며, 4년이라는 긴 세월 동안 우리 모임에 빠진 적이 거의 없었다.

폴은 '학자'였다. 그는 신경통을 종종 앓았으며, 시력은 근시였다. 폴은 모든 것을 의심했고, 끊임없이 새로운 의심을 만들어

냈으며, 무엇이든 자신이 받아들이기 전에 반드시 시험해 보고 증명해야만 했다. 이런 면에서 볼 때 차라리 성을 도마라고 하는 게 더 잘 어울렸을 듯하다. 안경을 쓰고 학자인 척했지만, 폴은 정직한 소년이었고, 주일 아침에 섭리와 예정의 문제를 놓고 음울하고도 복잡한 의심을 토로해 한순간 '교회'의 열정에 찬물을 끼얹고도 오후에는 동료들과 함께 벚꽃 나무 아래에서 야외 연회를 벌일 수 있는 사람이었다.

찰스는 복합적인 성격을 가지고 있었다. 날카로운 상식에 있어서는 프레드릭 다음이었지만, 기독교에 대한 지적인 태도 면에서는 오히려 폴과 비슷했다. 그는 열심 있는 많은 청년들처럼 자신의 지성으로 하나님과 우주를 이해하려 했고, 자신의 노력으로 하나님의 영원한 율법을 문자 그대로 지키려고 했다. 그러나 그렇게 하는 데 실패하자 찰스는 '선한 행실'을 곧 복음으로 이해하는, 지금까지와는 전혀 다른 국면의 기독교로 옮겨 갔다. 그는 후에 학식 있는 기술자가 되었으며, 교회 안이나 밖을 가리지 않고 선한 일을 심사숙고할 때면 언제나 구체적이고 실제적인 해결책을 제시하곤 했다.

조너선은 굳이 지금 설명할 필요는 없을 것 같다. 우리는 그를 이 책의 주제로 놓고 연구해야 하기 때문이다.

이상이 이 작은 '교회'를 구성하는 일곱 명이다. 첫 2년 동안 함께 한 S라는 학생도 있었는데, 우리는 그에게 '카하우'(Kahau)라는 별명을 지어 주었다. 뭉툭하면서도 예리하게 생긴 모습이 마치 카하우라는 원숭이를 떠올리게 했기 때문이다. 카하우는 우리보다 1년 먼저 세례를 받았고, 우리 '일곱 명' 보다도 기독교에 대한 경험이 풍부했다.

3학년들은 자신들만의 종교 모임을 만들었고, 우리 2학년 기독교인들도 모임이 따로 있었지만, 주일 저녁에는 함께 모여 성경공부를 했다. 그러나 2학년들이 3학년들보다 모임에 더 열성적이라는 것은 거의 다 알려진 사실이라서, 3학년 중에서도 열의 있는 사람들은 우리 모임을 탐내곤 했다.

주일예배는 다음과 같이 진행되었다. 이 작은 교회는 전적으로 민주적이어서 모든 사람들의 교회 직분이 동일했다. 우리는 이것이 철저하게 성경적이며 사도적(Apostolic)인 관점이라고 보았다. 모임의 지도자 역할은 한 사람씩 돌아가면서 맡았는데, 그날의 지도자는 우리에게 그날 하루 동안의 목사요, 신부요, 선생이요, 심지어는 종이었다. 지도자는 정해진 시간에 우리를 한곳에 모을 책임이 있었고, 그의 방은 교회가 되었으며, 모두가 앉을 수 있도록 자리를 배치해야 했다. 그날의 지도자만이 등받이 없는 작은 의자에 앉을 수 있었고, 나머지 사람들은 완전히 동양적인 방식으로 담요가 깔린 바닥에 앉았다.

가운데가 불룩한 밀가루 통은 우리의 기계공 휴가 적당히 손을 본 덕에 강단으로 변했고, 우리는 그 위에 파란 담요를 덮었다. 이렇게 위엄을 갖춘 '목사' 는 기도로 예배를 시작했고, 성경을 읽었다. 그리고 자신의 이야기를 잠깐 한 후에 그의 양떼를 한 마리씩 불러서 돌아가며 그들의 이야기를 하도록 했다.

세례를 받고 얼마 후 폴은 우리 모임에서 먹을 것을 '미끼'로 제공하자는 제안을 했고, 우리는 동의했다. 이때부터 그날의 목사는 돈을 거두어서 달콤한 먹을거리를 준비하는 것이 주일 아침에 가장 먼저 하는 일이 되었다. 프레드릭은 미끼의 '질'을, 휴와 찰스는 '양'을 중요시했다. 결국 우리는 그날의 목사에게 선택권을 주기로 했다. 물과 차를 포함한 그날의 양식이 준비된 후 예배를 시작했다. 목사가 말을 마치면, 봉사자가 공평히 나누어 준 과자를 자유롭게 먹으면서 우리의 '이야기'는 계속되었다. 각자가 자기 나름의 독특한 이야기들을 했다.

휴는 넬슨의 《무신앙에 대하여》(on Infidelity)를 평소 즐겨 읽었고 좋아했다. 그는 신실하지 못한 것은 무엇이든 증오했고 무신앙 또한 그의 비난의 대상이었다. 에드윈은 수지와 찰리가 '눈(雪), 아름다운 눈' 속에서 어떻게 하나님의 선(善)을 보았는지, 힘없는 작은 새들에게 자비로운 하나님이 어떻게 부드러운 먹이를 마련해 주시는지에 대해서 이야기했다. 프레드릭의 이야기는 대개가 짧막했다. 주로 하나님의 위엄과, 하나님께 마땅히 보여야 할 경외와 존경에 대한 이야기였다. 찰스는 자신이 특별히 영국에서 주문한 리든의 〈뱀프턴 강의록〉에서 한 페이지 정도를 읽곤 했는데, 본인은 그 내용의 절반밖에 이해하지 못했고, 듣는 우리는 그만큼도 이해하지 못했다. 폴의 이야기는 본질적으로 논쟁적이었고, 항상 학문적이고 준비가 잘 되어 있었다. 프랜시스는 늘 우리에게 실질적이고 생각이 깊은 무엇인가를 심어 주었다. 조너선은 두려움이건 즐거움이건, 그 순간 자기 자신을 사로잡는 감정을 사람들 앞에 쏟아 놓곤 했다. 카하우는 〈마을 설교〉(*Village Sermons*)에서 한 장을 택해서 읽어 주었고 우리는 늘 즐겁게 들었으나, 이야기를 너무 길게 하는 때가 많았다.

사탕 과자는 주로 이야기가 끝나기 훨씬 전에 바닥이 났고, 그 나머지 시간 동안은 설탕도 우유도 타지 않은 차를 간혹 한 모금씩 마시는 것으로 대신했다. 12시 30분에 울리는 점심 식사 종은 모임의 마침을 알리는 신호였다. 사도들의 축도가 끝나고 나면, 4시간여 동안 딱딱한 바닥에 앉아 있던 우리는 서둘러서 식당으로 향했다.

예배에 사용할 수 있는 모국어로 된 종교 서적이 전혀 없었기에 우리는 주로 영국 혹은 미국의 출판물들을 사용했다. 몇몇 기독교인 친구들의 노력으로 미국 소책자협회(American Tract Society)에서 출판된 80여 권의 서적을 확보했고, 여러 권이 함께 묶인 〈주간 기독교 삽화〉(*Illustrated Christian Weeklies*)는 우리에게 끊임없는 즐거움을 제공해 주었다. 런던 소책자협회(London Tract Society)와 기독교 지성 촉진위원회(Society of Promoting Christian Knowledge)에서 보내 준 책도 100여 권 정도 있었다. 후일에는 보스턴의 유니테리언협회(Unitarian Association of Boston)에서도 여러 권의 책을 기증해 주는 친절을 베풀었다. 우리는 그 책들도 읽기를 마다하지 않았다.

그러나 무엇보다도 우리에게 가장 큰 영향을 끼친 책은 필라델피아의 고(故) 앨버트 반스 목사(Albert Barnes: 1798 – 1870 장로교 목사이자 신학자)가 쓴 유명한 주석들이었다. 그 책에는 깊은 영성이 스며들어 있었고, 단순하지만 명쾌한 문체와 그 안에 담긴 청교도주의는 이교도의 땅에서 회심한 젊은이들에게 건강한 긴장감을 주기에 충분했기 때문에 우리에게는 특별히 유용하고 매혹적인 주석이었다. 내가 전문학교 과정(삿포로 농업대학)을 마칠 때쯤에는 신약에 대한 그의 주석을 전부 다 읽은 것으로 기억하고 있으며, 이 훌륭한 목사가 남긴 신학적인 각인은 단 한번도 내 뇌리에서 지워진 적이 없었다. 좋은 책을 만드는 자는 복이 있나니!

우리의 주간 기도 모임은 수요일 저녁 9시 30분에 열렸다. 이때는 '이야기'는 전혀 없었고 기도에만 열중했다. 모임은 한 시간 정도 걸렸는데, 딱딱한 바닥에 무릎을 꿇고 있는 것이 결코 쉬운 일은 아니었다. 나중에 우리는 그렇게 오랫동안 무릎을 꿇고 있을 경우 무릎 관절에 염증(활막염, 滑膜炎)이 생길 수도 있다는 사실을 생리학 교수를 통해 알게 되었다.

상급생들과 함께 모이는 주일 저녁의 연합 성경 모임에는 비교적 적은 수가 참여했다. 그 모임에서는 '선교사 중' O와 '장자' S 그리고 '악어' W가 기독교의 변호와 입증(立證)에 대해서 우리가 할 수 있는 것보다 훨씬 더 무게 있는 논쟁을 벌였다. 이 모임이 끝나는 것을 우리는 반가워했고, 주중에서 가장 즐거운 이 날을 마치기 전에 다시 우리끼리의 사적인 예배를 드릴 수 있다는 것이 우리를 기쁘게 했다.

이쯤에서 내 일기장을 좀 더 공개해야겠다.

1878년 6월 19일
'여섯 형제들'과 함께 극장에 갔다. 세례를 받은 지 3주가 채 되지 않아서였다.

7월 5일
성적이 우수해서 17달러 50센트를 상금으로 받았다. 오후에는 학급 전체가 극장에 갔다.

우리는 일찌감치 기독교와 극장 다니는 것을 분리시켰다. 그 날은 내가 세례를 받은 이후 두번째로 극장을 찾은 날이었고, 사실은 그다지 깨끗한 양심으로 간 것은 아니었다. 내 인생에서 어떤 종류의 극장이건 극장 문턱을 넘은 것은 이때가 마지막이었다. 그러나 나는 기독교인들이 자기 영혼의 잘됨에 해를 끼치지 않고도 극장에 갈 수 있다는 것과, 실제로 많은 기독교인들이 극장에 간다는 사실을 나중에야 알게 되었다. 그렇다. 극장에 다니는 것은 간음처럼 죄는 아니다. 하지만 '끝내주는 즐거움'

없이도 내가 살 수 있다면, 극장을 멀리한다고 해서 내 육체나 정신에 해가 되리라고는 생각하지 않는다.

9월 29일 일요일
'여섯 형제들'과 숲속에서 오후를 보냈다. 야생 포도와 열매들을 따 먹고, 기도를 하고 노래도 불렀다. 매우 즐거운 날이었다.

원시적인 숲속에서 창조주를 향해 우리의 마음을 한껏 고양시켰던, 잊지 못할 날 중 하나였다.

10월 20일 일요일
'일곱 형제들'과 '돌 언덕'을 올랐다. 여느 때처럼 기도하고 노래를 했다. 돌아오는 길에 따 먹은 야생 열매로 활력을 얻었다.

또 하나의 잊지 못할 즐거운 하루였다. 방에서는 노래를 금했고, 우리에게는 그것을 반항할 용기도 없었다. 각자 자기 마음대로 노래를 부르는 데다가, 아직 다듬어지지 않은 목소리와 배워보지 못한 곡조에는 '음악적 멜로디'라는 것은 전혀 없었기 때문이다. 폴은 '토플레이디'(Toplady)의 곡으로 어떤 찬송가든 부를 수 있다고 큰소리를 쳤지만, 슬프게도 그것이 그가 알고 있는 유일한 곡인 것을! 그러나 언덕과 산들은 우리의 노래를 참아 주었고, 한 가지 뛰어난 음악적 요소가 있다는 사실을 하나님은 알고 계셨다. 바로 느낄 줄 아는 마음이다.

12월 1일
H 씨를 통해 감리교 감독교회에 입회했다.

우리의 사랑하는 선교사 H 목사가 시내로 돌아왔다. 우리는 그의 교단이나 다른 교단을 꼼꼼히 검토하지도, 찬반을 묻지도 않은 채 무작정 그의 교회에 입회했다. H 목사가 좋은 사람이라는 것이 우리가 알고 있는 전부였고, 그가 좋은 사람이라면 그의 교회도 당연히 좋을 것이라고 믿었다.

12월 8일 일요일
저녁에 '일곱 형제들'과 진지한 이야기를 나누었다. 가장 내밀한 자신의 생각들을 서로 고백했고, 우리 마음에 커다란 변화를 가져올 개혁을 도모했다.

기독교를 받아들인 이래 가장 유쾌한 날이다. 자정이 지나고도 우리의 대화와 기도는 그칠 줄 몰랐다. 그날은 자리에 눕자마자 날이 밝았던 것으로 기억한다. '가시투성이' 조녀선, '울퉁불퉁' 휴, 그리고 '스크루지' 프레드릭은 '둥글이' 프랜시스만큼이나 원만해졌다. 회의론자 폴도 이러한 기독교에 대해서는 반대할 이유가 전혀 없었다. 그날 밤에는 모두가 천사 같아 보였다. 아, 이러한 밤이 좀 더 많이 있기를! 하늘에서 천사들의 합창이 들리고, 베들레헴의 별이 동방 박사들을 아기 예수께로 인도하던 날이 이날보다 더 아름다웠을까!

12월 25일 크리스마스
우리의 구세주께서 이 땅에 오신 것을 기념했다. 우리 기쁨에는 끝이 없었다.

우리의 첫 번째 크리스마스다. 3학년은 이날을 기념하는 우리의 잔치를 은근히 조롱했다. 그러나 이듬해에는 우리를 따라했고 크리스마스의 의미를 인정했다.

12월 29일 일요일
밤에 모여 '기름 사건'에 관해 이야기를 나누었다.

한 해의 마지막 안식일이었고, 두 학년의 기독교인들은 저물어 가는 한 해의 모든 잘못과 부족한 점, 그리고 오는 해의 모든 희망과 가능성에 대해서 진지하게 생각했다. 그날 저녁 우리의 기도는 보기 드물게 열렬했다. 그러던 중에 갑자기 어디선가 I교수가 돌아왔는데, 평지 씨 기름으로도 등유만큼이나 밝은 빛을 만들 수 있다고 큰소리를 치고 다닌다는 소리가 들렸다.

그 내막은 이러했다. 정부는 몇 주 전에 수입품의 사용을 최대한 자제해야 한다는 법령을 통과시켰고, 펜실베이니아의 언덕과 뉴욕에서 전부 수입되는 등유는 우리 땅에서 나는 평지 씨 기름으로 바꿔야만 했다. 우리가 가지고 있던 미국 램프는 전부 압수되었고, 식물성 기름을 태우는 새로운 램프가 보급되었다. 그러나 그렇게 만들어진 불빛은 미국산 광물 기름이 내는 빛에 비해 형편없이 어두웠고, 이러한 현실은 우리가 공부를 게을리하는 데에 좋은 핑곗거리가 되었다.

I 씨는 수학 교수였는데, 우리는 그를 별로 좋아하지 않았다. 그 주일 저녁 교수님은 알코올에 흠뻑 절어 있었고, 몸짓이나 목소리도 완전히 마비 상태였다. 새로운 램프에 대한 한 학생의 불평에 교수님은 좀 더 상식적으로 생각하면 문제가 달라질 수도 있다며, 당신의 말을 과학적인 방법으로 우리에게 증명해 보이고자 했다. 그리고 그것은 우리가 평소 그분을 어떻게 생각하는지를 보여 줄 좋은 기회였다. 기독교인과 비기독교인 모두가 이 기회에 힘을 합쳤다. 3학년 학생 중 반(半)이교도 형제들 몇 명—'네모 얼굴' Y, '성격 좋은' U 그리고 '익수룡'(翼手龍, 하늘을 나는 파충류의 일종) T 등—이 성경을 바닥에 내팽개치고는 단숨에 이 흥분의 장(場)으로 달려왔다.

우리가 원한 것은 교수님의 과학적 증명이 아니다. 우리는 교수님을 밖으로 끌어내어 눈 위에 굴리고, 눈덩이를 던지며 온갖 비신사적인 이름을 불러 댔다. 종교적으로 가장 고양되어 있었던 찰스는 이런 기독교인답지 않은 행동은 그만두라고 애원했지만 허사였다. 알코올의 자극에 제 정신이 아닌 교수님이 딱하게도 눈으로 완전히 뒤범벅이 되고 나서야 학생들은 신성한 모임으로 돌아왔고, 마치 작은 테오도시우스(Flavius Theodosius: 346 - 395 로마 제국이 동서로 분열되기 전 마지막 황제. 390년에 자기 말을 듣지 않는다는 이유로 테살로니키 시민 7,000명을 학살했다)와도 같은 이 무리가 예배 장소에 들어오지 못하도록 막는 성 암브로즈(St. Ambrose: 340 - 397 초대 기독교의 성직자. 테오도시우스 황제가 테살로니키의 학살 직후 밀라노 교회에 들어가려는 것을 막고는 황제를 책망했다) 같은 이는 없었다. 그날 저녁 우리가 겪은 흥분은 결코 잊지 못할 것이다. 회개의 기도도 거의 하지 않은 채 모임은 기한도 없이 이듬해로 연기되었다. 우리 모두는 그리스도께서 이 모임에 더 이상 임재하시지 않는다고 느꼈고, 설사 임재하셨다 하더라도, 불쌍한 교수님을 눈덩이로 공격하기 위해 몇 사람이 뛰쳐나가는 그 순간에 떠나셨을 것이라고 생각했다. 우리의 실천적 기독교가 이론적 기독교에 얼마나 많이 처지는지, 그 날 저녁 우리는 마음 속 깊이 깨달았다.

1879년 3월 9일
기도 모임을 인도하는 방법에 변화가 생겼다.

우리는 너무 오랫동안 꿇어앉아 있어서 '활막염'에 걸릴까 두려워졌다. 우리 모두는 기도를 짧게 하기를 원했다. 그래서 한 모임에서는 같은 말을 반복하지 않기로 했다. 예배는 20분 정도 단축되었고, 우리는 크게 안도했다.

기도 모임에서 또 하나의 사건이 일어난 것이 이때쯤인 것 같은데, 일기장에서는 기록을 찾을 수가 없다. 그날은 수요일이었고, 학교 농장에서 3시간 가량 노동을 하고 난 후라 무척 피곤했다. 배를 한껏 채우고, 늘 그렇듯 지겨운 수업을 마치고 나니, 우리는 높으신 권세와의 영적인 교제를 할 기분이 나지 않았다. 그러나 준수해야 할 규칙이기에 평상시처럼 종이 울리자 그날 저녁 우리의 목사 프레드릭은 기도하기 위해 자기 양들을 불러 모았다.

그는 머리를 강단 위에 얹은 팔 사이에 파묻은 채, 밀가루 통 옆에 무릎을 꿇고 앉아 짧은 기도로 모임을 시작했다. 모임이 빨리 끝나기만을 바라면서 한 명씩 뒤를 이어서 기도했다. 마지막 사람이 기도를 하자 우리는 기뻤고, 끝으로 아멘을 하고 난 후 목사가 바로 해산해 주기를 간절히 바랐다. 드디어 한목소리로 마지막 아멘을 외쳤는데도 우리의 목사는 조용하기만 했다. 사도의 축도는 들리지 않았고, 목사 외에는 다른 누구도 모임을 폐회할 권리는 없었다. 약 5분 정도 완벽한 침묵이 흘렀다. 참으로 긴 시간이었다. 우리는 더 이상 무릎을 꿇고 있을 수가 없었다. 결국 목사님 옆에 앉아 있던 조너선이 프레드릭에게 무슨 일이 생겼는가를 보기 위해 고개를 들었다. 이럴 수가! 우리의 목사는 밀가루 통 위에서 깊은 잠에 빠져 있었던 것이다. 그러니 축도가 나오지 않을 수밖에! 목사의 거룩한 말을 기다리려면 밤새도록 앉아 있어야 할 판이었다.

조너선은 이런 사태를 특별한 경우라고 판단하고, 우리의 '세계 회의'(oecumenical council)의 동의 없이도 규칙을 잠시 바꿀 수 있다고 생각했다. 그래서 그는 일어서서 엄숙한 목소리로 이렇게 말했다. "우리 형제 프레드릭이 잠이 들었으니, 내가 목사의 직무를 이행하는 것을 하나님은 용납하실 것입니다. 우리 주 예수 그리스도의 은혜와…… 아멘."

모두가 "아멘" 하고 피곤한 머리를 들었을 때에도 프레드릭은 나무토막처럼 꼼짝하지 않고 통 위에 엎드려 있었다. 찰스가 흔들자 그제서야 그는 일어났다. 축도로 모임을 해산하려고 했지만—그는 꿈나라에서도 자신의 의무를 잊어버리지 않았다—축도는 이미 했고 우리는 헤어질 채비를 하고 있었다. 프레드릭이 강단에서 잠이 든 것은 분명 잘못이지만, 우리 모두는 그날 밤 매우 졸렸기 때문에 그를 용서할 수 있었다. 심지어 거룩한 사도들도 주님이 기도하실 때 잠을 잤는데, 하물며 힘겨운 노동 후에 양껏 식사를 한 우리 젊은 기독교인들이랴!

5월 11일 일요일

오후에 벚꽃 사냥을 갔다.

5월 18일 일요일
오후에 숲속으로 소풍을 갔다.

6월 2일 월요일
새로운 탄생(세례 기념일)을 축하했다. 일곱 형제들과 티 파티를
열고 몇 시간 동안 즐거운 대화를 나누었다.

영적인 생일을 기념하는 날이다. 어머니들이 우리를 이 고단
한 세상에 낳아 준 날은 즐겁게 보내면서, 이날을 우리가 기억
하지 못할 이유는 없다고 본다. 그러나 이 나라나 다른 나라의
기독교인들 대부분이, 우리의 썩어질 육체가 이 땅에 출현한 날
의 반만큼도 이 영적인 생일을 따뜻한 말과 아름다운 선물로 축
하하지 않는 것 같다.

6월 15일 일요일
이 지역 수호신의 축일. 매우 괴로웠다. 그러나 경마를
관람했고, 육체의 즐거움을 위해 프랜시스 삼촌의 초대도
받아들였으며, 폭식까지 했다. 오호라!

우리의 청교도적 안식일은 이교도의 축제 때문에 많은 방해를
받았고, 나는 유혹에 졌다. "선을 행하기 원하는 나에게 악이 함
께 있으며, 나의 육신으로는 죄의 법을 섬기는도다. 오호라, 나

는 곤고한 사람이로다!"(롬 7:18-25 참조)

1879년 여름은 학교에서 남쪽으로 900킬로미터 정도 떨어져 있는 수도(首都, 도쿄)의 우리 집에서 보냈다. 나의 좋은 친구 프랜시스가 여행길을 동행했다. 나의 아버지와 어머니, 내 형제와 자매에게 그리스도의 복음을 전하는 것이 이 긴 여행의 최종 목적이다. 우리는 가는 도중 선교 거점이 있는 곳마다 기꺼이 기독교인 친구들을 방문했고, 우리 대화의 주된 주제는 종교였다.

집을 떠난 지 2년 만에 돌아오니 모든 게 새롭고 들뜬 기분이었다. 나는 어머니에게 S에서 새사람이 되었다고 고백했고, 어머니도 나처럼 변화되어야 한다고 호소했다. 그러나 어머니는 당신의 아들을 다시 만나는 기쁨만으로도 감정을 주체하지 못하셨고, 기독교에 대한 나의 어떠한 이야기도 귀 기울여 듣지 않으셨다. 늘 그렇듯 내가 안전하게 도착한 것을 감사하는 의식 곧 가족의 우상에게 봉헌하는 시간을 가졌고, 이 일은 내게 지울 수 없는 아픔을 주었다.

나는 종종 내 방에서 이 이교도의 집안을 구해 달라고 나의 구세주에게 간절히 기도했다. 세례 받지 못한 영혼은 지옥의 형벌을 받는다는 사실을 진지하게 믿었던 나는 내 가족의 회심에 온 힘을 기울였다. 그러나 어머니는 무관심했고, 아버지는 확고하게 반대했다. 나중에 좋은 기독교인이 된 남동생은, 내가 준 로마서의 신성한 문구들 사이에 기독교를 경멸하는 글들을 써

넣어서 하나의 '사본'을 만들어 나를 자극했다. 그러나 나는 참았고 기도를 멈추지 않았다. 마침내 학교로 다시 떠날 무렵에는 내가 받아들이라고 간청하는 이 신앙을 검토해 보겠다는 약속을 아버지로부터 받아 냈다.

수도에 있는 동안 나는 많은 형제자매들을 만났고, 내가 거주하는 학교 주변에서는 들을 수 없었던 설교와 연설을 마음껏 즐겼다. 기독교인은 이교도와는 전적으로 다른 부류의 사람이라고 나는 믿었고, 그리스도의 제자들은 서로 친형제보다 더 친밀해야 한다고 생각했다. 우리 작은 교회의 형제들은 다 그렇게 했고, 전 세계의 모든 교회도 마찬가지일 거라고 여겼다. 그렇게 한 치의 의심도 없이 확신에 차 있던 우리는 가는 곳마다 환영을 받았고, 따라서 우리의 이러한 신념은 더욱더 굳어졌다.

우리는 좋은 교회를 몇 군데 발견했다. 강단은 밀가루 통으로 만든 것이 아니었고, 딱딱한 바닥 위에 깔아 놓은 파란 담요보다 훨씬 좋은 긴 의자가 여러 줄 놓여 있었고, 음정을 잡아 주는 오르간도 있었다. 우리도 학교를 졸업한 뒤에는 이처럼 문명화된 지역에서 본 것과 같은 교회를 지을 수 있을 것이라 생각하니 가슴이 벅차올랐다. 우리는 이곳에서 많은 것을 배웠고, 특별히 식사하기 전 감사 기도를 하는 법을 배웠다. 지금까지 우리는 한 번도 그렇게 한 적이 없었고, 마치 개와 이교도들처럼 주린 배를 채우기 위해 정신없이 달려들었을 뿐이다.

한번은 일본인 감리교 목사의 집을 방문했는데, 그 집에는 Y

씨라고 하는 젊은 장로 교인이 함께 있었다. 점심을 대접하겠다는 친절을 우리는 기꺼이 받아들였다. 쌀밥 한 그릇에 생선 한 마리, 그리고 채소 몇 가지가 놓인, 나무로 된 작은 상이 우리 앞에 하나씩 차려졌다. 프랜시스와 나는 늘 하던 대로 젓가락을 들고는 바로 식사를 하기 시작했다. 그때 Y 씨의 목소리가 엄숙하게 들려왔다. "먹기 전에 기도를 하지 않으십니까? 우리 같이 기도합시다." 우리는 무안해져서 급히 젓가락을 내려놓고는 그들처럼 머리를 숙이고 기도가 시작되기를 기다렸다. 감사 기도가 끝나고 나서도 한참 동안 식사를 망설였다. 또 무슨 다른 절차가 있는 것은 아닌가 하는 우려에서였다. 식사해도 된다고 친절하게 권하는 그분들의 목소리가 들려와서야 우리는 마음놓고 식사를 할 수 있었다.

　나는 그때 했던 기도도, 먹었던 음식도 모두 기억한다. 생선은 등에 다섯 개의 검은 수평 줄이 나 있는 회색 혀가자미였다. 입은 몸통 왼편에 있었고, 가슴지느러미 약간 위는 완만한 곡선을 이루고 있었다. 수치심과 혼란으로 눈을 내리깔고 있는 동안 그 모든 것을 관찰했다. 그때 배운 교훈은 지금까지 한 번도 잊은 적이 없다. 가을에 학교로 돌아왔을 때 우리는 형제들에게 그것을 가르쳤다. '은혜를 모르는' 식사는 우리 사이에서 더 이상 찾을 수 없게 되었다. 훗날 종교가 멸시와 조롱을 당하고, 식사 기도를 비웃는 일이 많아졌을 때에도, 나는 감리교 목사의 방에서 배운 이 습관을 한 번도 버린 적이 없다.

8월 25일 월요일

저녁 7시, S에 도착했다.

우리를 다시 만난 형제들의 즐거움은 끝이 없었다.

형제들의 한없는 사랑과 성실에 깊은 감명을 받았다.

내 보금자리인 학교로 돌아오니 그렇게 마음이 편안할 수가 없었다. 차와 달콤한 먹거리로 잘 차려진 상이 우리를 기다리고 있었다. 수도에서 우리가 보고 온 것을 형제들에게 전하는 일에 시간 가는 줄 몰랐다. 대개가 그곳의 교회와 기독교인에 관한 것이었는데, 수도의 교회에서 받은 인상 모두가 만족스러웠던 것은 아니다. 밀가루 통 강단과 우리 '작은 교회'의 꾸밈없는 단순함이 귀하게 생각되었다.

8월 31일 일요일

매우 흥미로운 모임이었다.

두 달 동안 볼 수 없었던 두 명의 회원이 돌아와서 갖는 첫 모임이니 오죽했으랴!

연말까지 기록에 남길 만한 일은 일어나지 않았다. 그 사이에 주일예배에 한 가지 실험을 시도해 본 적이 있는데, 분명 이 무렵과 크리스마스 사이였던 것 같다. 우리는 자신의 '이야기'를 하는 것에 서서히 싫증이 났고, 모임을 이끄는 방법의 변화가 절실히 요구됐다. 한 사람이 이런 제안을 했다. 우리가 세상에 나가게 되면 반드시 불신자들을 만나게 될 텐데 그때를 위한 준비를 지금 학교에 다니는 동안 하는 것이 어떻겠냐는 것이었다. 우리 모두가 이 제안을 놓고 토론했다. 결국 '교회'를 두 개로 나누어 한쪽은 교회를 대표하고, 다른 한쪽은 불신자를 대표해서 서로 돌아가며 역할을 바꾸는 쪽으로 결론이 났다. 불신자 편에 속한 사람들은 불신자들이 할 만한 질문을 하고, 기독교인 편에 속한 사람들은 그 질문에 성실히 답해야 했다. 이 안(案)에 모두 동의했고, 그다음 주일부터 실천에 옮기기로 했다.

새로운 방법으로 모임을 하기로 한 첫 안식일에 우리는 제비뽑기로 회원들을 두 편으로 나누었다. 찰스, 조너선, 프레드릭 그리고 에드윈이 기독교인 편이 되었고, 프랜시스, 휴, 폴, 그리고 카하우가 회의론자 혹은 불신자 편이 되었다. 한편에는 워버튼(William Warburton: 1698–1779 영국의 저술가로서 자연신론자를 공박하는 책을 썼다), 차머스(Thomas Chalmers: 1780–1847 스코틀랜드의 신학자로서 복음파에 맞서 스코틀랜드 자유교회를 설립), 리든, 그리고 글래드스턴(William Ewart Gladstone: 1809–1898 19세기 영국 최고의 정치가이자 신앙인)이, 다른 한편에는 볼링브로크(Henry St. John Bolingbroke: 1678–1751 영국의 정치가이자 저술가이며 이신론자), 흄(David Hume: 1711–1776 영국의 철학자), 기번(Edward Gibbon: 1737–1794 영국의 역사가), 헉슬리(Thomas

Henry Huxley: 1825 - 1895 영국의 자연과학자이자 정통파 신학자)가 자리잡은 셈이다.

평상시와 같이 기도를 하고 먹을 것을 나눈 다음 교전이 시작됐다. 그날의 주제는 '하나님의 존재'였다. 첫 번째 회의론자 프랜시스가 첫 번째 변증가 찰스를 공격했다. 우주가 자기 스스로 존재할 수도 있다는 도전에, 찰스는 물질은 자신이 제조된 개체라는 분명한 특징을 지니고 있다는 논증을 제시했다. 아마도 맥스웰(James Clark Maxwell: 1831 - 1879 영국의 물리학자)에게서 빌려 온 논증일 것이다. 따라서 우주는 스스로 존재할 수 없다고 했다. 첫 공격은 성공적으로 반박되었고, 우리의 믿음은 훌륭하게 변호되었다.

실용적인 휴는 기독교에 대항해서 나열할 만한 쟁쟁한 논쟁거리가 별로 없었기 때문에 조너선은 휴의 반론을 쉽게 해결할 수 있었다. 결론적으로, 이 우주는 창조주가 만든 것이 틀림없고, 그 창조주는 스스로 존재하며, 전능하고, 완전한 지혜를 가졌다는 사실이 입증되었다.

그러나 이제 폴이 맹공격을 펼칠 차례였고 프레드릭이 응수해야 했다. 며칠 동안 그들은 별로 사이가 좋지 않았기 때문에 우리는 이러한 대결이 가져올 결과가 두려웠다. 학구적인 폴이 자신이 대답할 수 있는 것보다 훨씬 더 많은 의심을 가지고 있다는 것은 이미 알려진 사실이다. 그러나 이번 상황은 훨씬 심각했다. 폴은 자신의 복잡한 머리로 고안해 낼 수 있는 최고의 의심을 쏟아 낼 절호의 기회를 맞은 것이다.

"나는 이 우주가 창조되었고, 하나님의 지혜는 완전하며, 하나님은 전능하셔서 불가능이 없다는 사실을 인정합니다." 폴은 천천히 말하기 시작했다. "그러나 하나님이 우주를 창조하고, 이 우주가 자신이 부여받은 잠재적 에너지를 가지고 스스로 성장하고 발전할 수 있도록 작동시키고 난 후에, 창조주가 자신의 존재를 끝내 버리고 스스로를 없애 버리지 않았다는 것을 어떻게 증명할 수 있습니까? 만약 이 신이 모든 것을 할 수 있다면, 왜 그는 자살을 할 수 없습니까?" 복잡한, 심지어 불경스럽기까지 한 질문이었다.

과연 실용적인 프레드릭은 이 질문을 어떻게 해결할 수 있을까? 우리의 시선은 난처해하는 변증가에게 쏠렸고, 불신자 편에서도 프레드릭의 대답을 걱정했다. 잠시 동안 그는 조용히 있었고, 승리감에 찬 폴은 자신의 공격을 계속 밀어붙였다. 프레드릭은 무슨 말이든 해야 했다. 용기를 끌어모으며 그는 경멸하는 듯한 투로 말했다. "그런 질문은 바보들이나 하는 것입니다." "바보들이라고요? 지금 저를 바보라고 하셨습니까?" 몹시 화가 난 폴이 되받아쳤다. "그렇습니다." 프레드릭의 대답은 단호했다. 폴은 더 이상 참을 수가 없었다. "형제들이여!" 폴이 가슴을 치며 벌떡 일어섰다. "저는 이 사람들을 더 이상 참을 수가 없습니다." 그는 성급히 방을 빠져 나가며 문을 거칠게 닫았다.

폴은 자기 방에 도착할 때까지 연신 씩씩거리며 솟아오르는 분을 참지 못했다. 나머지 사람들은 놀라서 어쩔 줄을 몰랐다. 어떤 사람들은 폴이 잘못했다고 했고, 또 어떤 사람들은 프레드릭에게도 잘못이 있다고 했다. 결국 폴이 제기한 중요한 문제는 뒷전으로 밀려났다. 이제 우리는 교전 중인 두 사람을 어떻게 화해시키느냐 하는 문제에 매달렸다. 더 이상의 토론 없이 모임은 끝이 났고, 새로운 계획은 완전히 포기해야 했다. 우리 속에는 스스로 대답할 수 있는 것 이상의 의심이 있고, 가장 좋은 해결 방법은 위로부터 오는 도움을 구하는 것이라고 결론지었다. 다음 주일 예배에는 예전의 방법이 그대로 적용되었고, 성경의 말씀대로 사자와 소는 참으로 평화롭게 같이 뒹굴 수 있었다(사 11:6–8 참조).

12월 24일 크리스마스 이브
측량 시험이 있었다. 에드윈과 저녁 행사 준비를 위해 바쁘게 뛰어다녔다. 모임은 저녁 7시에 시작되었다. 모든 기독교인들이 참석했다. 11시까지 먹고, 차 마시고, 잡다한 이야기들을 나누었다. 우리의 즐거움에는 끝이 없었다.

올해는 상급생들도 크리스마스 잔치에 동참했다. 이 기념식은 작년보다 더 큰 규모로 진행됐다. 친절하게도 학교에서 교실을 빌려주어 그곳을 멋지게 꾸몄다. 잔치를 한껏 즐겁게 해줄 만큼 기부금도 넉넉히 들어왔다.

하얀 다루마—달마 곧 중국의 불교도. 그의 모습을 본 따서 만든 인형은 아이들 장난감으로 흔했다. 주로 발이 없는 모양을 하고 있다—와 빨간 다루마의 씨름이 있었는데, 빨간 다루마는 상급생 존 K가 만든 것으로 매우 독창적이었다. '네모 얼굴' Y가 그 인형 안으로 들어갔는데, 처음에는 그냥 '보지 못하는 눈과 듣지 못하는 귀'를 가진 평범한 우상의 모형으로만 알았다. 그런데 갑자기 눈이 움직이기 시작하고 '발 없는 다루마'가 제 발로 일어서고 옆구리에서 두 팔이 앞으로 쑥 삐져 나오더니 온몸을 흔들며 춤을 추기 시작하는 것이 아닌가! 하얀 다루마가 빨간 다루마를 만나러 나오자 둘은 조녀선을 심판으로 두고 씨름을 시작했다. 얼마나 즐거웠던지!

다루마들이 물러가자, 아래만 가리고 홀딱 벗은 야만인이 뛰어나왔다. 그는 바로 우리 중에서 가장 키가 크고 나이가 많은 '장자' S였다. 종교적인 문제를 논할 때에 우리는 항상 그를 지도자로 여겼다. S는 그렇게 희한한 차림으로 나와서 춤을 추고는 물러갔다. 우리는 옆구리가 결릴 정도로 웃었다. 구세주께서 우리를 구원하시기 위해 이 땅에 오신 사실이 너무도 기뻤다. 4백년 전, 사보나롤라(Girolamo Savonarola: 1452 – 1498 이탈리아의 종교개혁가)는 플로렌스에서 이와 같은 거룩한 사육제를 시작했고, 수도승들은 이렇게 노래 부르며 춤을 추었다.

이렇게 달콤한 즐거움은 또 없으리.

이토록 순수하고 강렬한 기쁨이라니.

열성, 사랑, 정열처럼 강렬하여,

그리스도의 거룩한 광기를 껴안으리.

나와 함께 외치자, 지금 나처럼 외쳐라.

광기, 광기, 거룩한 광기여!

12월 25일

10시 반에 모임을 가졌다. 우리가 S로 온 이래 가장 즐겁고
거룩한 기쁨을 누렸다.

이 모임은 참된 의미의 감사예배였다. 비록 차나 케이크는 없
었지만 기도와 진지한 이야기들이 있었다. '장자' S가 모임을
인도했다. '선교사 중' O는 '크리스마스 축제의 역사와 존재의
이유'를 주제로 강연을 했다. 이날 아침은 모두가 진지했다. 뉴
올리언스에서는 금식과 참회의 사순절이 있기 전에 가장 열광적
인 사육제가 열린다고 한다. 단, 우리는 루이지애나 사람들처럼
심하게 놀지는 않았다.

그 후로 1880년 3월 28일까지는 아무런 기록이 없다.

1880년 3월 28일 일요일

모임에 대한 흥미가 많이 식었다.

흥분된 상태를 항상 유지할 수는 없었다. 그해 봄 내내 우리의 열정은 확실히 사그라져 있었다. 때로는 회원들 사이에 일어난 몇 가지 사소한 일들 때문에 교회 전체의 평화와 조화가 방해를 받았다. 한번은 모두 벽을 향해 앉아 기도하는 중에 은근히 비꼬는 말들이 섞여 나오기도 했다. 물론 하늘에 계신 우리 아버지가 아니라 특정한 개인을 두고 하는 말이었다. 그러나 이 모든 일에도 불구하고 우리는 '모이기'를 폐하지 않았다.

6월은 종교적으로 매우 바쁜 달이다. 새로운 탄생의 두 번째 기념일을 늘 그렇듯 떠들썩하게 보냈다. 눈이 녹고 날씨가 좋아지면서 연달아 세 명의 선교사들이 우리를 방문했다. 한 명은 미국인이고 두 명은 영국인이다. 굶주린 우리의 영혼은 좋은 설교와 여러 가지 종교적인 가르침들로 채움을 받았다.

학교 근처의 항구에 살고 있는 영국 영사 U 선생도 학교를 방문했다. 그분의 집에서 우리가 지금까지 본 적이 없는 거창한 규모의 감독교회 예배를 드렸다.

그 예배가 우리에게 남긴 전반적인 인상은 '불교적'이라는 것이다. 예배에 사용된 의식과 의복이, 종교는 단순해야 한다는 우리의 생각과는 맞지 않았다. 이 예배에서 주목할 만한 사건은 반(半)이교도적이지만 '성격 좋은' U와 '익수룡' T 등 몇 명의 태도다. 이들은 두 영국 여성이 서로 입을 맞추며 인사를 하자 큰 소리로 웃음을 터뜨렸다. 우리는 성경에서 라반이 아들과 딸에게 입을 맞추었다는 기록을 읽은 적은 있지만, 실제로 입맞추는 장면을 본 적은 없었다. 우리의 이런 못된 행동은 정말이지 변명의 여지가 없다.

4
—
우리들의 작은 교회 II

제3차 기독교 신도 대친목회. 두 번째 줄 가운데가 우치무라 간조,
앞줄 오른쪽에서 네 번째가 이수정(1883)

서로 다른 교단의 목회자들이 우리 이마에 십자가를
그었다고 해서 이 모임이 '두 개의 교회'로 나누어질 수
있단 말인가? 우리는 하나다.
솥에 끓인 닭이 하나였고, 조녀선이 스토브에서 꺼내
휴와 함께 나누어 먹은 커다란 감자가 하나였듯이 말이다.

7월에 상급생들의 졸업을 계기로 우리의 기독교 운동은 훨씬 더 강화됐다. 이들 중 기독교인은 여덟 명이었는데, '장자' S, '선교사 중' O, '성격 좋은' U, '익수룽' T, '감독교회주의자' 존 K, '악어' W, '지방 사람' K, '네모 얼굴' Y 등이다. 반(半) 이교도적이며, 조상으로부터 물려받은 죄 많고 교활한 성향이 남아 있었지만 속마음은 모두 진정한 기독교인 신사(紳士)다. 우리는 함께 사진을 찍고, 식사를 하고, 가까운 미래에 세울 예배당에 대해 토론했다. 1년 후면 우리 나머지 여덟 명도 그들과 합류해서 함께 이웃에게 그리스도의 복음을 전할 것이다.

9월 18일
D 목사님이 이곳에 도착했다.

9월 19일 일요일
D 목사님을 방문했다.

9월 20일
저녁에 D 목사님의 인도로 영어 예배를 드렸다.

D 목사님이 H 선교사님의 자리를 대신하게 되었고, 이번이 그분의 두번째 방문이었다. 앞으로 우리가 세울 교회에 대해서 몇 가지 계획을 말씀드렸는데, 그 계획에 모두 찬성하지는 않았다.

10월 3일
새 교회 건물에 대해 자문을 구했다.

몇몇 기독교인들이 활발하게 굴러가는 세상으로 나갔다. 이제 우리도 교회를 가질 수 있게 되었다. 부지런히 계획을 세워야 할 때다.

10월 15일
덴(Den) 목사님과 P 목사님이 오셨다. N 씨 집에서 만났다.

올해에는 선교사님들이 자주 방문을 했다. 덴 씨와 P 씨는 감독교회주의자들이다. 우리의 운동이 외면당하지 않고 종교계의 관심을 끌고 있었다.

10월 17일 일요일
S 씨의 집에서 모였다. 여섯 명이 세례를 받았다. 오후 3시에
성례식이 있었다.

감사하게도 우리의 거룩한 사귐에 참여하는 사람들이 늘고 있
었다. 그러나 이 작은 곳에서도 교회가 감독교회와 감리교회로
갈라지는 경향이 두드러지게 나타나 우리를 안타깝게 했다. "주
(主)도 한 분이시요 믿음도 하나요 세례도 하나"(엡 4:5 참조)라는
말씀을 깊이 생각했다. 기독교 공동체 하나도 제 발로 설 힘이
없는데, 두 개를 가지는 것이 무슨 소용이 있단 말인가! 기독교
인이 된 이후 처음으로 분파주의의 악을 절감했다.

11월 21일 일요일
이곳 출신의 모든 기독교인들이 모임에 참석했다.

상급생들이 졸업을 해서 한동안 전체 모임을 가지지 못했다.
이제서야 우리는 함께 모여 새 교회—범위, 구조, 오직 하나의
교회만을 가지는 것의 타당성 등—에 대해서 진지하게 논의했다.

12월 26일 일요일

'선택설' 때문에 골치가 아프다.

우리 작은 교회는 다시 한 번 선택의 교리에 대해서 토론했
다. 이날 아침의 본문은 로마서 9장이었다.

다양한 색깔의 잉크로 밑줄을 긋고 여백에 무엇인가를 잔뜩
써 넣어서 꽤나 지저분해진 내 옛날 성경을 보면, 이 무섭고도
불가사의한 본문에 커다란 물음표가 마치 고리처럼 매달려 있
다. 바울의 비관적인 결론은 이렇다.

"만약 하나님이 하나는 귀하게 쓸 그릇을, 또 하나는 천하게
쓸 그릇을 만드셨다면, 구원을 얻으려고 노력하는 것은 아무 소
용이 없다. 하나님은 당신에게 속한 사람을 돌보실 것이고, 우리
의 노력 여하에 상관없이 구원받거나 망할 것이기 때문이다."

이와 비슷한 의심 때문에 세계 곳곳에 있는 모든 생각 있는
기독교인들은 고통스러워한다. 그러나 이 문제는 그냥 그렇게
내버려 두어야 한다. 선택의 교리를 이해할 수 없다고 해서 성
경과 기독교를 포기할 수는 없지 않은가!

1881년 1월 3일

'팔미라'로부터 초대를 받았다. 저녁 9시까지 게임과 제비뽑기
놀이를 했다.

기독교인 졸업생들 몇 명이 한집에서 같이 생활을 했다. 그 보금자리는 주택가에서 떨어진 커다란 농장 한가운데 있다. 우리는 그 곳을 아름다운 제노비아(Zenobia, 팔미라의 여왕)의 도시 이름을 따서 '사막 속의 도시'라고 불렀다. 우리는 이런 초대를 자주 받았다. 이런 만남은 서로의 마음을 결속시키는 데 큰 도움이 된다.

우리의 애찬(초대 교회의 종교적 회식을 일컬음)은 철 냄비에 소고기, 돼지고기, 닭고기, 양파, 사탕무, 감자를 넣고 끓인 음식이었다. 웨슬리(John Wesley: 1703 – 1791 영국의 신학자이자 목사)의 추종자들이 나누었던 애찬보다 더 알찼다. 남녀 구별 없이 이 쇠붙이 용기를 가운데 놓고 둘러앉아 직접 떠먹었다. 물론 에티켓은 형편없었지만, 대개 교제하는 사람의 사이가 멀수록 에티켓은 엄격해지는 법이다. '한솥밥을 먹었던 사람들'이란 말은 혈연관계와도 같은 친밀함을 일컫는 우리 사회의 대중적인 속담이다.

또한 동일한 목적을 위해 함께 싸우고 고난도 받을 동역자들은 집도하는 목회자가 빵을 떼고 포도주를 마시는 것 이상의 연합의 끈이 필요하다고 우리는 믿었고, 지금도 그렇게 믿고 있다. 서로 다른 교단의 목회자들이 우리 이마에 십자가를 그었다고 해서 이 모임이 '두 개의 교회'로 나누어질 수 있단 말인가? 분명 아니다. 우리는 하나다. 솥에 끓인 닭이 하나였고, 조너선이 스토브에서 꺼내 휴와 함께 나누어 먹은 커다란 감자가 하나였듯이 말이다.

1월 9일 일요일
새 교회 건축을 위한 위원회의 일원으로 임명되다.

새 교회를 짓기로 결정했다. 위원회가 임명되었다. 위원은 '장자' S, '악어' W, '선교사 중' O, 에드윈 그리고 나였다.

3월 18일 금요일
위원회 모임이 있었다. 부지와 건물에 대해서 결정을 내렸다.

D 목사님으로부터 편지를 받았다. 미국의 감리교 감독교회가 우리의 새 교회를 짓는 비용으로 400달러를 도와주겠다는 내용이었다. 그것을 거저 받고 싶지는 않았다. 빌려 쓰고 가능하면 빨리 갚기로 했다. 이렇게 결정을 한 데엔 분명한 이유가 있는데, 앞으로 차차 보게 될 것이다. 부지 값으로 100달러가 들 예정이고, 나머지는 건물을 짓는 비용으로 사용할 계획이다. 그런데, 멕시칸 은화로 400달러면 우리 지폐로 약 700달러가 될 텐데, 지금처럼 모두가 한 달에 30달러의 월급밖에 못 받으면서 일 년 안으로 이 돈을 갚을 자신이 정말 있단 말인가? 아, 심각하도다! 우리는 교회를 가지길 원하고 가져야만 한다. 그러나 빚을 져야 한다니…… 잘 모르겠다.

3월 20일 일요일

목수가 와서 새 교회 건물의 견적서를 제시했다.

건물의 설계는 좋아 보이지만, 그러한 교회를 지으려면 빚을
져야만 한다. 괴롭다!

3월 24일 목요일

D 씨로부터 우편환이 도착해서 은행에서 현금으로 바꾸었다.
저녁에 위원회 모임이 있었다. D 씨에게 편지를 썼다.

드디어 돈이 도착했다. 당분간 회계를 맡기로 한 조녀선이 4
인치 두께의 돈뭉치를 들고 학교 기숙사로 돌아왔다. 태어나서
지금까지 이렇게 큰 돈을 만져 보기는 처음이었다. 그러나 내
영혼아 보라, 이 돈은 너의 것이 아니다. 물론 교회의 것도 아니
다. 이것은 돌려줘야 할 돈이다. 조심해서 사용하라.

3월 30일

저녁 7시에 존 K의 결혼식이 있었다. 덴 목사님이 주례를
하셨다. 결혼식 후 차와 케이크를 들며 즐거운 시간을 가졌다.
10시까지 무한한 즐거움이 계속되었다. S 학교의 기독교인
중에는 처음 있는 결혼식이다.

감독교회주의자 존이 기독교인 학생 중에서 가장 먼저 결혼의 축복을 받았다. 결혼식은 감독교회 형식으로 진행되었는데, 신부와 신랑이 제단 앞에서 반지를 교환했다. 우리에게 익숙한 일본의 관습과는 무척 다른 모습이다. 다과가 차려진 식탁에서는 몇몇 남학생들이 돌아가며 한 사람씩 짧은 연설을 했고 새로이 탄생한 이들에게 성공과 복을 기원했다. 그러나 크리스마스 이브에 우리에게 빨간 다루마를 만들어 주었던 그 사람이 이제 남편이 되었다는 사실을 믿기는 어려웠다. "여호와께서 네 집에 들어가는 여인으로 이스라엘의 집을 세운 라헬과 레아 두 사람과 같게 하시고." 룻기 4장 11절의 말씀이다. 이 말씀처럼 그 당시 우리가 계획하고 있었던 하나님의 집을 짓는 일에 존의 신부가 도움을 줄 수 있을지도 모르겠다.

3월 31일
교회 일에 문제가 생기기 시작했다. 저녁에 위원회가 모여서
새 건물을 지을 계획을 포기하기로 했다.

그 실상은 이렇다. 우리가 사겠다고 한 부지를 살 수 없게 되었고, 다른 부지도 구하지 못하게 되었다. '지방 사람' K의 주장대로 세미라미스 여왕(Queen Semiramis, 기원전 8세기경 앗시리아의 여왕이었다는 신화적 인물)의 정원처럼 교회를 공중에 매달든지, 새 건물에 대한 계획을 아예 포기하든지 하는 수밖에 없었

다. 큰 빚을 지는 것이 무척 두려웠던 우리는 이런 결론에 도달한 것이 전혀 아쉽지 않았다. 예배드릴 수 있는 장소만 가질 수 있다면 그곳이 아무리 초라해도 우리의 신용을 담보로 저택을 짓는 것보다 훨씬 더 낫다.

4월 1일
목수가 출타중이어서 문제가 더 복잡해지기 시작했다.

4월 3일
'장자' S가 목수와 이야기를 해서 문제가 잘 해결될 것 같다.

4월 15일
목수에게 20달러를 지불하기로 했다.

위원회의 일원이고, 우격다짐으로 일을 하곤 하는 에드윈이 정해진 기한 안에 목재를 준비하도록 목수와 합의를 해버렸다. 목수는 자기 사람들을 산으로 보내서 벌목을 해오도록 했다. 그런데 문제가 생기게 되었다. 말하자면 다음과 같은 일이 일어난 것이다.

솔로몬이 예루살렘에 성전을 짓는 일과 관련해서 히람과 구두계약(口頭契約)을 했다(왕상 5장 참조). 히람은 솔로몬을 믿었고, 그래서 자기 사람들을 즉시 레바논으로 보내서 왕실의 사업을 위해 백향목을 벌목하도록 했다. 그러나 나중에 솔로몬은 성전을 지으려고 했던 모리아 산이 이미 다른 사람의 손에 들어갔기 때문에 자기 것이 될 수 없다는 사실을 알게 되었고, 자기 계획대로 실행하려면 바로에게 빚을 져야 하는데, 그렇게 하고 싶지는 않았다. 그래서 그는 성전을 짓는 계획을 포기했다. 그러나 레바논에서는 히람의 사람들이 솔로몬을 위해 나무를 찍는 도끼 소리가 울리고 있었다.

한편 히람은 개인적인 일로 시돈에 내려가 있어서 솔로몬은 새 건물을 짓는 계획에 변동이 생긴 것을 알려 줄 수가 없었다. 솔로몬이 히람에게 이 소식을 전하는 일이 하루하루 늦춰질 때마다 쌍방은 더 복잡한 문제에 빠지게 되었고, 솔로몬과 그의 고문관들은 마음이 편치 못했다. 드디어 히람이 두로로 돌아왔고, 솔로몬은 성전을 짓지 않게 되었다고 알리고, 레바논에 가 있는 히람의 사람들을 다시 불러들이라고 부탁했다. 그러나 히람의 사람들은 이미 산에 있은 지 2주가 지났고, 많은 백향목과 잣나무가 이미 벌목되어서 목재로 쓸 준비가 되어 있었다. 그래서 히람은 솔로몬이 그 손실을 보상해 주기를 바랐고 솔로몬은 자기 고문관들과 이 문제를 논의하게 된다.

이 일에 대해 '장자' S와 '악어' W는 벤담(Jeremy Bentham: 1748-1832 영국의 철학자이자 법학자)과 존 스튜어트 밀(John Stuart Mill: 1806-1873 영국의 경제학자이자 철학자)의 책에서 무엇인가를 읽고는, 솔로몬이 히람과의 계약에서 왕의 인장을 찍지 않았기 때문에 히람의 손실에 대해 법적인 책임을 질 필요는 없다고 주장했다. 그러나 '솔로몬 왕의 다른 고문관들'(교회 건축 위원회 위원들)인 '선교사 중' O와 조너선은 다르게 생각했다. 히람은 솔로몬의 말을 여호와와 그분의 언약을 믿는 사람의 말로 신뢰했고, 고로 왕의 인장이 찍혔건 그렇지 않건 상관이 없었다. 왕은 돈을 지불해야만 하며, 그렇게 하지 않으면 다윗의 가문은 대중의 신임을 잃을 것이다.

그러나 S와 W는 손해배상을 해줄 법적인 책임이 없다는 입장을 강경하게 주장했고 '이스라엘의 모든 백성'('교회'의 모든 구성원들)은 그들의 주장에 찬성했다. 그렇지만 O와 조너선은 그러한 견해를 받아들일 수가 없었다.

결국 그 둘은 어느 추운 겨울 아침 눈 속에서 만나 자신들이 책임을 지자는 결론을 내렸다. 그들은 몰래 '히람'(목수)을 만나 자신들은 가난하지만 그가 부당한 대우를 받는 것은 유감이라고 했다. '히람'은 '이스라엘 백성'('교회' 사람들) 중 이 두 사람의 정직함에 감동을 받아 자기 자신도 손실을 어느 정도 감당하겠다고 말하고, '이스라엘 백성'으로부터 20달러만 받으면 만족하겠다고 했다. 조너선은 아직 학생이라서 정기적인 수입이 일주일에 10센트밖에 되지 않았다. 일단 O가 금액을 전부 지불하고 조너선은 이듬해 7월에 졸업을 하고 나서 O에게 자기 몫을 갚기로 했다.

이렇게 그 모든 어려움이 '솔로몬의 고문관' 중 두 명이 자청

한 약간의 자기희생으로 해결되었다. 나중에 '성격 좋은' U와 휴가 O와 조너선을 도와서 그 둘이 진 빚을 나누어 부담했다. 언급할 가치가 없는 사소한 일이라고 독자들은 말할지 모르겠으나, 이러한 경험은 하나님과 사람에 대해서, 우리가 파고드는 모든 신학과 철학보다 더 많은 것을 가르쳐 준다.

4월 17일 일요일
오후에 찰스와 함께 집을 구하러 다녔다. '장자' S의 집에서 위원회 모임이 있었다.

새 건물은 이제 포기했기 때문에, 우리는 이미 지어진 건물을 찾아다니기 시작했다.

4월 24일
O를 만나서 교회에 대한 자문을 구했다.

4월 30일
O를 방문했다. 교회의 자립에 대해서 처음으로 이야기했다.

예배당을 마련하는 일이 그리 성공적이지는 않았다. 회원들은 다소 낙담하고 있었다. 감독교회의 형제들은 이미 예배당을 가지고 있는데, 우리가 하나 되어 그 교회에 모이면 안 될 이유가 있을까? '필요는 발명의 근원이다'(Necessity is the mother of inventions). 교회를 가지는 데 실패한 것이 오히려 우리를 기독교 연합과 자립의 좀 더 높고 고귀한 개념으로 이끌고 갔다. 성령님이 우리를 인도하고 계셨다!

5월 15일 일요일
'팔미라'에서 모여 교회의 자립에 대해 논의했다. 다양한
의견이 있었다. 확실한 결론을 내리지 못하고 모임을 마쳤다.

문제가 더 심각해지고 있었다. 기독교인들 모두가 다 같이 만나서 교회의 자립이라는 가장 중요한 문제에 대해서 토론했다. 조너선은 어리고, 이상주의적이고, 충동적이다. 그는 현재 속한 교단에서 분리되어 하나의 새롭고도 자립된 몸을 구성하는 데에 아무런 어려움이 없다고 보았다. 그러나 '장자' S와 '악어' W는 신중하여 그러한 무분별한 행동을 해서는 안 된다고 생각했다. '성격 좋은' U와 '선교사 중' O는 조너선의 편을 들었지만, 그 일이 성공할 것이라는 확신은 없었다. 그날 오후에는 아무런 확실한 결론을 내리지 못했다.

5월 22일 일요일
교회의 자립이 회원들 사이에서 공론(公論)으로 자리잡기
시작했다. 저녁에 O를 만나 함께 회칙을 작성했다.

5월 23일

O를 만나 교회 일에 대해서 자문을 구했다. 메밀을 대접받았다.

자립의 요구가 우세해지고 있다. O와 조너선은 앞으로 세우고
자 하는 '자립 교회'의 회칙 초안을 만들었다. 20대 청년 두 명
이 유럽과 미국의 가장 위대한 지성도 당황해했던 일을 하겠다
니! 터무니없는 일이다. 그러나 용기를 내어라! "하나님께서 세
상의 미련한 것들을 택하사 지혜 있는 자들을 부끄럽게 하려 하
시고"(고전 1:27 참조). 피곤해지면 우리 메밀로 기운을 돋우자꾸
나.

월말경에 D 씨가 세 번째로 우리를 방문했다. 평소처럼 우리
에게 설교를 하고 세례와 성찬식을 베풀었다. 그러나 우리가 D
씨의 교회인 감리교 감독교회로부터 분리하려고 한다는 사실을
숨길 수가 없었다. 예상대로 그는 우리의 그러한 의도를 별로
기뻐하지 않았다. 우리와 함께 9일을 머문 뒤 D 씨는 선교 본부
로 돌아갔다. 그리 기분 좋은 방문은 아니었을 것이다.

한편 우리의 대학 생활이 거의 끝나 가고 있었다.

6월 26일 일요일

이곳에서의 마지막 안식일. 형제들은 모임에서 각자의 속마음을
털어놓았다. W가 기도를 했다. 나는 하늘나라를 위해서라면
가리지 않고 어디든 가겠노라고 말했다. 찰스는 세속적인 일을

하면서도 하늘나라를 위해서 일하겠다고 했고, 기독교 사역에 대한 이러한 입장은 중요하다고 강력히 주장했다. 그리고 프랜시스, 에드윈, 폴, 휴가 차례로 말을 했는데, 대학 시절에 가진 이 모임을 통해 큰 유익을 얻었다고 했다. Y는 간곡한 권고를 했다. Z는 인간 마음의 개선은 인류의 유일한 과제라고 강조했다. '카하우'도 자신이 느끼는 것에 대해 할 말이 있었다. 프레드릭이 모임을 마치는 기도를 했다. 대학 시절 내내 이런 식으로 모임을 가진 적이 없었다.

가장 인상적인 모임이었다. 더우나 추우나, 고우나 미우나, 4년이라는 긴 세월 동안 함께 모인 '교회'가 이제는 해체되어야 한다.

밀가루 통 강단이여 안녕! 앞으로 우리가 보스턴을 방문해서 트레몬트 템플(Tremont Temple)이나 트리니티 처치(Trinity Church)에서 예배를 드리게 될지도 모르고, 유럽을 배회하면서 파리의 노트르담이나 쾰른의 유명한 성당에서 성스러운 미사곡을 듣거나, 로마에 있는 성 베드로 성당에서 교황의 축복을 받게 될지 모르지만, 프레드릭이나 휴가 사도의 축복을 전할 때 그대들이 누렸던 마력, 그 신성함에는 결코 미치지 못할 것이다.

성스럽건 세속적이건 잔치 때마다 우리를 한자리에 모아 준 사랑하는 물병이여 안녕! 우리가 포도주를 마시게 될 금색 성찬배도, 그대 입으로 시원하고 톡 쏘는 액체를 흘려보내면서 우리의 이질적인 마음들을 하나의 조화로운 전체로 결합시켜 준 그 교제의 힘을 가질 수는 없을 것이다.

안녕, 그대 파란 담요들이여! 그대들이 제공해 준 '신도의 좌석'(pew)은 앞으로도 우리에게 가장 편안한 자리가 될 것이다.

작은 '교회'도 안녕! 그 모든 '매력'과 어린아이 같은 실험들, 말다툼과 교묘하게 사심 어린 기도들, 화기애애한 대화와 주일 오후의 잔치도 모두 안녕!

즐거운 안식일 학교여! 나에게 소중한 그대,
아름답게 장식된 궁전 지붕보다 소중해,
그대를 대할 때 내 마음 항상 즐거워,
나의 소중한 안식일 집이여.

고집 세고 종잡을 수 없는 나의 마음,
여기서 처음으로 삶의 길을 찾았네,
여기서 처음으로 선한 것을 구하여,
안식일 집을 얻었네.

여기서 예수님 사랑의 목소리로
당신께 오라고 내게 간하셨네,
오직 당신만을 따르라고 하셨네,
여기 사랑하는 안식일 집에서.

안식일 집이여! 복 받은 집이여!

그대를 대할 때 내 마음 항상 즐거워,

나의 소중한 안식일 집이여.

7월 9일 토요일

대학 졸업식 날. 오후 1시 15분에 군사 훈련. 졸업식은 2시에

시작이다. 식사(式辭)는 아래와 같다.

수고한 뒤에 얻는 휴식은 얼마나 복된가—에드윈

농부에게 있어서 도덕의 중요성—찰스

문명화를 돕는 농업—폴

식물학과 농업의 관계—프랜시스

화학과 농업의 관계—프레드릭

과학으로서의 수산업—조너선

세찬 박수 소리 가운데 총장이 학위를 수여하고…….

오늘의 모든 영광을 하늘의 아버지께 돌렸다. 대학을 떠날 날
이 코앞에 닥쳤다. 앞으로 내가 져야 할 무거운 책임과, 사탄의
아들들(세상) 가운데서 살아가야 한다는 사실을 생각하니, '내
믿음이 얼마나 커야 할까' 하는 생각이 들었다. 즐거움이 내 마
음에 있기는 하지만, 눈물 또한 만만치 않다. 모든 겸손으로 하
늘의 아버지를 섬길 수 있는 은혜를 구할 따름이다.

이곳에 입학할 때는 학생이 스물 한 명이었다. 그러나 질병과

태만으로 우리가 졸업할 때는 열두 명으로 그 수가 줄었다. 그 중에 일곱 명이 기독교인이고, 졸업식 날 석차 7등까지 차지한 학생들이 바로 그 일곱 명이다. 비기독교인 학생들이 기독교를 반대한 주된 이유는 일요일은 주의 날이라서 공부를 하지 못하게 한다는 것이었다. 그러나 우리는 기꺼이 안식일 규정을 받아들였다. 비록 시험은 항상 월요일 아침부터 시작되었지만 우리에게 주일은 안식의 날이요, 그 거룩한 날에는 물리, 수학 등 '육신'에 속한 모든 일에서 손을 떼었다.

그러나 보라! 대학 시절을 마감할 때가 되어 모든 '점수'가 합산되자 안식일을 지킨 우리가 상위 7등까지 차지하고, 모든 연설을 도맡았을 뿐 아니라 하나를 제외한 모든 상을 가져갔다! 하나님의 영원한 율법의 일부로서 안식일이 가지는 본질적인 가치에 대해서는 말할 것도 없고, 안식일을 지켜서 얻게 되는 '실제적인 이득'의 증거를 확실히 보여 주었다.

드디어 기독교에 기여할 세력에 일곱 명이 추가되고, 참된 교회, 실제 교회를 세울 수 있게 되었다. 세상에 나가자마자 장난감 교회가 아닌 진짜 교회를 가지는 것이 우리의 꿈이 아니었던가? 우리는 가정을 꾸리거나 돈을 벌 생각을 하기 이전에 교회부터 지을 생각을 했다. 이제 우리, 존이 설교에서 말한 것처럼 '이교도들을 길거리의 개처럼 흩어 버리고' 우리의 단결된 힘과 용기로 사람과 마귀 그리고 모든 것을 정복하자.

"빛나는 장년을 위해 운명이 예비한 청춘의 사전에는 실패라

는 단어는 없다." - 에드워드 조지 리턴(Edward George Bulwer
Lytton: 1803 - 1872 영국의 정치가이자 소설가)

5

새 교회를 세우다

미국 유학 당시 뉴욕에서(1887)

이 교회의 구성원들은 자기들만의 독특한 체계와
원리들을 가지고 있으며, 우리는 그러한 독특성을
신성하게 여기고 유지하는 것이 하나님의 뜻이라고 믿는다.
그들에게는 완수해야 할 특별한 사명이 있기에,
그 누구도 그들의 단순(單純)과 만족을 방해해서는 안 된다.

대학을 졸업하자마자 우리는 모두 월 30달러의 직업을 제의받았다. 우리는 실용 과학을 배워서 우리 나라의 물적 자원을 개발하고자 했고 단 한 번도 그 목표에서 벗어난 적이 없다. 나사렛의 예수님 속에서 목수의 아들로 태어나 인류의 구세주가 되신 분을 보았고, 그분의 비천한 제자인 우리는 농부와 어부요, 기술자와 제조업자이면서 평화의 복음을 전하는 사람이 되고자 했다.

어부였던 베드로와 천막 짓는 사람이었던 바울이 우리의 모델이었다. 우리는 한 번도 기독교를 어떠한 형태로든지 계급 조직이나 성직주의로 해석한 적이 없다. 기독교를 근본적으로 민중의 종교로 보았고, 세상일을 하는 것이 전도자나 선교사가 되는데 아무런 장애가 될 수 없었다. 대학을 떠날 때의 우리들만큼 복음을 위해 헌신할 것을 다짐하고 배움의 전당을 떠난 젊은이는 없을 것이다. 비록 우리의 훈련과 행선지는 물질적이지만, 궁극적인 목표는 영적이었다.

대학 과정을 마친 뒤 나는 수도에 있는 고향 집을 한 번 더 방문했다. '여섯 형제' 모두가 함께 갔다. 우리는 도시에서 머무는 동안 매우 즐겁게 지냈다. 선교사들의 초대를 많이 받았고, 보잘것없는 일이지만 우리가 한 일에 대해서 칭송을 받기도 했다. 그분들의 모임에서 우리의 경험을 이야기해 달라는 요청도 받았다.

다시 돌아가면 우리 교회에 적용하려고 이곳의 교회 구조와 운영 방법을 관찰하기도 했다. 우리가 비록 먼 북쪽에서 원시적인 숲을 누비며 곰과 늑대들 틈에서 살아왔지만, 기독교인들 중에서 가장 배우지 못한 사람들은 아니라는 사실을 알게 되었다. 밀가루 통 강단에서 들은 것과 파란 담요 위에서 했던 이야기들이, 수도의 교회들이 가르치는 것과 그들의 문화와 비교해 볼 때 그렇게 미숙한 것만은 아니었다. 사실 어떤 부분에서는 전문적인 신학자들에게 양육받은 친구들보다 우리가 더 심오하고 건강한 관점을 가지고 있다는 생각이 들기도 했다.

나는 2년 전처럼 친구들과 친척들에게 선교 사역을 계속했다. 가장 이교적인 사람은 아버지셨는데, 배우신 것도 있고 당신 나름의 신념도 강해서 내 신앙으로 접근하기 가장 어려운 사람이었다. 3년 동안 나는 줄기차게 아버지께 책과 팜플렛들을 보내드렸고, 속히 그리스도를 영접하여 구원을 받으시라고 간청하는 편지를 계속해서 썼다. 아버지는 독서광이셨기 때문에 내가 보낸 책들이 완전히 외면당한 것은 아니었다. 그러나 그 어떤 것도 아버지의 마음을 움직이지는 못했다. 사회적 도덕에 관한 한 아버지는 의로운 분이셨고, 그러한 분들이 늘 그렇듯, 구원의 필요성을 절실하게 느끼지 못하셨을 뿐이다.

대학을 졸업할 무렵 나는 내 학업과 노력의 결과로 받은 약간의 돈을 가장 유익한 곳에 쓰고 싶었다. 그 문제를 놓고 하나님께 기도했다. 바로 그때 부모님께 드릴 선물을 사자는 생각이 떠올랐다. 선물로는 중국에 있는 독일인 선교사 파베르 박사(Dr. Ernst Faber: 1839 - 1899 한자 이름은 花之安)가 쓴 《마가복음서 주석》(Commentary on the Gospel of St. Mark)이 가장 좋겠다고 판단했다. 총 다섯 권으로 구성된 이 책은 저자가 겨냥하고 있는 독자층에 대한 바르고 폭넓은 이해를 바탕으로 쓰여, 예나 지금이나 상당히 좋은 평가를 받고 있다. 구두점이 없는 한자로 기록되어 있어서 다른 건 제쳐 두고라도 일단 읽기가 어렵다는 사실이 아버지의 지적인 욕구를 자극했던 것 같다. 나는 이 책에 2달러를 투자했고, 아버지께 드리려고 짐 가방에 챙겨 갔다.

그러나 이럴 수가! 내가 그 책을 드렸을 때 아버지는 고맙다는 말 한마디 없이 나의 모든 호의를 냉랭하게 받아들이셨다. 나는 방에 들어가 울었다. 이 책은 다른 쓰레기들과 함께 상자 속에 버려졌지만 나는 다섯 권 중 첫 번째 책을 꺼내서 아버지 책상 위에 놓아 두었다. 달리 할 일이 없는 여가 시간에 아버지는 한두 페이지 정도를 읽기도 하셨지만, 잠시 후엔 이 책은 다시 쓰레기 더미로 들어갔다. 그래도 나는 다시 꺼내서 전처럼 아버지 책상 위에 놓아 두는 일을 계속했다. 나의 인내는 이 책을 거부하는 아버지의 거리낌만큼이나 컸다.

드디어 내가 이겼다. 아버지가 첫 권을 다 읽으셨던 것이다. 아버지는 더 이상 기독교를 비웃지 않으셨다. 이 책에 있는 무엇인가가 아버지의 마음을 어루만졌음이 틀림없다. 나는 두 번째 책도 첫 번째 것과 마찬가지로 했다. 그렇다. 아버지는 두 번째 책도 다 읽으셨을 뿐 아니라 기독교에 대해서도 호의적으로 말씀하시기 시작했다. 아버지는 세 번째 책도 다 읽으셨다. 아버지의 삶과 태도에서 변화가 일어나기 시작했다. 술을 덜 드셨고, 어머니와 자식들을 대하는 태도도 훨씬 더 부드러워졌다. 네 번째 책을 읽은 후 아버지의 마음이 드디어 무너져 내렸다! "아들아" 아버지께서 말씀하셨다. "내가 교만했다. 오늘부터 나는 예수님의 제자가 되겠다. 내 말을 믿어도 된다."

나는 아버지를 교회로 모시고 갔고 아버지의 성품 전체에 큰 변화가 일어나는 것을 보았다. 교회에서 들은 모든 말씀이 아버지를 감동시켰다. 누구보다도 남성적이고 무사다웠던 아버지의 두 눈이 이제는 눈물로 젖어 있었다. 더 이상 술도 드시지 않았고 1년이 지난 후에는 세례도 받으셨다. 꽤 철저하게 성경을 연구하셨고, 전에도 나쁜 분은 아니셨지만, 그 후로 쭉 성실한 기독교인으로 사셨다. 그 아들의 기쁨이 얼마나 컸을지는 독자들의 판단에 맡긴다.

'여리고 성'이 무너졌고 가나안의 나머지 도시들도 차례로 정복되었다. 내 사촌, 삼촌, 형제들, 어머니 그리고 여동생이 아버지의 뒤를 따랐다. 그 후로 10년 동안 하나님께서는 우리 가족을 심하게 다루시고 많은 역경을 지나게 하셨다. 우리가 가진 신앙 때문에 세상으로부터 냉대를 받아야 했고, 그분의 이름을 위해 삶의 많은 편의들을 포기해야 했다. 그럼에도 불구하고 최소한 이 나라에서는 하늘에 계신 우리 주님에 대한 사랑과 충성에 있어서 우리 가족을 따를 자들이 없다고 나는 생각한다.

4년 전에 한 여인이 우리 가족의 일원이 되었다. 그녀는 우리에게 '이교도'로 왔지만, 1년이 채 못 되어 주님이요 구세주가 되신 예수님께 그보다 더 신실한 사람은 없게 되었다. 우리와 함께 있은 지 불과 1년 반 만에 선하신 주님은 그녀를 불러 가셨지만, 그녀는 우리에게 와서 자기 영혼의 구세주를 알게 되는 기회를 얻었다. 그리고 하늘에 계신 주님과 조국을 위해 훌륭하게 싸운 후, 하나님을 신뢰하며 하나님의 기쁨과 은총 속으로 들어갔다. 주님 안에서 잠든 그 여인에게 복이 있도다! 하나님과 연합해 있고 영적인 우리 모두에게 복이 있도다!

가을이 되자 나는 남동생을 데리고 다시 북쪽에 있는 내 활동의 장으로 돌아갔다. 이제 나도 월급을 받게 되었고 어렵게 살

림을 꾸려 나가시는 부모님의 짐도 덜어 드리고 싶었다. 에드윈과 휴, 찰스와 폴이 파트너가 되었고 우리는 다 같이 한집에 살았다. 대학 생활의 연장이나 다름없었다. 굳이 다른 점을 든다면, 학교 기숙사보다 좀 더 자유롭고 편안하다는 것이었다.

10월 16일 일요일

K 씨가 아침에 설교를 했다. 사우스 스트리트(South Street)에 있는 우리의 새 교회에서 처음으로 모임을 가졌다.

K 씨는 장로 교인으로, 대학 교육을 받지는 않았지만 우리 기독교 공동체에 소중한 일원이었다. K 씨는 아직 젊었지만, 깊은 영성을 가지고 있었고, 기독교를 폭넓게 경험한 사람이었다.

우리가 수도에 가 있는 동안 '선교사 중' O는 예배를 드릴 수 있는 집을 얻으려고 혼자 부지런히 돌아다녔다. 그가 발견한 곳은 한 건물의 반쪽인데, 270달러에 얻었다. 공간은 9×11미터이고, 2층 높이에다가 지붕은 널빤지로 이었으며, 집보다 두 배는 더 넓은 정원을 갖고 있었다. 원래 셋집 전용으로 지어진 건물인데, 부엌과 난로가 많은 공간을 차지했다.

우리는 교회의 일반 비용을 줄이기 위해 위층 방 두 개를 세주었다. 아래층은 전부 교회로 사용하도록 개조했다. 강단은 바닥보다 약간 높은 단 위에 아주 단순한 모양의 탁상이 놓인 것이 전부였다. 그러나 우리가 개척 교회에서 사용하던 밀가루 통에 비하면 분명한 발전이었다.

휴가 우리를 위해 주문해 둔 여섯 개의 든든한 벤치는 남자들이 사용하고 여자들은 강단 바로 앞의 다다미에 앉았다. 준비한 좌석보다 많은 사람들이 출석할 때면 방바닥 밑으로 파인 직사각형의 난로 자리를 소나무 판자로 덮고는 그 위에다 담요를 깔았다. 그러면 열 명 정도는 더 앉을 수 있었지만 50명이 모이면 집은 꽉 찼고, 그나마 겨울이면 강단 앞에 있는 난로가 자리를 많이 차지했다. 그 연통(煙筒)에 가려서 남자들의 자리에서는 설교자의 얼굴이 보이지 않아 모두 흩어져서 구석구석으로 앉거나 기대고 있는 사람들로 가득했다.

우리의 친구 덴 목사가 준 오르간도 있었다. 최상품은 아니지만 우리를 거룩한 음악으로 인도하기엔 손색이 없었다. 선하신 하나님은 이 악기를 연주할 수 있는 F 씨를 보내 주셔서 우리 교회의 소중한 일원으로 세우셨다. 천장이 바닥에서 3미터밖에 되지 않기 때문에 오르간의 굉음과 거기에 합쳐진 50명 혹은 그 이상의 어설픈 노래 소리는 최악의 불협화음으로 온 집을 흔들었다. 우리 집과 벽을 맞대고 있는 이웃의 평화가 크게 침해당했고, 부당하다고만은 할 수 없는 그들의 항의는 계속되었다. 위층에서 기숙하고 있는 사람은 또한 얼마나 불행했을까! 일주일 가운데 일요일이 가장 좋은 날이었기 때문에 형제들은 아침 일찍부터 이 집으로 모여들었다. 밤 10시에 저녁 예배가 끝나고 모두가 각자의 보금자리로 돌아간 후에야 이 집은 사람의 목소리로부터 자유로울 수 있었다.

난생 처음으로 우리 소유의 집을 가졌기에 우리는 이 집을 최대한 활용했다. 그 무렵에 우리와 합류한 가장 나이 많은 회원은 이 집을 '여관'이라고 불렀다. 우리 인생길에 어느 때든지 들러서 자기 자신을 회복할 수 있는 장소라는 의미다. 바쁜 삶을 살아야 하는 나이였던 만큼 그는 휴식이 필요할 때마다 자주 이곳에 들렀다. 이곳은 독서실이자 교실이요, 위원회실이자 다과실이요, 클럽회관이었다. 옆구리가 결릴 정도의 웃음과 우리 마음의 가장 깊은 곳을 만졌던 회개의 눈물이 이 집에 있었다. 우리 중 가장 잘나고 건전한 두뇌마저도 지치게 했던 논쟁이, 시장(市場)과 돈 벌 계획에 대한 이야기들이 그 어느 집보다도 편리한 이 집에서 있었던 것이다. 이곳이 바로 우리의 교회였고, 세계 어디에서도 이와 같은 곳을 보지 못했다.

연합과 자립을 위한 사업은 매우 활발하게 진행되었다. 감독교회주의자 형제자매들이 자신의 예배당을 포기하고 우리와 합치기로 했고, 사용하던 책과 오르간도 가지고 왔다. 그 집을 사도록 도와주었던 영국의 교회선교협회는 자신들의 필요에 따라 그 집을 사용할 것이고, 그 협회의 선교사들이 회심시킨 형제자매들은 우리 감리교인들과 연합해서 감리교 감독파선교회에 진 빚을 함께 갚을 것이다. 빚만 다 갚고 나면 양쪽 모두 지금 속한 교단을 떠나서 하나의 '민족 독립 교회'를 이룰 것이다. 모두 그 계획에 동의했고, 우리 편에서도 아무런 어려움이 없었다. 오직 우리의 외부 친구들만이 그 계획의 타당성과 실행 가능성에 대해서, 우리가 미래에 겪을 수도 있는 심각한 어려움에 대해서 많은 토론을 했다. 그러나 우리는 미래에 관한 한 거의 장님이 었고, 이런 '복된 무지' 덕분에 걱정 많은 친구들이 예상했던 어려움은 하나도 겪지 않고 연합을 이루었다.

새 교회의 구조는 매우 단순했다. 우리가 믿는 강령은 사도신경이고, 교회의 질서는 뉴잉글랜드에서 온 교수가 5년 전에 작성한 '예수님을 믿는 자들의 언약'을 기초로 했다. 다섯 명의 위원들이 교회를 운영하고 그 중 한 명은 회계였다. 모든 일상적인 일들은 그들이 처리하지만, 언약서에서 다루지 않고 있는 회원의 입회나 탈퇴와 같은 문제가 생길 때는, 투표를 해서 전체 회원의 3분의 2 이상이 찬성을 하면 그 일을 실행할 수 있었다. 회원은 의무적으로 교회를 위해서 무엇이든 한 가지는 해야 했다. 빈둥거리는 사람이 있어서는 안 되고, 특별히 할 줄 아는 게 없다면 난로에 넣을 나무라도 잘라야 했다. 모든 사람이 교회의 성장과 번영에 책임이 있었다. '선교사 중' O와 교회에서 가장 몸집이 작은 우리의 '소나무 자매'(Miss Pine)나 책임은 모두 같았다.

물론 모든 사람이 설교를 하는 건 아니었다. '선교사 중' O와 '악어' W, '감독교회주의자' 존 그리고 조녀선이 차례로 강단을 차지했고, 장로교 친구인 K 씨가 많이 도와주었다. 휴가 우리의 신실한 회계였고, 복식 부기로 기록을 해서 재정을 관리했다. 특별 방문 위원으로 우리의 좋은 친구 에드윈이 확실하게 참석해 주었다. 회원 중 나이 어린 사람들은 '종교서적 판매그룹'을 만들어서 이웃의 도시나 마을에 성경책과 소책자를 팔았다. 우리 중 많은 이들이 새로운 땅을 답사하고 측량하거나, 기찻길을 건설하는 등의 일로 도시 밖에 나가 있을 때가 많았지만, 그들 모두가 집에 남아 있는 우리처럼 주의 일로 바빴다. 우리가 가지고 있던 위대한 목표를 위해 전체 체계가 일사불란하게 움직였다.

10월 23일
YMCA를 조직했다. 부회장에 임명되었다.

청년들을 위한 특별 사역이 꼭 필요하게 되었고, YMCA가 우리의 사업에 추가되었다. 이것은 지난 여름에 수도에 갔을 때 얻은 생각이다.

11월 12일
YMCA의 개회식이 있었다. 약 60명의 관중이 모였다. 집회 후 고두밥을 맛있게 먹었다. 매우 풍성한 모임이었다.

우리의 작은 교회가 발 디딜 틈 없이 꽉 찼다. 고두밥은 팥과 함께 찐 쌀인데 주로 잔치 때 대접하는 음식이다. 맛은 좋은데, 위가 나쁜 사람은 먹지 않는 게 좋다. 위장이 튼튼한 사람만이 소화시킬 수 있기 때문이다. 그날 나도 연설자 중 하나였던 것으로 기억한다. 연설의 주제는 '가리비 껍데기와 기독교의 관계'였다. 지질학과 창세기를 결합시키려는 의도에서 한 것인데, 펙텐 예손시스(Pecten yessoensis)종은 가리비의 일종으로 우리 해안에서 가장 흔한 연체 동물이다. 그 껍데기의 화석이 많이 발견되었기 때문에 이 연설을 위해 특별히 가리비를 택한 것이다. '진화'니, '생존경쟁'이니, '적자생존'(適者生存)이니 하는 단어와 문구들이 우리 사이에서 들리기 시작했다. 그 당시 우리 나라에서 어느 정도 윤곽을 드러내기 시작했던 '무신론적 진화론자들'에게 일격을 가할 필요를 느꼈다. 내 주제는 이상하게 들렸지만, 참석한 청년들은 잘 들어 주었다.

11월 15일 화요일

오후 3시에 W와 O를 만나서 교회에 대한 자문을 구했다.

전 교인이 오후 4시에 모여서 교회의 미래에 대해 토론을 했다.

C 박사님이 보낸 미화 100달러를 받았다.

세 명의 위원들이 예비 모임을 가지고 난 후 전 교인이 전체 모임을 가졌다. '실제 생활'이라는 거친 바다로 항해를 나서고 나니, 인간이란 존재가 교실에서 생각했던 것보다 훨씬 현실적이고 심각하다는 것을 깨달았다. 우리가 바라고 계획하는 대로 모든 일이 진행되지는 않았다. 모두가 다 교회에 뜨거운 열심을 가지고 있는 것은 아니었고, 일부 진영에서는 벌써부터 흥미를 잃어 가고 있었다. 우리는 이미 400달러의 빚을 지고 있었고, 설교자들의 사례비가 전혀 나가지 않는데도 교회의 전반적인 지출은 적지 않았다. 어떻게 이 모든 어려움을 해결하느냐가 회의에서 결정해야 할 문제였다. 아무런 좋은 생각도 나오지 않았다. 이 일을 위해 우리가 가진 모든 것을 내놓아야 할지도 모르니, 우리 지갑이나 열 준비를 하자. 우리는 한숨과 불안 가운데 헤어졌다.

'선교사 중' O가 집으로 돌아가서 보니, 오호라, 그를 기다리고 있는 것이 있도다! '예수님을 믿는 자들의 언약서'의 창시자가 뉴잉글랜드의 자기 고향 집에서 미화 100달러짜리 수표를 보냈던 것이다. 여호와 이레—주님이 예비하신다!—형제들이여, 머리를 들라. 하늘의 아버지께서 우리를 버리지 않으셨도다! 이 좋은 소식이 교인들 사이로 퍼졌고, 우리 안에 다시 희망이 솟았다.

12월 18일 일요일

매서운 눈보라가 쳤다. 설교를 했다. 눈이 교회 안으로 밀고 들어와서 걱정이 많이 되었다.

값싼 나무로 지어진 우리 건물은 눈을 이겨 내지 못했고, 여성도들의 자리를 그날은 사용할 수가 없었다. 그들을 태우고 가던 썰매가 눈 속에 처박혀서 집으로 돌아가는데도 고생을 했다. 그러한 날씨 속에서 가졌던 모임을 우리가 어떻게 잊을 수 있겠는가!

12월 29일 목요일

오후 내내 바빴다. 모든 것이 해 지기 전에 준비되었다. 모임은 오후 6시에 시작되었다. 30명의 형제 자매들이 참석했다. 우리가 S에서 가진 모임 중 가장 좋은 모임이었다. 모두가 자기의 마음을 이야기했고, 9시 30분까지 자유롭게 저녁 시간을 즐겼다.

이번엔 크리스마스 축제를 교회 성도들 모두가 도시로 돌아오는 이날로 미루었다. 이 모임은 본질적으로 기독교인의 모임이다. 2년 전의 크리스마스처럼 다루마들의 씨름이나 야만인의 춤은 이제 없지만, 그날 저녁에 누린 기쁨은 진정 영적인 것이었다. 이번 해는 전반적으로 성공적인 한 해였고, 우리가 성취한 일은 결코 작지 않다. 수고한 뒤의 즐거움이란 얼마나 달콤한지!

1882년 1월 1일 일요일

오후에 모두가 교회에 모여서 자신의 심정을 토로했다. D 씨와

H 씨로부터 편지가 왔다. 큰 근심거리가 생겼다.

우리가 서로 새해 복 많이 받으시라고 인사를 주고받으면서 지난해에 하나님이 우리에게 주신 복을 즐거워하고 있는데, 두 통의 편지가 도착했다. 한 통은 사랑하는 선교사 친구인 H 목사님으로부터 온 것이고, 또 한 통은 D 목사님으로부터 온 것이다. 후자는 짧고 날카로운 편지였는데, 우리가 독립 교회를 세우는 일에 결코 동의할 수 없다며, 자신의 교회가 우리에게 예배당을 짓도록 보내 준 돈을 되는 대로 부족한 것을 메워서 갚을 것을 부탁했다.

그의 편지는 우리가 하는 일에 대한 공공연한 반대로 해석되었다. 만약 자기 교단으로부터 분리할 경우엔 자기 교회와의 거래를 청산해 달라는 요구를 해온 것은 이러한 우리의 해석을 확고하게 했다. 이런 해석이 결코 비합리적이지는 않다. 그는 우리의 재정 상태를 잘 알고 있었고, 우리의 동기에 대한 진정한 공감을 조금이라도 싣기에는 편지가 너무 짧았다.

만약 감리교 감독파선교회가 이곳에 자기 교단의 교회를 세우려고 돈을 빌려준 것이었다면, 우리는 결코 도움을 청하지 말았어야 했다. 우리의 독립은 결코 감리교에 대한 반항이 아니라, 하늘에 계신 우리 주님에 대한 진정한 사모의 표현이요, 우리 조국에 대한 가장 고귀한 사랑의 표현으로 시도된 것이다. 선교회는 우리에게 그 돈을 주겠다고 했지만, 우리는 그 돈을 빌렸다. 당시 우리는 모두 젊었고, 혈기도 왕성했다. "단번에 갚아 버리자. C 교수님이 주신 돈은 아직 건드리지도 않았으니, 교회 금고를 마지막 한 푼까지 깨끗이 비워서라도 빚을 청산하자!" 한 사람이 말했다. "그러자. 빚을 갚자!" 모두가 대답했다. 조너선이 회계인 휴와 상의해서 교회 금고에서 융통할 수 있는 돈은 다 끌어모아서 D 목사님에게 전신환으로 보내는 책임을 맡았다. 1월 첫날에 도착한 이 달갑지 않은 편지보다 우리 두 기독교 공동체를 더 강하게 결속시킨 것은 없었다고 나는 믿는다.

1월 6일
D 목사님에게 200달러를 전신환(電信換)으로 보냈다.

D 목사님의 요구대로 당장 그의 교단에 우리가 진 모든 빚을 갚고자 했다. 그러나 가능한 수단을 다 동원해도 그렇게 할 수가 없었다. 형제들에게 이미 무리한 요구를 해 왔었기 때문에 더 이상의 것을 요구할 수는 없었다. 송금한 돈의 대부분은 C 교수님이 보내 준 돈이다. 돈을 받은 지 얼마 되지도 않아 이렇게 빨리 내놓아야 하는 게 그리 기쁘지는 않았다.

1월 7일
내일 있을 헌신예배로 바빴다.

1월 8일

S 교회의 헌신예배가 오후 2시에 시작되었다. 참석 인원은 약 50명. 오늘 우리는 이 교회를 하나님께 헌납한다. 하나님의 영광이 이곳에서부터 이 지역 전체로 퍼지기를.

함께 져야 하는 짐이 우리 마음을 결속시켰고, 이제는 공식적으로 연합해서 공적으로 하나님께 교회를 헌납할 수 있게 되었다. 50명의 단합된 목소리로 외치는 할렐루야로 작은 목조 건물이 흔들렸다. 불쌍한 우리 이웃이여! 건반 두 개가 조율이 안 된 오르간은 F 씨의 손가락 끝에서 가장 큰 소리로 찬송가를 울렸다. 우리가 바칠 수 있는 최상의 그리고 최고의 헌물(獻物)인 이 비천한 장소를 가장 높으신 하나님께 바친다! 이 곳이 진정한 세키나(Shekinah, 이 땅에서 하나님이 현존하시는 곳)가 되고, 다윗의 지혜로운 아들 솔로몬이 지은 훌륭한 성전처럼 하나님께서 실제로 거하시기를. 우리 주님은 외모에 상관 없이 상하고 회개하는 심령을 사랑하셔서 파이프 오르간이나 스테인드 글라스 창과 세례반(洗禮盤) 같은 것은 주께서 사랑하시는 교회에는 필요가 없다.

우리의 좋은 친구 O가 감사하며 고개를 숙인 겸손한 무리들 위에 축도를 하는 동안, 깨끗한 1월의 햇살이 거친 천으로 만든 커튼에 약간 가려진 두 창문을 통해 니스 칠도 하지 않은 소박한 벤치 위를 비췄다. 메마르고 상쾌한 겨울 공기 속에서 "이르시되 내가 참으로 너희에게 말하노니 이 가난한 과부가 다른 모든 사람보다 많이 넣었도다"(눅 21:3)라고 말씀하신 분의 음성이 들리는 듯했다.

2월 16일 목요일
S 교회 규칙의 틀을 잡기 위해서 O, W 그리고 존과 만났다.
월, 화, 목, 그리고 금요일을 모임의 날로 정했다.

우리의 예배당을 헌납했으니 어떤 형태로든 문서화된 교회 규칙이 필요했다. '집행위원회' 위원 중 네 명이 규칙의 초안을 준비하는 권한을 위임받았다. 우리는 기독교 교회 중에서도 가장 독특한 이 교회를 어떻게 다스려야 할지를 고심했다. 기독교의 본질을 지키면서 우리 환경에 맞게 적용하도록 노력했다.

7일 동안 토론을 계속한 결과 교회 기관의 대략적인 뼈대를 잡았다. 모임은 기도로 시작했고 기도로 마쳤다. 우리는 지독할 정도로 열심을 내었다. 자그마한 난롯가에 둘러앉아 차 주전자가 김을 내뿜으며 우리를 위해 부르는 음악 소리를 들으면서 조항 하나하나를 처리했다. 조너선의 번뜩이는 생각들은 O의 냉정한 판단으로 진정되었고, 존의 기막힌 생각들은 W의 합법적 판단으로 시대에 맞게 정정되었다. 이제 준비된 모든 법안이 효력을 가지려면 교회협의회의 동의가 필요하다.

3월 6일
교회 건물로 이사를 했다.

교회에서 교회의 위층 방을 제공해 주었다. 물론 공짜는 아니다. 나는 회의실을 쓰고, 교회 도서관을 관리하는 등 수위와 교회지기의 모든 직무를 담당했다. 그리고 회계에게 방세로 한 달에 2달러를 지불했다. 이렇게 편리한 교회 관리인을 그 어느 곳에서도 본 적이 없다. 그날부터 내 방은 형제들이 정기적으로 드나드는 장소가 되었다.

3월 13일
올해 10월까지 교회 빚을 청산하기로 서로 서약했다.

빚 갚는 일을 무한정 연기할 수는 없었다. 정해진 시간까지 모두가 자기의 몫을 지불하도록 마음을 정해야 했다. 열 달 동안 유럽식 식당에 가는 것을 포기하면 자기 몫의 반은 지불할 수 있다. 그 당시 가지고 있던 재킷과 바지로 다음해까지 지낸다면 공동 부담액 가운데 자신의 몫을 채울 수 있다고 생각했다. 어쨌든 우리의 한 달 순 수입은 25달러였는데, 10월까지 모두가 각자 그 한 달치 월급을 부담해야 했다.

9월 2일

Ts 형제와 함께 A 제재소에 갔다. 저녁에 설교를 했다.

9월 3일

아침에 A 제재소를 떠났다. H 씨 집에 들러서 설교를 했다.

제재소의 전망은 밝다.

A 제재소에서 설교를 시작한 것은 우리 교회 역사상 가장 기억할 만한 사건이다. 우리가 성취한 그 어떤 일보다도 우리가 해온 '기독교 연합 사역'의 방식을 잘 설명해 준다. 제재소는 우리 교회에서 약 24킬로미터 정도 떨어진 산지(山地)에 있었다. 그곳은 최근에 정부가 거대한 소나무 숲을 헐어서 판자와 목재를 만들려고 미국산 터빈(turbine) 바퀴를 도입한 곳이다.

우리 교회에서 새 제재소로 가는 길에 짐차가 다니는 도로를 새로 놓기로 했다. 우선 답사를 할 측량기사들이 파견되었다. 마침 '성격 좋은' U가 그 조사단의 수석 측량기사로 있었다. 그는 자기 일을 하는 와중에도 제재소 주변에 세워진 작은 거주 집단에 성경과 기독교를 소개하려고 애썼다. 도로가 놓이게 될 노선이 정해지고 나서, 바로 우리 교회의 회계인 휴가 마지막 측량을 맡게 되었다. 그는 산에 머무는 동안 '오뚝이'라는 별명을 가진 O라고 하는 아주 소중한 영혼 하나를 그리스도께 인도하는 데 성공했다.

도로 측량이 끝나자 도로 건설의 적임자로 우리 교회의 일원인 H 씨가 임명됐다. H 씨도 동료들 틈에서 일하면서 그리스도를 전파했는데, 원시적인 숲의 정적(靜寂) 속에서 전해진 그의 말은 열매를 맺었다. 도로가 제법 모양을 갖추기 전에 또 한 사람의 귀한 영혼이 우리 주님께로 인도되었던 것이다.

한편 '성격 좋은' U가 제재소에서 심었던 씨앗은 싹이 나면서 잘 성장하고 있었다. 그곳 사람들은 새 도로가 개통되기만을 애타게 기다렸고, 복음을 전해 달라고 전갈을 보내 왔다. 이 일을 위해 나와 Ts 형제가 가게 되었고, 우리는 기독교인이 답사하고, 측량하고, 건설한 도로를 처음으로 밟는 사람들이 되었다. 나무토막 하나도 아직 지나지 않은 도로 위를 평화의 기쁜 소식을 들고 가는 자들의 발이 먼저 밟았다. 그 도로는 본질적으로 기독교의 도로였고, 우리는 그 도로를 '그 길'(the Way)이라고 불렀다. 영광의 왕이 들어오시도록 "골짜기마다 돋우어지며, 산마다 언덕마다 낮아질"(사 40:4 참조) 것이다.

9월 23일 토요일
국경일이다. 하늘에는 구름 한 점 없다. 오후 1시에 교회에
모여서 함께 박물관 뜰로 갔다. 시 쓰기, 티 파티, 고리
던지기가 있었다. 모두가 아주 즐거운 하루를 보냈다.

이날은 교회의 야유회 날이었다. 우리는 주로 1년에 두 번, 봄

과 가을에 야유회를 가졌다. 우리가 아직 이교도였을 때는 부자연스러운 흥분을 자아내는 독한 음료와 '마귀 놀이'—한 사람을 마귀로 정해 대피소에서 벗어난 사람은 누구든지 잡고, 잡힌 그 사람이 다시 마귀가 되는 놀이—를 하며 '야외 축제'(*fête champétre*)를 즐기곤 했다. 그러나 새 종교는 우리의 기질을 개선시켰다. 여전히 바깥 공기와 순진한 놀이들을 좋아하기는 했지만, 우리는 '마귀 놀이'와 술 마시는 것을 시 쓰기와 차 마시는 것으로 대체했다. 그러한 변화를 통해서 얻는 기쁨은, 아직 회심하지 않은 친구들이 여전히 탐닉하고 있는 놀이에서 얻는 즐거움보다 훨씬 더 낫다는 것을 깨달았다. 겨울에 주전자 하나를 놓고 둘러앉아 어떻게 서로의 마음을 하나로 결속시켰는지는 이미 독자들에게 이야기한 바 있다. '눈 속'에 갇혀 있건 '박물관 뜰'에 있건, 연합된 교회의 사역을 효과적으로 하기 위해서 우리는 이러한 사교 모임에 크게 의존했다.

이때와 연말 사이에는 특별히 언급할 만한 일이 하나도 일어나지 않았다. 나는 종교적인 일과 세속적인 일 모두에 바빴다. 이 무렵 교회의 상태는 퍽 안정적이었다. 그 해 초에 우리가 서약한 것처럼 감리교 감독파선교회에 갚아야 할 돈이 서서히 들어오고 있었다. 기꺼이 모두가 자기의 몫을 감당한 것은 아니지만, 그래도 모두 돈을 냈다. 그해가 끝날 무렵 존과 나는 선교회에 갚을 돈을 위탁받아 가지고 수도에 갔다.

12월 28일

은행에서 돈을 찾아 S 목사에게 주었다. S 교회는 독립했다.

말로 표현할 수도, 설명할 수도 없는 기쁨이여!

2년 간 절약하고 근면한 결과 드디어 교회 빚을 청산했다. 기쁘고 감사해서 깡충깡충 뛸 만한 일이다.

다음은 우리의 '대헌장'(*Magna Charta*)이다.

1882년 12월 28일 $181.31 수도

조녀선 X 씨로부터 181달러 31센트를 영수함.

1881년 'ME 선교회'(감독파선교회)가 S 교회 교인들에게 교회 건축 보조를 위해 대출해 준 금액($698.40) 중 최종 상환액.

— J. S.

우리는 이제, 이자 없이 2년 간 그 돈을 쓸 수 있도록 해준 도움의 손길에 대한 감사의 마음 외에는, 그 누구에게도 빚이 없다는 사실에 감사했다.

우리 교회의 자립을 한때 우리가 속했던 교단에 대한 공개적인 반항이라고 해석한다면 이건 분명 잘못이다. 그것은 우리가 추구하는 하나의 위대한 목표, 즉 하나님이 주신 우리의 힘과 능력을 온전히 자각하고, 영혼의 구원을 얻기 위해 하나님의 진리를 찾고 있는 사람들 앞에 놓인 장애물을 치우기 위해서 행한 겸손한 시도였을 뿐이다.

자신을 의지할 줄 아는 사람만이 얼마만큼의 일을 스스로 할 수 있는지 안다. 의존적인 사람은 이 세상에서 가장 무력한 존재다. 자립할 능력이 없다고 불평하는 많은 교회들을 살펴보면, 쓸데없는 사치에 많은 돈을 쓰고 있는 교인들이 있다. 교인들이 취미 생활 몇 개만 줄일 수 있다면 많은 교회가 자립할 수 있다. 독립은 자신의 능력을 의식적으로 실현하는 것이다.

나는 이러한 자립이야말로 인간의 행동 영역 속에서 또 다른 많은 가능성을 실현하는 시발점이라고 믿는다. 이와 같은 관점은 모든 종류의 자립을 바라보는 가장 관대하고도 이성적인 방법이다. 이것을 반항이라고 비난하거나, 소수의 야심가들이 생각 없는 대중을 선동하는 행위로 보는 것은 관대한 태도가 아니며, 특히 '악한 것을 생각지 아니해야' 하는 기독교인 신사가 가질 자세가 아니다.

12월 29일
수도에 와 있는 S 교회의 회원들이 오후 1시에 프랜시스의 집에 모였다. 우리는 함께 모닝 그래스 공원(Morning Grass Park)에 있는 '플럼 레스토랑'(Plum Restaurant)에 가서 저녁을 먹으며 교회의 독립을 축하했다.

이날은 우리의 첫 '7월 4일' (미국의 독립 기념일)이다. 프랜시스, '악어' W, 그리고 '익수룡' T가 함께 했던 것 같다. '익수룡' T는 늘 그렇듯 야만스럽게 처음 나온 국을 한꺼번에 다 마셔 버리고는 나중에 종업원에게 국에 무엇이 들어 있었느냐고 물었다. 자그마한 대합조개 껍질이 몇 조각 들어 있었다는 대답을 들은 그는, 교회의 독립이 너무도 기뻐서 그릇에 있는 것 전부를 제대로 씹지도 않고 그냥 식도로 넘겨 버렸다고 고백했다. 그러나 진짜 이유는 배가 너무 고팠기 때문이라고 나는 생각한다.

교회의 독립과 함께 나는 교회와 이별을 했다. 민족의 복음화라는 대전제를 놓고 우리 교회가 겪어 온 모든 일을 설명하려면 아마도 교회의 역사를 별도로 기록해야 할 것이다.

이 글을 쓰고 있는 지금으로부터 4년 전에 나의 옛 고향 교회를 방문했는데, 참으로 감사하게도 내가 그 교회를 떠났던 13년 전보다 훨씬 더 번성해 있었다. 여전히 신실한 '선교사 중' O 목사는 교회를 위한 성의 있는 자신의 헌신에 대해서는 한 푼도 받지 않았다. 그는 오로지 내가 졸업한 대학에서 가르치는 일로 생계를 이어 가고 있었다. 교인은 약 250명 정도였다. 월급 받는 전도사 두 명을 쓰고 있고, YMCA도 잘 되고 있으며, 강력한 금주(禁酒) 동맹을 시작해서 계속 이어 가고 있었다.

우리 나라에 있는 모든 교단의 기독교인들이 가장 활발하게 활동했던 1885년에 몇몇 유력한 교회들의 1인당(*per capita*) 헌금

액수는 이랬다.

민족 독립 교회	$ 7.32
조합 교회	$ 2.63
장로교와 화란 개혁	$ 2.00
감리교	$ 1.74
영국 성공회	$ 1.74 ……

　이 비교표가 우리 교회를 잘 대변해 준다. 나중에 이 교회는 약 천 달러가 드는 새로운 건물을 지었다. 비록 생긴 건 내가 버지니아에서 본 '흑인 교회'와 비슷했지만, 한때 내가 수위이자 교회지기로 있었던 '반쪽짜리 건물'에 비하면 확실한 진전이다. 오르간도 새것인데, 건반도 다 조율이 된 것이다.

　머잖아 새로운 석조 건물을 짓는다는 이야기도 오갔다. 온전한 의미에서의 독립된 교회는 사실 전국에서 이 교회 하나밖에 없다. 재정뿐만 아니라, 교회 제도적으로 그리고 신학적으로도 자신들이 직접 책임을 지고 기독교 사역을 해나가고 있었고, 결과도 아주 만족스러웠다. 이 교회의 구성원들은 자기들만의 독특한 체계와 원리들을 가지고 있으며, 우리는 그러한 독특성을 신성하게 여기고 유지하는 것이 하나님의 뜻이라고 믿는다. 그들에게는 완수해야 할 특별한 사명이 있기에, 그 누구도 그들의 단순(單純)과 만족을 방해해서는 안 된다.

6

세상 밖으로

애머스트 대학 졸업식에서. 맨 오른쪽이 우치무라 간조(1887)

감상적인 기도 모임과 심리적인 전율을 일으키는 야외 집회도
한 사람의 거지가 그런 모임을 통해 자기 배를 채우지
못한다면 다 무슨 소용이란 말인가!
기독교로 개종하고 나니 그들에게 빈말밖에는 줄 것이 없다.

"그러므로 내가 그를 타일러 거친 들로 데리고 가서 말로 위로하고 거기서 비로소 그의 포도원을 그에게 주고 아골 골짜기로 소망의 문을 삼아 주리니 그가 거기서 응대하기를 어렸을 때와 애굽 땅에서 올라오던 날과 같이 하리라 여호와께서 이르시되 그 날에 네가 나를 내 남편이라 일컫고 다시는 내 바알이라 일컫지 아니하리라"(호 2:14 - 16).

나의 주님이시자 남편이신 하나님께서 나를 평화로운 내 고향 교회로부터 내몰았을 때 분명 이렇게 혼자서 말씀하셨을 것이다. 하나님은 내 마음을 공허하게 하심으로써 나를 내모셨다.

자기 집 안에 모든 것을 갖고 있는 사람은 절대 사막으로 가지 않는다. 자연은 공허를 혐오하고, 인간의 마음은 공허를 우주의 그 어떤 것보다도 혐오한다. 나는 내 안에 종교적인 활동으로도, 과학적인 실험의 성공으로도 채울 수 없는 빈 공간이 있음을 감지했다. 그 '비어 있음'이 정확히 어떤 성질의 것인지는 분별할 수 없었다. 어쩌면 몸이 약해지고 있어서 휴식과 좀 더 쉬운 일을 갈망했는지도 모른다. 아니면, 빠르게 성인으로 성장해 가면서 동반자를 만나고 싶어하는, 피할 수 없는 자연의 부름이 나를 그토록 수척하고 공허하게 만들었는지도 모른다.

어쨌거나 공허한 것은 분명했고, 어떻게든지 무엇으로든지 채워야만 했다. 나를 행복하게 해주고 만족시켜 줄 무엇인가가 이 막연한 우주 속에 있다고 나는 생각했다. 그러나 그 무엇이 어떤 것인지는 전혀 알 수가 없었다. 마치 생리학자의 칼에 의해 뇌를 빼앗긴 비둘기처럼, 나는 어디로 가는지, 왜 가는지도 모르는 채 나섰다. 가만히 있을 수는 없었기 때문이다. 이때 이후로 나의 모든 에너지는 공허를 채운다는 이 한 가지 임무에만 사용되었다.

1883년 4월 12일
우울하다. 활기가 전혀 없다.

4월 22일
지난날의 죄들을 깊이 회개했고, 나 자신의 노력으로는 나를 구원할 수 없다는 전적인 무능을 느꼈다.

내 영혼에 괴어 있는 연못을 흔들어 놓기 위해 가끔씩 선한 천사가 내려온다는(요 5:2 참조), 그러니까 훗날 언젠가는 치유될 것이라는 명백한 징조들을 기억했다.

5월 8일
제3회 기독교 신도 대친목회가 신사카에 다리(新栄橋) 근처(New Prosperity Street) 장로교회(당시 도쿄 츠키지 오다와라초에 있던 신사카에바시교회[新栄橋教会]를 가리킴)에서 오전 9시에 열렸다. S 교회 대표로 참석했다. 아침에는 기도회와 업무가 있었다. 오후에는 우리 나라 전국의 신앙 상태에 대한 보고가 있었다. 신자(信者)는 다 합해서 5천 명에 달한다. 모임은 오후 6시에 마쳤다.

기독교가 우리 나라에 처음 소개된 지 약 20년이 지난 후의 일이다. 전체 인구 4천만 명 중에서 신자 수는 5천 명이다. 정말로 작은 무리지만, 사반세기 안에 무지와 미신에 휩싸인 대중에게 영향을 미치겠다는 거룩한 야망에 불타는 무리다! 이렇게 자신만만한 희망은 T 씨라고 하는 매우 낙천적인 성격의 형제가 계산한 것에 기초하고 있다. 5천 명의 기독교인들 모두가 아주 게을러서 1년에 오직 한 명만을 그리스도께로 인도한다고 해도, 그 정도 기간이면 현재 이 땅 전역에 있는 교인 수보다 몇 배는 더 늘어날 것이라는 계산이다. 실제로 지난 3~4년 동안 회심자의 증가율은 25퍼센트에서 33퍼센트 사이였기 때문에, 우리 중에 가장 냉철한 이성을 가진 사람도 앞으로 오는 사반세기 동안 평균 25퍼센트는 성장한다는 것을 의심하지 않았다.

그러나 이 기억할 만한 모임이 있은 지 10년이 지나서 이 글을 쓰고 있는 지금, 슬프게도 역사는 우리가 기대하거나 예언한 것과는 퍽 다르게 진행되었음을 독자들에게 알릴 수밖에 없게 되었다. 현재 전국에 평균 3만 5천 명의 신자가 있는데, 연 평균 증가율이 급격하게 떨어진다고 한다. 그렇다. 한 민족이 하루 아침에 회심할 수는 없다! 그럴 수밖에 없다! 우리의 목표는 양적인 동시에 질적이기도 하다. 태어나서 처음으로 젖먹이의 성장하는 모습을 본 사람이, 아기의 몸무게가 일 주일에 500그램씩 늘어 가는 것을 보고는 아기가 나이 서른이 되면 커다란 코끼리 크기는 족히 되리라고 생각했던 것이다. 우리의 게으름 때문인지 아니면 하나님의 지혜 때문인지, 신자들의 수는 항상 비교적 낮은 수준에 머물고 있다.

훗날의 결과가 어떻게 되었든지 간에, 그날 우리의 꿈은 영광으로 찬란하게 빛났다. 18세기 동안 인간이 체험하지 못했던 진정한 오순절이 임했다고 모두가 생각했다. 그리고 나타나는 징조마다 그런 생각이 사실이라는 것을 말해 주었다. 우선, 죄를 애통해하는 마음이 있었다. 모든 사람이 눈물을 흘렸고, 그러한 날에 울지 않는 사람은 마음이 굳은 사람으로 여겨졌다. 기적적인 회심이 몇 건 보고되었다. 미션 스쿨의 아이들 한 무리가 성령의 능력을 크게 받아, 지나가는 불쌍한 불교도 순례자를 붙잡고 길에서 그와 함께 기도하고 논쟁을 하여, 마침내 그의 승복을 벗기고 예수님을 구세주로 받아들이도록 했다. 한 젊은이는 말을 더듬어서 동료들 중에서도 눈에 띄었는데, 혀를 붙잡고 있던 힘이 풀려서 사도 베드로처럼 불같이 그리고 자유롭게 설교를 하기도 했다.

게다가 우리들 중에는 은자(隱者)의 나라에서 양반 대표로 온 한국인(Corean, 19세기 말 일본 유학중 기독교로 개종한 이수정을 가리킴)이 있었다. 그는 이곳으로 오기 일주일 전에 세례를 받았다. 자기 민족 의상을 품위 있게 차려 입고 참석했는데, 그도 자기 나라 말로 기도를 했다. 마지막에 '아멘' 하는 말밖에는 알아듣지 못했지만 그가 참석해 있다는 사실과 알아들을 수 없는 말을 했다는 것이 더욱더 오순절다웠기 때문에 능력 있게 들렸다. "불의 혀"(행 2:3)만 있었으면 정말로 오순절 같았겠지만, 그것은 우리의 상상력으로 메웠다. 우리 모두가 무엇인가 기적적이고 엄청난 게 임하는 것을 느꼈다. 심지어 아직도 해가 우리 머리 위에 떠 있는 것인지를 의심할 정도였다.

5월 9일
'모닝 그래스(Morning Grass) 장로교회'에서 오전 8시에
대표자들의 회의가 있었다. 토론의 주제는
'자유매장'(自由埋葬)이다.

대회는 계속되었다. 시신을 땅에 묻기 전에 반드시 이교도 승려의 서명을 받아야 하는 것은 지금도 현존하는 이 나라의 법이다. 법적으로는 기독교식 매장이라는 것이 허용되지 않고, 기독교식 매장을 하려면 책임을 맡고 있는 승려가 묵인해 주거나, 많은 경우 그들에게 뇌물을 주어야 하는 게 현실이다. 여하튼 이 문제는 그냥 넘어갈 성질이 아니라 무슨 대책을 세워야만 한다.

우선 나는 죽은 자의 몸 안에 한때 살았던 영혼에는 아무런 손상을 입히지 않으면서 죽은 자는 죽은 자들로 장사하게 할 수 있다는 것과, 우리의 하나님은 산 자의 하나님이시기 때문에 생명이 빠져 나간 몸을 처리하는 데 어떤 특별한 방식을 요구하시지 않는다는 입장이다.

그러나 이 문제에 대해서 나와는 다른 입장을 가진 형제들이 승리를 거두었고, 다수의 표결로 앞서 말한 이 법을 개정해 달라는 특별 탄원서를 정부에 보내기로 결정했다. 이것은 궁극적으로 우리 민족이 종교의 자유를 얻기 위해서 벌여 나가야 하는 위대한 운동의 시초로 여겨졌다. 그러나 결과적으로, 어떤 경우에든지 율법주의는 효과가 없다는 사실이 증명되었다. 권리를 외치는 요란한 소리가 얻어 내지 못한 것을, 시간과 사상의 진보가 아낌없이 가져다 주었다. 현재 우리 나라는 종교의 자유를 특별히 강조하는 헌법을 가지고 있다.

5월 12일

대회가 막을 내렸다. 놀라운 효과가 있었다. 교회가 부흥했고,
양심이 시험을 받았고, 사랑과 연합이 크게 고취되었다.
전반적으로 오순절다운 성격이 강했다.

우리 모두에게 유익한 대회였다. 의욕이 너무나 충만해서 후
속 모임이 일주일 간 지속되었다. 이런 광경은 내 인생에서 한
번도 보지 못한 것이다. 소위 '부흥'이라는 것이 도시의 교회에
일기 시작했고, 조금이나마 정신생리학을 공부한 나로서는 이러
한 운동이 다소 병적으로 보였다. 카펜터(William Benjamin
Carpenter: 1813 - 1885 영국의 생리학자이자 자연과학자)는 그의 저
서 〈정신생리학〉(Mental Physiology)에서 어느 수도원의 사례를
이야기하고 있는데, 한 수녀에게 고양이처럼 야옹거리는 습관이
생긴 이후로 수도원 전체가 야옹거리는 흉내를 내게 되었다고
한다.

부흥의 현상들은 대부분 교감 신경의 비정상적인 작용으로 설
명될 수 있다. 그러나 이 운동은 교회의 고위 인사들 중에서도
가장 높은 분들과 성직자들이 선동하고 후원하는 것이다. 나는
회의적인 태도를 누르고 그 당시의 지배적인 분위기에 휩쓸리도
록 스스로를 내버려 두었다. 결코 설명할 수 없는, 매우 생생한
신비로운 힘에 의해 자기 영혼이 누렸던 기쁨—지금까지 보고
들어 왔던 것을 훨씬 능가하는—에 대해서 많은 사람들이 이야기

하자, 나 자신도 그와 같은 기쁨을 누리고 싶은 욕망에 나의 과학은 뒷전이 되었다.

불 같은 감리교 설교자로부터 이렇게 말로 표현할 수 없는 영적인 은사를 받는 방법을 배운 나는, 매우 진지하게 그것을 나 자신에게 적용시켰다. 헉슬리, 카펜터, 그리고 게겐바우어(Karl Gegenbaur: 1826–1903 독일의 해부학자)에 대해서는 마치 그들이 지옥의 환영이라도 되는 것처럼 외면해 버리고, 오직 나의 "부패한 마음"(렘 17:9 참조)에만 정신을 집중시켰다. 그러나 오호라! '너의 죄가 사함을 받았다'는 반가운 소리는 내 육체의 고막에도, 정신적 고막에도, 영적 고막에도 들리지 않았다.

사흘 간 연달아 애통해하며 내 가슴을 치고 나서도 나는 여전히 전과 다름없는 타락의 아들이었다. 하늘의 특별한 은총을 입은 희망과 기쁨에 가득 차 있는 사람으로, 나 자신을 동료 기독교인들에게 소개하는 몹시도 부러운 특권이 내게는 허락되지 않았다. 나의 실망은 참으로 뼈아픈 것이었다. '부흥'을 최면술의 일종으로 대충 설명하고 말 것인가, 아니면 내가 심각하게 타락했기 때문에 그것을 느끼지 못하는 것일까? 그렇다. 세상이 단 하루 만에 혹은 일주일 만에 창조된 것은 아니다. 감리교인 친구들이 지시한 것보다 좀 더 '자연스러운' 과정을 통해서 내가 재창조될 희망은 여전히 있다.

신자들 사이에서 친구들이나 아는 사람들이 날마다 그리고 매주 늘어나면서 나의 종교는 감상주의로 급격히 기울어 갔다. 종교적인 이야기를 하면서 벌이는 잔치는 도를 넘어설 때가 많았고, 우리 주변에 있는 어둠의 세력을 정복하는 중대한 책임에 대해서보다는 기독교 티 파티와 디너 파티에 대해서 생각하는 일이 더 많아졌다. 시골 교회를 갓 떠나서 어린아이처럼 순진하고 고지식했던 나는 도시 기독교의 터키탕 같은 사회에 스스로를 던져 버렸다. 소녀들이 부르는 찬송가와 아무도 불편하게 하지 않는 설교가 나를 어르고 마사지하도록 내버려 둔 것이다. 하나님 나라는 매우 안일하고 좋은 인사말들이 오가는 곳으로 생각되었고, 자유로운 대화와 사랑을 표방하는 종교의 인가(認可)로 티 파티와 구애(求愛)에 탐닉할 수 있는 곳으로 여겨졌다.

선교사들이 밀린 교회 비용을 지불할 것이고, 불교와 그 외 다른 불쾌한 미신들도 싸워 물리쳐 줄 것이다. 그러나 사랑하는 형제들이여! 더 이상 나무와 돌에 절하지 않는 우리는, 새로운 신앙으로 여성의 권리를 얻은 상냥한 자매들은, 티 파티나 교회 사교 모임에 나가자. 거기서 '주 믿는 형제들 사랑의 사귐은'이라는 찬송을 부르고 기도하며 눈물을 흘리고 꿈을 꾸며 즐거워하자. 7세 이상의 남자와 여자아이는 한 방에 같이 앉는 것을 금지하는 유교의 미신은 가라. 그리고 겸손과 복종을 요구하며 여성의 고귀한 품격을 떨어뜨리는 불교의 허튼 소리도 가라. 사랑은 두 사람 사이에 일어나는 일이며, 곳곳에 침투한 이 거룩한 영향으로 촉발된 젊은 마음들의 교제는 하늘도 간섭할 수 없을 것이다!

　오 기독교의 자유여! 물에 잠긴 라이덴(Leyden, 스페인 왕 필립 2세가 국내의 프로테스탄트를 탄압한 곳)의 요새에서 참담한 기아(飢餓)와 스페인의 미늘창(창과 도끼를 겸한 15, 16세기경의 무기 – 옮긴이 주)에 저항하고, 스미스필드(Smithfield, 런던 교외에 있는 역사상 유명한 처형장)의 장작더미 위에서 타는 소리를 내고, 벙커힐(Bunker Hill, 미국 독립전쟁 때 최초의 격전지) 꼭대기에서 피를 흘렸던 그 자유여, 그대는 얼마나 자주 그대의 이름을 멸망의 화신 사이렌(Siren, 그리스 신화에 나오는 반은 여자이고 반은 새인 요정)과 주피터의 호색한 아들에게 빌려주었던고!

　오 그대여, 율법으로부터 자유를 얻기 전에 먼저 시내 산에서 율법의 위엄을 배우지 않은 자들에게는 그대의 이름이 신중하게 감추어지기를. 그대가 가져다 준 반가운 소식은 억압으로부터 도망가려고 헛되게 애쓰는 자들을 위한 것이 아니다. 하나님의 선택된 자녀들, 율법을 따르려고 열심히 노력하는 가운데 그대의 도움으로 율법을 자신들의 소망으로 삼게 된 자들을 위한 것이다.

　그러나 복음을 전하는 자들이, 기하학적인 진보라는 측면에서 회심자들의 수적인 증가를 고려하고 있다면 — 물론 절대로 용서 못 할 인간의 연약함이라고만 말할 수는 없지만 — 자유의 이러한 엄격한 사상을 부각시키면 안 된다. 따라서 그런 방식으로 모인 회심자들 중에는 실천적인 도덕을 다소 가볍게 여기는 사람들도

있고, 영적인 자유를 쾌락적인 관점으로 보는 사람들도 생기게
마련이다.

3월 14일
눈물을 흘리며 존 하워드(John Howard: 1726 – 1790 영국의 감옥
개량가)의 전기를 읽었다. 내게 큰 기쁨과 위로를 주었다.

옛 아담의 껍질을 단숨에 벗어 던지는 데 실패하자 나는 내
손의 업적을 통해서 위로받고자 했다. 안 될 이유가 또 무엇이
란 말인가? 감상적인 기독교는 다른 모든 감각적 쾌락처럼 쉽게
무미건조해지기 때문에, 굶주린 영혼을 쉽게 하기 위해서는 좀
더 실제적이고 실질적인 무엇이 필요하다. '실천적인 구제가 기
독교의 핵심이 아닌가'라고 나는 자문했다. 불멸의 부처가 인간
이 열반의 법열에 들어갈 수 있는 네 가지 조건 중에서 가장 우
선되는 조건이라고 가르친 것이 바로 자비의 실천이다. "내 형
제들아 만일 사람이 믿음이 있노라 하고 행함이 없으면 무슨 유
익이 있으리요 그 믿음이 능히 자기를 구원하겠느냐"(약 2:14)라
고, 고귀한 사도의 무게 있는 훈계는 말한다.
감상적인 기도 모임과 심리적인 전율을 일으키는 야외 집회
도, 한 사람의 거지가 그런 모임을 통해 자기 배를 채우지 못한
다면 다 무슨 소용이란 말인가! 가족이 섬기는 신들을 매달 참
배하러 갈 때도 길가에 있는 거지에게 실속 있고 알찬 먹거리들

을 주곤 했다. 그런데 이제 기독교로 개종하고 나니 우리는 그들에게 빈말밖에는 줄 것이 없다. 내 영혼아, 이렇게 해서는 안 된다. 가재를 미끼로 하여 도미를 낚을 수 없듯, 속 빈 교리를 나눠 주는 기독교인은 천국에 갈 수 없다.

그래서 나는 존 하워드의 생애를 다룬 소책자를 사서 매우 열심히 읽고 또 읽었다. '나도 이렇게 되어야겠다'고 스스로 다짐하면서, 세상의 모든 교도소를 방문하다가 열병에 시달리는 병사를 간호하는 도중에 죽음을 맞이하는 나 자신을 미리 상상해 보기도 했다. 찰스 로링 브레이스(Charles Loring Brace: 1826-1890 미국의 자선가)의 《게스타 크리스티》(Gesta Christi)도 샀다. 거기서 그리스도를 진정으로 사랑하는 사람들에게 있어야 할 사명을 확신하는 데 필요한 모든 것을 발견했다. 비록 기독교 박애주의에 대한 내 생각이 그때 이후로 달라지기는 했지만, 뉴욕의 그 박애주의자가 내 생각과 행동 전체를 뒤바꾸는 데 미친 건강한 영향력은 아무리 감사해도 부족하다.

6월 6일
아침 7시 30분에 나의 숙소를 떠났다. '야만의 항구'(Barbaric Port)에서 배를 빌려 네 명의 선원이 배를 저으며 케이프 이글(Cape Eagle)로 출발했다. 인근 해저를 연구하기 위해서다. 케이프에서는 '11번 호텔'에 묵었다.

다시 공직으로 돌아가 나는 또 한 차례 학술 조사에 파견됐다. 'S'라는 작은 섬에 머물면서 했던 이 짧은 배 여행은, 나의 금주 원칙이 어려운 시험에 부닥쳤던 여행으로 특별히 기억된다. 그 당시 나는 '절대 금주'를 여전히 내 기독교 신앙고백의 일부로 끈질기게 붙잡고 있었다. 아무리 그럴듯한 이유로 술을 권해도 그 불 같은 액체에는 손도 대지 않도록 세심한 주의를 기울였다. 앞에서 언급했듯이 술을 마시는 것은 우리 민족의 중요한 예절이며, 성심껏 권하는 술잔을 거부하는 것은 권하는 자의 우정과 친교를 거절하는 것이다. 정부 관리의 자격으로 여행하면서, 정종 한 잔을 같이 하자는 부탁을 받고 나를 접대하는 사람의 기분을 상하게 하지 않을까 하는 두려움에 끊임없이 시달릴 그때보다도 더 기독교가 내게 육체의 아픈 가시인 적이 없다. 하지만 그 신성한 서약을 어길 수는 없었기 때문에 나는 끝까지 고집을 꺾지 않았다.

그러나 케이프 이글에서는 새로운 시험이 나를 기다리고 있었다. 문명의 가장 변두리인 외딴 어촌에는 밤에 여행객이 머물다 갈 수 있는 곳이 '11번 호텔' 밖에 없었다. 그 여관의 주인은 술통에서 태어난 '바커스'(Bacchus, 로마 신화에 나오는 술의 신)로 그 섬 전체에 알려져 있을 만큼 대단한 술고래였다. 그 '거룩한 물'에 대한 그의 존경심은 대단했고, 동료들에 대한 인심은 질투할 만큼 강해서 그 누구도 이 '영약'을 함께 나누지 않고는 단 하룻밤도 그의 지붕 아래서 묵어갈 수 없었다. 심지어 그 액체는 신들도 즐겁게 만든다며 또 하나의 찬양거리를 덧붙였다.

지금까지 그 주인의 강제적인 손이 권하는 잔을 거절할 용기를 지닌 사람은 하나도 없었다고 한다. 만약 내가 케이프에 가야만 한다면 내 인생에서 적어도 이번 한 번만은 '절대 금주주의'를 내려놓아야 한다는 말도 들었다. 내 대답은 "케이프로 나는 갈 것이다. 그러나 술에는 손을 대지 않을 것이다"였다. 나를 떠나보내는 이 작은 마을의 주민들은 정반대의 원칙을 지지하는 두 사람 사이에서 일어날 특이한 시합의 결과를 놓고 퍽 소란을 떨었다.

무척이나 두려운 '11번 호텔'의 문 앞에 도착했을 때는 황혼이 다 되어서였다. 나를 맞이한 사람은 수척한 외모에 키가 작은, 그리고 평생토록 술을 마신 사람의 표가 명백하게 드러나는 예순 살 가량의 노인이었다. 단번에 나는 그가 섬 전체에 소문이 자자한 바로 그 주인공이란 사실을 알아차렸고, 따라서 나는 그에 맞게 경계 태세를 취했다. 시골 여관 주인들의 의례적인 친절과 환대를 그 사람에게서는 찾아보기 힘들었다. 나의 공적인 신분을 말해 주고 나서야 그는 마지못해 그날 밤 묵을 곳을 내어 주었다.

여느 때처럼 목욕을 하고 차를 마시고 나자 부엌일을 하는 부인이 내게 와서 저녁 전에 술을 하겠느냐고 물었다. "아주머니, 술은 한 방울도 안 합니다." 모든 게 나의 첫 대답에 달려 있다고 확신하면서 단호하게 대답했다. 부인은 물러갔고 잠시 후 젊은 남자가 쌀밥과 야채 그리고 삶은 조개가 가지런히 놓인 나무로 된 밥상을 들고 나타났다. 하루 종일 태양에 쏘이며 바다에 나가 있었던 나는 그 소박한 저녁 식사를 잽싸게 먹어치웠다. 그리고 노인이 바싹 마른 팔에 술병을 안고 나타나게 될 결전의 순간을 기다렸다. 그런데 놀랍게도 그런 일은 일어나지 않았다. 곧 잠자리가 준비되었고, 나는 아무런 방해도 받지 않고 달콤하고 평화로운 밤을 지냈다. 나는 친구들이 내게 겁을 주려고 그 노인의 악마적인 습관에 대한 이야기를 전부 꾸며서 들려준 것이라고 생각했다.

다음날 아침 식사 후에 나는 다시 배를 탔다. 선원들은 노를 젓고 있었고, 나는 지난밤에 아무 일도 일어나지 않은 것이 몹시 궁금해서 그들에게 물었다. 드디어 수수께끼가 풀렸다. "여관 주인은 전과 다름없는 바로 그 노인입니다." 선원 중 하나가 말했다. "하지만 바로 나리께서 지난밤에 그 집 전체를 그렇게 조용하게 만드신 겁니다. 그 노인이 젊은 손님을 방해할까 봐 당신도 술을 마시지 않겠다고 일꾼들에게 말해서 가족 전체가 놀랐습니다. 그리고 얼마나 고마워했는지 모릅니다. 그 술고래 주인 밑에서 일하기 시작한 이래 처음으로 주정하는 소리나, 싸우는 소리나, 다른 어떤 혼란도 없이 밤을 지냈으니까요." "맞습니다." 또 한 사람이 말했다. "부엌일을 하는 부인이 지난밤의 은총에 대해서 고마워했습니다. 오늘 아침에 그 집을 떠나기 전에 그 부인이 하는 말이, 지난밤에 자기가 즐긴 잠은 지금까지 잔

것 중에서 가장 달았다고 했어요."

"승리다!" 나는 외쳤다. 그리고 선원들에게 술 마시는 습관이 끔찍하다는 것과 그 습관에 용감하게 저항하는 힘에 대해서 설명했다. 마치 천국이 우리의 승리에 동참하는 듯했다. 그 순간 바람의 방향이 바뀌어 우리 뒤에서 불며 완전히 펼쳐진 돛을 팽창시켜 우리를 항구로 의기양양하게 날라 주었다. 나는 거기서 걱정하며 기다리는 친구들에게, 확고히 거부한 내 행동에 주어진 승리의 관, 즉 '바커스' 자신이 술병을 내려놓고 그의 순박한 가정이 평화로운 휴식을 누린 이야기를 해 주었다.

그러나 내 영혼의 공허는 이와 같은 몇 가지 경험으로 없어지지 않았다. 원래가 공허하게 마련인 '감상적' 기독교가 나의 공허를 그 어느 때보다 크고 두드러지게 했기 때문에 내가 겪어야 할 공허는 더욱 심해졌다. 내 조국에서 그토록 갈망하는 만족을 찾지 못한 나는 라셀라스(Rasselas, 영국 작가 새뮤얼 존슨의 소설에 나오는 주인공)처럼, 내 조국과는 다르게 세워진 나라로 나의 추구를 확장시키려고 마음먹었다. 심지어 해외의 기독교 국가까지 생각했다.

수백 년 동안 기독교가 확연한 힘과 영향력을 행사한 기독교 국가에는 분명, 이교도의 혈통인 우리는 상상도 할 수 없을 정도의 평화와 기쁨이 있고, 진리를 진지하게 추구하는 사람이라면 누구나 그것을 얻을 수 있다고 생각했다. 그러므로 사랑하는 사람들과 이별해야 하는 아픔과, 나와 같은 처지의 사람으로서는 감당하기 힘든 비용 그리고 무엇보다도 인간의 경험으로서는 가장 비참하다고 할 수 있는 빈털터리 망명객으로 낯선 땅을 떠돌아다니는 것과 같은 이 모든 어려움은, 내가 갈망하는 상(賞)을 얻어 계속해서 살아갈 수 있으려면 즐겁게 감내해야만 하는 것들이리라.

그러나 이 과감한 발걸음을 내딛도록 나를 재촉한 동기는 단지 개인적인 만족의 추구만은 아니다. 내가 태어난 이 땅은 모든 젊은이에게 조국의 명예와 영광을 위해 아낌없이 자신을 기여하라고 요구한다. 내가 이 땅의 충성된 아들이 되기 위해서는 내 조국의 한계를 뛰어넘는 경험과 지식, 그리고 관찰이 필요하다. 우선은 인간이 되는 것, 그 후에 애국자가 되는 것이 내가 외국으로 나가는 목표였다.

가난한 우리 가족의 자발적인 희생과 지난 3년 동안 절약한 결과로 나는 세상에서 가장 넓은 바다를 안전하게 건너가기에 충분한 돈을 마련했다. 그 나머지는 나를 낯선 땅에서 굶어 죽도록 내버려 두지는 않으실 하나님의 손에 맡겼다. 이미 신실한 기독교인이 되신 나의 좋은 아버지는 격려와 축복으로 나를 보내 주셨다. 당신이 가지신 모든 것과 함께, 손수 지으신 전통 시(詩)에 사랑하는 아들에 대한 당신의 마음을 담아 내게 주셨다.

내가 보지 못하는 곳을 여호와는 보시며,

내가 듣지 못하는 것을 주께서는 들으신다.

아들아 가라, 두려워하지 말아라.

하나님은 그곳에서도 너를 도우시리니.

엄숙한 이별의 시간은 엄격한 교리도 억누를 수 없는 본능을 우리 안에 일깨웠다. 아버지는 당신의 아들을 잘 보살펴 달라는 가슴이 찢어질 듯한 기도를 드리고 난 후, 집에 아직도 남아 있던 조상의 사당에 데리고 가서는 당신 집의 문지방을 지나 이 위험한 여행에 나서기 전에, 돌아가신 할아버지의 영전에 인사를 드리라고 했다. "네 조부께서 살아 계셨다면, 야만인들이 사는 나라로 당신 손자가 간다고 얼마나 놀라셨을까" 하시며 아버지는 눈물을 흘리셨다.

나는 고개를 숙였고, 나의 영혼은 하나님 아버지와 내 조상들의 영을 향한 채 기도하며 동시에 회상(回想)하는, 일종의 명상에 잠겼다. 교리 선생들은 너무도 불교적이고 천주교적인 우리의 행동을 못마땅해할지도 모른다. 그러나 그때는 우리가 논쟁을 할 처지가 아니었다. 우리는 하나님과 조국과 조상들을 사랑했고, 단지 이 엄숙한 계기에 그 모두를 기억했을 뿐이다.

조국에 대한 사랑은 다른 모든 사랑처럼 이별의 순간에 가장 잘 나타나며 고양된다. 그 이상한 무엇(Something)이 집에 있을 때는 단순한 시내와 계곡, 산과 언덕 무더기에 불과하더니, 이제는 살아 있는 대상(Somebody)으로 바뀌었다. 자연이 영으로 승화된 것이다. 마치 어머니가 자녀에게 말하듯이 자연은 우리에게 고귀한 행동을 하라고 한다. 저명한 어머니의 이름에 부끄럽지 않게 살다가 죽음을 맞이할 것을 당부하며 젊은 아들 그라쿠스 형제(로마의 호민관이었던 티베리우스 그라쿠스와 가이우스 그라쿠스)를 전송하는 코르넬리아(Cornelia, 로마의 전형적인 현모양처)처럼 말이다.

영원히 녹지 않는 눈으로 하얗게 덮인 채 서쪽 하늘에 장엄하게 걸려 있는 저 당당한 산봉우리, 그것은 민족의 가슴에 영감을 주는 순결한 어머니의 얼굴이 아닌가? 봉우리를 둘러싸고 있는 소나무 언덕과 그 아래 누워 있는 황금 들판, 그것은 내게 젖을 먹인 가슴이요, 나를 안아 준 무릎이 아닌가? 그 발치에서 돌진하다가는 거품 이는 물보라로 부서지는 파도, 그것은 위풍당당하게 행진하며 성큼성큼 발걸음을 내딛는 어머니의 치마 테두리를 에우는 진주 박힌 주름장식이 아닌가? 그토록 순결하고, 고귀하고, 아름다운 어머니, 어찌 그 아들들이 그 어머니에게 충성하지 않을 수가 있단 말인가? 나는 그 어머니의 해변을 떠났고, 그리고 곧 다른 나라의 국기를 휘날리며 다른 인종의 사람들을 태운 배에 올라탔다.

배가 움직이기 시작했다. 내 모국이여 안녕! 그리고 몇 시간 뒤척이고 나니 장엄한 봉우리의 끄트머리밖에는 보이지 않았다. "모두 갑판으로!" 우리는 외쳤다. "사랑하는 조국 땅에 한 번 더 경의를 표하자." 소용돌이치는 수평선 아래로 조국 땅은 사라지

고 있었고, 우리는 매우 엄숙한 마음으로 퀘이커 교도 시인의
말을 떠올렸다.

땅 중의 땅이여, 그대에게 주리라,
우리의 마음과, 기도와, 아낌없는 봉사를.
그대를 위해 그대의 아들들은 고귀하게 살 것이며,
그대가 위기에 처했을 때 그대를 위해 죽으리.

7

기독교 국가의 첫인상

카시와기에 있는 서재에서(1902)

내가 앞으로 결코 하지 않을 것 한 가지, 그것은 기독교를
유럽이나 미국의 종교라고 옹호하는 것이리라.
불멸의 영혼을 지탱해 줄 종교는 훨씬 견고하고 심오한
증거 위에 놓여야 한다.
그러나 나는 한때 내 신앙을 그런 짚더미 위에 쌓았다.

기독교 국가와 영어권 사람들을 특별하게 생각했던 나의 약점에 대해 변명의 여지가 없는 것은 아니다. 프러시아의 프레드릭 대왕이 프랑스의 것이면 무엇이든지 노예처럼 숭상했던 그런 약점과 유사하다. 나는 고귀하고, 유용하고, 숭상할 만한 모든 것을 '영어'라고 하는 도구를 통해서 배웠다. 영어로 성경을 읽었고, 반스(Barnes) 목사의 주석도 영어로 되어 있었고, 존 하워드도 영국 사람이었으며, 워싱턴과 다니엘 웹스터(Daniel Webster: 1782 – 1852 미국의 정치가)도 영국 혈통이었다. 10센트짜리 싸구려 소설책은 내 손에 쥔 적이 없었고, '속어'(slang)라고 하는 말 자체도 영어권 사람들 틈에서 산 지 한참이 지나서야 들었다.

내가 생각하는 기독교 국가 미국은 고상하고, 종교적이고, 청교도적인 나라다. 나는 언덕마다 예배당이 있고 찬송가와 찬양

소리로 바위들이 울리는 모습을 상상했다. 미국인들이 주로 하는 이야기는 히브리 문화와 관련된 이야기일 것이라고 생각했고, 그룹과 그룹들(창 3:24; 출 25:20 참조), 할렐루야와 아멘 같은 말들은 그들의 일상에서 흔히 들을 수 있다고 생각했다.

나도 미국에서는 돈이 전부고, 전능하신 달러의 이름으로 그 돈이 숭배되고 있다는 것과, 인종에 대한 편견이 너무도 심해서 노란 피부에 아몬드 모양의 눈을 한 사람들은 놀림거리가 되고 개들도 그런 사람들을 보면 짖는다는 등의 이야기들을 믿을 만한 사람을 통해서 듣기는 했다. 그러나 그러한 이야기들을 사실로 받아들이는 것이 내게는 전적으로 불가능했다. 패트릭 헨리(Patrick Henry: 1736 – 1799 미국의 애국자)와 에이브러햄 링컨, 그리고 도로시아 딕스(Dorothea Lynde Dix: 1802 – 1887 미국의 여자 자선가)와 스티븐 지라드(Stephen Girard: 1750 – 1831 미국의 은행가이며 자선가)의 나라가 어찌 맘몬을 숭배하고 인종을 차별하는 나라가 될 수 있단 말인가! 내가 직접 보고 나면 다른 판단을 내릴 수 있을 것이라고 나는 생각했다. 이교도의 문명보다 훨씬 더 탁월한 기독교의 문명에 대해 듣고 읽은 것에 대한 나의 확신은 이토록 강했다. 내 생각 속에 그려진 미국의 모습은 성지(聖地) 그 자체였다.

1884년 11월 24일 새벽에 나는 황홀한 눈으로 기독교 국가의 희미한 윤곽을 처음으로 포착했다. 다시 한 번 나는 내가 묵었던 3등 선실로 내려가 거기서 무릎을 꿇었다. 여러 사람들의 흥분에 뒤섞이기에는 너무도 진지한 순간이었기 때문이다. 나지막한 해안 산맥이 선명하게 눈에 들어오자 내 꿈이 실현되었다는 생각에 감사하는 마음이 나를 압도했고, 눈물이 뺨을 타고 흘렀다. 금세 금문교를 지났고, 눈앞에 펼쳐진 굴뚝과 돛대들은 모두 하늘을 향해 우뚝 서 있는 교회 첨탑처럼 보였다. 약 20명의 동료들이 상륙했고, 우리는 마차를 타고 우리 나라 사람들에게 특별히 친절하다고 소문이 난 어느 아일랜드 사람이 소유하고 있는 호텔로 갔다. 그때까지 내가 알고 있었던 백인들은 대개가 선교사들이었기 때문에, 내게는 그들의 인상이 박혀 있었다. 그래서 길거리에서 만나는 모든 사람들이 내 눈에는 고귀한 기독교적 사명으로 충만한 사역자들로 보였고, 내가 장자(長子)의 회중 가운데서 걷고 있다는 생각을 떨칠 수가 없었다. 내가 이런 유아적인 인식에서 벗어나는 데는 시간이 걸렸고, 그 과정은 아주 서서히 일어났다.

히브리 문화가 적어도 한 가지 면에서는 미국인의 일상적인 대화 형식이라는 것을 나는 발견했다. 우선 모든 사람이 히브리 이름을 가지고 있었고, 심지어 말(馬)에게도 세례명이 있었다. 우리가 극도의 경외감과 존경심 없이는 차마 발음도 하지 못했던 단어들이 일꾼, 마차꾼, 구두닦이, 그리고 그 외 좀 더 고상한 직업을 가진 사람들의 입에 오르내렸다. 불쾌한 일이 조금만 있어도 어떤 형식으로든 종교적인 맹세가 붙은 말을 하곤 했다.

호텔 휴게실에서 우린 점잖은 신사에게 새로 선출된 클리블랜드 대통령(Grover Cleveland: 1837 - 1908 미국의 제22대, 24대 대통령)을 좋아하냐고 물었는데 그의 강경한 대답은 매우 히브리적이었다. "By G_(By God, 하나님을 두고 말하지만), 그는 악마야." 나중에 알고 보니 그 사람은 골수 공화당파였다. 한번은 이민 기차를 타고 동부로 향하던 중 기차가 급정거를 하는 바람에 사람들이 거의 의자에서 떨어질 뻔하자 승객 중 한 사람이 또 다른 히브리 문화로 자신의 분노를 표현했다. 그는 발을 구르며 "J_Ch_"(Jesus Christ, 젠장!)라고 말했다.

이와 비슷한 일들이 많았다. 이 모든 것이 우리 귀에 전적으로 낯설게 들린 것은 당연한 일이다. 머잖아 나는 이 모든 히브리 문화의 이면에 깔려 있는 뿌리 깊은 신성 모독의 정서를 발견했고, 그것이 십계명의 제3계명을 공개적으로 범하는 것이라고 생각했다. 그 계명의 용례와 중요성을 그렇게까지 깊이 이해하지는 못했는데, 이제서야 '생생한 예(例)'를 통해 그 계명을 배우게 된 것이다.

다음과 같은 일화가 있을 정도로 미국인들의 일상적인 대화 속에서 종교적인 용어를 사용하는 일은 매우 보편적이었다.

영불(英佛) 사전을 주머니에 넣고 다니는 프랑스인 이민자가 있었다. 그는 배가 르아브르(Le Havre, 프랑스 북부 센 강 어귀의 항구 도시 - 옮긴이 주) 항구를 떠날 때부터 자기 귀에 들리는 영어 단어는 전부 그 사전에서 찾아보았다. 필라델피아 부두에 내

리자마자 그가 들은 가장 흔한 단어는 '빌어먹을'(damn-devil)
이었다. 그는 곧바로 사전을 뒤져 보았지만, 그 단어는 사전에
나와 있지 않았다. 그러자 그는 사전을 버리고 말았다. 그토록
흔한 단어도 나와 있지 않은 사전은 미국에서 별 쓸모가 없을
것이라고 생각했기 때문이다.

  미국에서는 돈이 전능한 힘이라는 사실을 우리는 여러 가지
실제 경험을 통해서 확인했다. 우선 샌프란시스코에 도착하자마
자 우리 일행 중 한 사람이 당한 재난 때문에 '기독교 문명'에
대해 가지고 있던 믿음이 큰 시험에 빠졌다. 5달러짜리 금화가
들어 있는 지갑을 소매치기 당했던 것이다. "기독교 국가에도
이교도 국가처럼 소매치기가 있다"며 우리는 서로에게 주의를
주었다. 놀랍고 혼란스러운 그 와중에 도둑맞은 형제를 위로하
고 있는데, 이번엔 어느 노부인이 우리의 불행을 듣더니 매우
가슴아파하며 소매치기와 도둑질이나 노상강도질 등 죄 많은 인
류가 짓는 모든 죄는 이 나라에도 있으니, 또 다른 위험을 당하
지 않도록 조심하라고 일러 줬다. 나중에 그 부인은 선하건 악
하건 인류의 보편적인 구원을 자신은 믿는다고 말했다. 그러나
우리는 소중한 5달러 금화를 훔쳐 간 그 불한당만큼은 절대로
천국에 가지 않고, 영원한 지옥 불에서 저주받기를 바랐다.
  그러나 우리가 가장 영적인 의미의 맘몬주의를 본 것은 시카
고에서다. 덜컹거리는 이민 기차 안에서 몸까지 따라 흔들리며

나흘 간을 여행한 후, 역 식당에서 차가운 닭고기 한 조각을 먹으며 우리 영혼을 소생시키시는 분을 기억하고 감사하며 기운을 회복하고 있는데, 까만색 피부에 양털 같은 머리카락이 함족의 후예임을 말해 주는 웨이터들이 우리 주위를 에워쌌다. 식탁에 놓인 선물을 취하기 전 머리를 숙여 기도하는 것을 보자 그들 중 하나가 우리 어깨를 치며 말했다. "당신들 대단하군!"

그들에게 우리의 신앙에 대해서 이야기하자─우리는 마태복음 10장 32절 말씀을 문자 그대로 믿었다─자신들은 모두가 감리교 교인이며, 하나님 나라가 우주적으로 확장되는 것에 큰 관심을 가지고 있다고 말했다. 또 한 사람의 함족이 나타나자 그들은 자기 교회 집사라고 소개했다. 그는 매우 친절했고, 기독교 신앙이 우리 나라에서 진보를 이루고 있다는 우리의 말을 아주 흥미롭게 듣는 듯했다. 그리고 우리가 함께 믿는 주님이시자 주인이신 하나님의 일을 위해 서로 좋은 뜻을 빌며 권고했다. 그는 우리가 떠날 때까지 두 시간 내내 우리의 시중을 들어 주었다. 그리고 우리 가방을 자기 어깨에 지고 표를 검사하는 곳까지 따라왔다. 그는 그렇게 우리를 극진히 돌보아 주고 배려해 주었다.

그런데 우리가 정중하게 인사를 하고 거듭 감사하며 가방을 받으려고 손을 내밀자, 이 감리교 집사가 그 손길을 막았다. 그리고 자신의 거무스름한 손을 내밀며 이렇게 말하는 게 아닌가! "얼마라도 좀 주쇼." 그는 우리의 가방을 압수해 놓고, 오직 '얼마'를 받아야만 가방을 줄 작정이었다. 기적 소리는 울리고 있었고 그와 실랑이를 벌일 시간은 없고, 결국 우리는 각자 50센트짜리 하나씩을 그의 손에 떨구어 주고 가방을 돌려 받고는 서둘러 기차에 올라탔다. 기차가 움직이기 시작하자 자선(慈善)까지도 물물교환을 하는 이 나라에 대해 놀라움과 씁쓸함을 감추지 못하고 한동안 망연자실(茫然自失)할 수밖에 없었다. 그 후로 우리는 흑인 집사의 친절한 말은 결코 믿지 않았다.

이런 일이 있은 지 일 년 후, 나는 폴 리버(Fall River) 호를 타고 여행을 하던 중에 새 실크 우산을 도둑맞는 또 한 번의 사건을 겪었다. 호화로운 장식과 정교한 음악에 빠져 그 안에 악당이 잠복해 있으리라고는 상상도 못한 채 나의 이교적 순진성을 다시 한 번 마음껏 풀어 놓고 있었던 것이다. 나는 너무나 화가 나서, 집도 없는 이방인이 이토록 비참한 가난 가운데 있을 때 그에게서 피난처를 빼앗아 갈 생각을 한 그놈의 '악마'를 저주하는 기도를 난생 처음 했다. 하물며 4천 년 전의 중국 문명도, 길거리에 떨어진 물건은 아무도 주워 가지 않았던 사회였음을 자랑할 수 있는데, 여기 기독교의 강 위에서, 물 위에 떠다니는 궁전 안에서, 헨델과 멘델스존의 황홀한 음악이 거는 주문 아래서, 마치 도둑의 소굴에 있는 것처럼 불안에 떨어야만 하다니 참으로 어이가 없었다.

기독교 국가에서 '불안'이란 것은 우리가 전혀 생각지도 못한 일이다. 그런데 기독교인들만큼 열쇠를 많이 사용하는 이들을 우리는 본 적이 없다. 우리 이교도의 고향에서는 열쇠를 거의 사용하지 않는다. 우리 나라의 집은 거의 대부분 모든 사람에게 개방되어 있다. 고양이들이 원하는 대로 들락날락하고, 남자들은 산들바람을 얼굴에 맞으며 낮잠을 잔다. 하인이나 이웃이 우리의 소유에 손을 댈 것이라는 걱정은 전혀 하지 않는다.

그러나 이 기독교 국가의 상황은 무척 달랐다. 금고와 트렁크뿐만 아니라, 온갖 문과 창문, 장롱, 서랍장, 아이스박스, 설탕통 등 모든 것을 잠근다. 가정 주부는 허리춤에 열쇠 뭉치를 찰랑거리며 일을 하고, 저녁에 집으로 돌아온 총각은 먼저 주머니에 손을 집어넣어 2, 30개 되는 열쇠더미를 꺼내서 자신의 외로운 처소를 열어 줄 열쇠 하나를 찾는다. 집은 현관문에서부터 작은 핀 상자에 이르기까지, 마치 도둑의 영(靈)이 모든 대기를 점령하고 있는 것처럼 잠겨 있다. 우리 나라에는 이런 속담이 있는데, 아마도 세상에서 가장 의심이 많은 사람이 한 말일 것이다. "불꽃을 보거든 너의 모든 것을 태워 버릴 수 있는 불이라고 생각하라. 사람을 보거든 너의 모든 소유를 뺏어 갈 수 있는 도둑이라고 생각하라." 그러나 모든 것이 잠겨진 미국의 가정만큼 이 명령이 문자 그대로 잘 실천되는 곳을 나는 본 적이 없다. 미국의 가정은 이 시대를 지배하는 탐욕의 정신에 잘 맞도록 개조된 봉건주의 성(城)의 축소판이다. 시멘트 지하실과 돌을 깎아 만든 저장실이 필요하고 그것을 불독과 경찰 대대가 지켜야 하는 문명을 기독교적이라고 할 수 있는지, 정직한 이교도들은 심각한 의문을 품을 수밖에 없다.

미국인들 사이에 잔재(殘在)해 있는 심한 인종적 편견만큼 기독교 국가를 오히려 이교도 국가처럼 보이게 한 일은 없다. '불명예스런 한 세기'가 지난 지금도, 온갖 잔인하고 비인간적인 방법으로 땅을 빼앗긴 구릿빛 피부를 가진 숲의 자녀들은 여전히 물소나 로키 산맥의 양떼처럼 덫으로 잡거나 사냥해야 하는 대상으로밖에 대우받지 못하고 있다. 오늘날 데번(Devon)산 황소와 저지(Jersey)산 젖소를 수입하듯이 옛날에 아프리카에서 수입해 온 수천만의 함족들에게는, 30여 년 전의 노예 해방 선언으로 상당한 동정심과 기독교의 형제애를 베풀었고, 의로운 색슨족 존 브라운(John Brown: 1800 – 1859 미국의 노예 폐지론자)으로부터 시작해서 50만 명의 국민이 하나님의 형상을 매매한 죄를 속하기 위해서 학살당했다.

이제는 백인들이 '검둥이들'과 같은 차를 타고 다닐 만큼 스스로를 낮추기는 했지만, 자신들이 피 흘린 대가로 얻은 그 인종과는 아직도 적당한 거리를 유지함으로써 야벳 족속으로서의 허영심을 고집하고 있다. 친구의 초대로 한 번 방문한 적이 있는 델라웨어 주에서는, 흑인들만을 위한 지역이 도시에 별도로 지정되어 있는 것을 보고 깜짝 놀랐다. 이렇게 인종을 분명하게 구분짓는 행위는 매우 이교도적으로 보인다는 나의 말에 그 친구는 기독교인이 되어서 "'깜둥이'와 같은 구역에 사느니 차라리 이교도가 되어 따로 살겠다"고 강력히 말했다.

그들이 이처럼 인디언과 아프리카인에 대해서 강한 반감과 매우 비기독교적인 감정을 가지고 있는 것은 그렇다 치더라도, 중국인에 대한 그들의 편견과 혐오와 반감은 우리 이교도 국가에서는 그 유례를 찾아볼 수가 없다. 중국의 아들과 딸들이 공자의 허튼 소리와 부처의 미신에서 벗어나 기독교로 회심하도록 선교사들을 보내는 바로 이 나라가, 자기 땅에서는 중국인의 그림자라도 비치면 질색이다. 왜 자신들이 그토록 싫어하는 사람들에게 기독교를 전하러 사람을 보낸단 말인가? 기독교 선교가 아이들 장난에 불과하고, 세르반테스(Miguel de Cervantes: 1547 - 1616 스페인의 소설가)가 재치를 발휘한 기사도보다 더 철없는 짓이란 말인가? 지구상에서 이처럼 괴이한 일을 나는 본 적이 없다.

기독교인 미국인들이 중국인을 그토록 못마땅해하는 주된 이유는 내가 알기로 세 가지다.

첫째로, 중국인은 저축한 것을 다 자기 고향으로 가져가서 미국을 가난하게 만든다는 것이다. 중국인이 미국인에게 용납되려면 자기가 번 돈을 전부 미국에서 써 버리고 빈털터리로 고향에 돌아가야 한다는 말이다. 이것은 '근면과 장래를 위한 준비'라는 교훈을 열심히 받아들이는 사람들이 내세우는 이론으로는 좀 이상하다. "그러므로 무엇이든지 남에게 대접을 받고자 하는 대로 너희도 남을 대접하라"(마 7:12 참조). 우리 섬으로 오는 미국과 유럽의 모든 상인과 학자 그리고 기술자들이여! 그대들은 우리 나라에서 번 것을 몽땅 우리에게 주고, 자신을 위해 개설한 은행 구좌도 없이 고향으로 돌아가는가?

물론 아니다. 우리는 그들에게 각각 매달 200, 300, 400, 500, 800달러를 금화로 지급한다. 그들 대부분은 우리 땅에서 그 돈의 3분의 1도 채 쓰지 않고 남는 것은 전부 자기 고향 땅에서 편안하고 안락하게 살려고 들고 가지 않는가? 그런데도 우리는 고마워하면서 그들을 보내 주고, 거기다가 비단과 청동자기들을 선물로 줄 뿐 아니라 종종 천황의 장식품과 장려금까지 덧붙여 준다. 그들은 우리가 지불한 만큼 일해 주었기 때문에— 적어도 우리는 그렇게 믿고 있다—우리가 그들로부터 도둑맞았다고는 전혀 생각하지 않는다.

중국인들은 미국에서 로키 산맥을 뚫고 철도를 놓고, 캘리포니아에서 포도원을 일구고 가꾼 대가로 번 돈을 모두 미국에 두고 가야 한다는 법이 하늘 아래 어디에 있단 말인가? 최소한 중국인들은 자칭 기독교인이란 사람들처럼, 무방비 상태의 이교도들에게 총구나 들이대고 젖먹이 아기들을 어머니의 가슴에서 뺏어 간 대가로 돈이나 챙기는 그런 일을 하고 돈을 받아 가지는 않는다. 자기들이 가져가는 돈만큼의 일을 두고 간다. 그 돈은 자연의 고유 법칙에 의해서 그들의 것인데, 그대들은 도대체 누구이기에 정직한 노동의 아들들의 신성한 재산의 권리를 부인한단 말인가! 우리 '비천한 이교도들'은 외국의 일꾼들을 명예롭게 예의를 갖추어 보내는데, '복받은 기독교인'은 비웃는 말을 하며 우리를 내쫓고 있다. 복수의 하나님이시여, 어떻게 이런 일이 있을 수 있단 말입니까!

둘째로, 중국인들은 자기 나라의 풍속과 습관을 고집스럽게 지켜서 기독교 공동체에 해악을 끼친다는 것이다. 길게 땋아 내린 머리나 펄럭이는 바지가 보스턴이나 뉴욕의 거리에서 그리 보기 좋은 광경은 아니다. 그렇다면 코르셋과 꽉 졸라맨 복부가 베이징(北京)이나 한커우(漢口)의 거리에서는 보기 좋은 광경인가? 하지만 중국인들은 더러운 습관을 가지고 있고, 교활하게 거래를 한다고 당신들은 말한다. 나는 정말이지 미국 동쪽의 항구를 어슬렁거리며 돌아다니는 고귀한 백인 종족 중에서, 극악무도한 반역자 취급을 받으면서 샌프란시스코의 검역소에 감금되어 있는 가난한 곰보딱지 중국인처럼 지저분하고 냄새나고 썩은 부류들을 좀 보여 줄 수 있으면 좋겠다.

중국인들이 부도덕한 행위를 저지른다는 혐의도 한번 따져 보자. 시경(市警)에 폭탄을 던지거나 대낮에 미국 여성을 폭행한 중국인이 있다는 말을 들어 보았는가? 사회 질서와 품위가 목적이라면 왜 반(反)독일인 법과 반(反)이탈리아인 법은 만들지 않는가? 불쌍한 중국인들이 무방비 상태에 있다는 것과 당신들의 야만적인 뜻에 비열하게 복종하고 있다는 것 외에 무슨 부도덕한 짓을 했다고 그토록 심하게 박해한단 말인가?

우리 땅에 머무는 백인종의 부도덕한 행위들을 세어서 중국인의 부도덕한 행위와 한번 비교해 보자. 미국에서 무력한 중국인이 당하는 모욕적인 대우의 절반이라도 우리 땅에 있는 미국인이나 영국인에게 했다면, 그들은 당장 포함 함대를 끌고 와서 정의와 인류의 이름으로 그 쓸모 없는 놈팡이들—파란 눈과 흰 피부를 가지고 있다는 것 말고는, 인간으로서 다른 아무런 가치도 없는 사람들—의 생명에 대해 두(頭)당 5만 달러를 내라고 했을 것이다. 기독교 국가는 바울과 게바가 전한 것 이외에 또 하나의 복음을 가지고 있는 것 같다. 이 복음은 다른 많은 경멸스러운 가르침 가운데서도 특히 '힘이 곧 정의이고, 돈이 바로 그 힘이다' 라고 가르치는 복음이다.

셋째로, 중국인들은 임금을 적게 받아서 미국 노동자들에게 손해를 끼친다는 것이다. 이것은 다른 두 가지 이유에 비해서 좀 더 타당성이 있다. 이것은 수입 노동력으로부터의 '보호' 조치다. 중국인들에게 밥 한 술 더 먹이려고 미국인 가정이 주일날 먹을 치킨 파이를 빼앗기는 것을 내가 바라는 건 아니다. 그러나 미국의 민족적 양심에 대고 미국인들은 스스로 한번 물어보라. 4백만 평방 마일의 젖과 꿀이 흐르는 땅이 6천 5백만의 민족이 먹고 살기에 충분하지 않단 말인가? 아이다호나 몬태나 등에, 높은 인구 밀도에 시달리는 광둥(廣東)과 후저우(湖洲)의 사람들이 물소와 회색곰들 틈에서 부대끼며 인류를 위해 그 땅을 정복할 기회를 얻을 만한 공간이 남아 있지 않단 말인가?

하나님의 성스러운 책과 자연의 화석판(化石板) 그 어디에, 미국은 오직 백인 종족만이 소유해야 한다는 가설을 증명하는 진술이 나와 있단 말인가? 혹 그대들의 허영심이 다치지 않는 선에서 설득되고 싶다면, 이런 방법도 있다. 불쌍한 중국인들에게, 용서를 모르는 유대인들이 이방 민족인 기브온 거민에게 베푼 자비만큼만 베풀라. 그들을 "나무 패며 물 긷는 자"(수 9:23 참조)가 되게 하고, 그대들은 튜턴족 혹은 켈트족 혈통에 맞게 좀더 고상한 직업들을 갖도록 하라. 중국인들이 그대들의 커프스와 칼라, 셔츠를 빨게 하라. 그러면 그들은, 백인들의 세탁소에서 요구하는 가격의 절반으로 양같이 온순하게 그대들을 섬길 것이다. 아니면 그들을 애리조나나 뉴멕시코의 광산으로 보내서, 밖에 있는 우리들이 그토록 고귀하게 여기는 금속을 지옥의 어둠 속에서 캐 오도록 하라.

이 불쌍한 이교도들은 그대들이 가르쳐 주지 않는 한, 아직 파업이란 것을 모른다. 그토록 온순하고, 불평 없고 부지런하며 값싼 노동자 계급은 하늘 아래 그 어디서도 찾지 못할 것이다. ("나도 한때 중국인들이 이 나라를 점령해 버리지나 않을까 걱정했던 것을 인정한다. 그러나 이제는 그런 걱정 없이 지내고 있다…… 그들이 없다면 우리가 어떻게 해나갈지 모르겠다. 그들은 이 나라를 찾아오는 외국인 중에서 가장 조용하고, 부지런하고, 전반적으로 칭찬할 만한 외국인 계층이라고 나는 단언한다. 그들처럼 빨리 배우고 그들만큼 신실한 계층은 없다." (캘리포니아 스탠포드 상원의원[1824-1893, 미국의 정치가]) -지은이 주)

중국인들만이 할 수 있는 산업 영역에서 그들이 일하게 하면 그대들이 고백하는 기독교 신앙에도 어울릴 것이고, 그대들의 주머니도 두둑해질 것이다. 그대들은 캐나다 국경에서 '중국인 밀수'라는 법령을 자주 발효해서 그 사실을 이미 여러 번 증명해 보이지 않았는가! 질투와 술집에 앉아서 만든 '정책' 때문에 동료 인간들에게 복 주기를 거절한단 말인가? 율법과 선지자들을 믿고 이방인들에게 자비와 긍휼을 베풀어서, 주 하나님께서 하늘의 문을 열고 내리시는 복을 차고 넘치도록 받는 게 좋지 않겠는가? 그러나 지금 실행되고 있는 반(反)중국인 법의 취지는 전부 반성경적·반기독교적·반복음주의적·반인도주의적으로 보인다. 심지어 공자의 허튼 소리도 우리에게 이것보다 훨씬 더 좋은 것을 가르친다.

나는 지금까지 독자들에게 조심스럽게 나의 국적을 숨겼다. 물론 이때쯤이면 다들 눈치챘겠지만, 내가 중국인은 아니라는 사실을 고백해야겠다. 내가 이 세상에서 가장 오래된 민족—맹자와 공자를 이 세상에 내고, 유럽인들이 생각해 내기 수세기 전에 이미 항해사의 나침반과 인쇄 기계를 발명해 낸 민족—과 인종적인 관계에 있는 것은 결코 부끄러운 일이 아니다. 하지만 광둥에서 온 그 가난한 하급 노동자들이 미국 대중들로부터 받는 모욕과 거친 대우를 내가 전부 받게 되니, 오직 기독교 신앙의 인내만이 나의 머리와 가슴을 온전히 지켜 줄 따름이다.

말(馬)의 명명법에도 적용된 미국의 히브리 문화는 중국인을 지칭하는 데도 사용된다. 중국인들은 전부 '존'으로 통했고, 심지어 뉴욕 시의 친절한 경찰도 우리를 그렇게 불렀다. 우리가 정식으로 요금을 내고, 성 패트릭(Saint Patrick, 아일랜드의 수호성자)의 가호를 받는 그의 허영심을 다칠 만한 말은 한 마디도 하지 않았는데도, 시카고의 마부가 우리에게 쓰는 친절한 말이라는 것이 "저 중국인들 실어 주자"였다.

또 한번은 이런 일도 있었다. 차에서 나와 같은 좌석에 앉은, 옷을 잘 차려 입은 신사가 회색빛이 도는 자신의 수염을 빗겠다고 빗을 좀 빌려 달라고 했다. 그는 빗을 돌려주며 우리 이교도의 나라에서 그런 상황에 가장 적합한 '감사하다'는 말 대신에 "그래 존, 자네 세탁소는 어디에 있나?" 하고 물어 오는 게 아닌가! 뿐만 아니라 똑똑해 보이는 어느 신사는 우리에게 언제 그딿은 머리를 잘랐느냐고 물었다. 우리가 그런 머리를 한 적이 없다고 하자 그는 말했다. "그래요? 난 중국 사람은 다 그런 머리를 하고 있는 줄 알았지." 우리의 몽고족 혈통을 비웃는 데 특별한 기쁨을 누리는 듯한 이 신사들은 자신들의 색슨족 생득권(生得權)에 대해서도 유독 민감하다.

젊은 일본인 기술자들이 브루클린 다리(Brooklyn Bridge)를 조사하러 갔다. 그들이 교각 아래에서 다리에 늘어뜨려진 밧줄의 구조와 인장(引張)의 강도를 토론하는데, 비단 모자에 안경을 쓰고 멋지게 차려 입은 미국인 신사가 다가왔다. 그는 "여어 존, 중국에서 온 자네들한테는 이 다리가 매우 신기하게 보일 거야, 그렇지?" 하며 일본인 과학자들의 대화에 끼어 들었다. 일본인 중 한 사람이 그 모욕적인 질문을 맞받아쳤다. "아일랜드에서 온 자네한테도 그렇겠지." 그러자 그 신사는 매우 화가 나서 "그렇지 않소. 나는 아일랜드 사람이 아니오" 하고 말했다. 일본인은 "그렇다면 우리도 중국인이 아니오" 하고 부드럽게 응수했다. 통쾌한 한방이었다. 비단 모자를 쓴 미국인은 뿌루퉁해서 돌아갔는데, 그는 아일랜드 사람이라고 불리는 것이 싫었던 게다.

기독교 국가의 비기독교적 특색들을 다 이야기하려면 시간이 부족할 것이다. 어린아이도 쉽게 이해할 수 있는 단순한 도덕을 무시한 채 수백만 달러의 금과 은을 의지하는 합법적인 복권은 어떠하며, 투계(鬪鷄)와 경마 그리고 미식 축구 경기에서 볼 수 있는 광범위한 도박 성향과, 스페인의 투우보다 더 비인간적인 권투, 자유 공화국의 국민보다는 호텐토트족(남서 아프리카 칼리하리 사막에 사는 미개 종족 ─ 옮긴이 주)에게 더 어울릴 것 같은 사형 제도, 전 세계 무역 가운데서 비길 만한 것이 없는 광범위한 술 거래, 정치적 선동, 종교 교단 간의 질투, 자본가의 독재와 노동자의 오만, 백만장자의 어리석은 행동들, 아내에 대한 남편의 위선적인 사랑 등 이루 헤아릴 수 없다. 이것이 바로 우리가 선교사들로부터 기독교가 타 종교보다 탁월하다는 증거라고 배운 그 문명이란 말인가? 도대체 그들은 어떤 뻔뻔한 얼굴로 유럽과 미국을 만든 종교는 위로부터 온 종교임이 틀림없다고 우리에게 선언했단 말인가? 소위 오늘날의 기독교 국가라고 하는 것을 기독교가 만들었다면, 하늘의 영원한 저주가 그 위에 놓일 지어다! 기독교 국가에서 평화란 찾아볼 수 없다. 소란함과 복잡함, 정신 병원과 교도소 그리고 구빈원(救貧院)이 있을 뿐이다!

아침의 나라가 주는 안식과 연못의 고요함이여! 우리의 잠을 방해하는 요란한 기적 소리가 아니라, 단잠에서 우리를 깨우는 낙원의 새 소리와 고가 철도의 먼지와 소음이 아니라, 음매 하고 우는 소 위에 놓인 가마 그리고 월 스트리트(Wall Street)의 전쟁터에서 번 핏값으로 지은 대리석 저택이 아니라, 자연의 혜택으로 만족을 누릴 수 있는 초가집이 그립다. 돈과 명예와 허식(虛飾)보다는 해와 달과 별들이 더 순수하고 아름다운 숭배의 대상이 아닐까?

오, 하늘이여, 나는 망했도다! 내가 속았도다! 평화가 아닌 것을 위해 참된 평화를 포기했도다! 옛 신앙으로 돌아가기에는 너무 많은 것을 알아 버렸고, 이제 새 신앙에 묵종(默從)하는 것은 불가능하다. 오오, 무지(無知)의 신께서 내 할머니가 만족하셨던 것 이상의 신앙은 알지 못하게 했더라면! 내 할머니의 신앙은 할머니를 부지런하며, 인내심 많고, 진실하게 만들었다. 그리고 마지막 숨을 내쉬는 할머니의 얼굴에는 회한의 그림자가 전혀 없었다. 할머니의 신앙은 '평화'였으나 내 신앙은 '의심'이다. 지금 나는 헤아릴 수 없는 심연에 빠져 두려움과 죄와 의심으로 요동하고 있다. 할머니를 우상 숭배자라 부르고, 할머니의 미신을 불쌍히 여기고, 할머니의 영혼을 위해 기도한 내게 화가 있을 지어다!

내가 앞으로 결코 하지 않을 것 한 가지, 그것은 기독교를 유럽이나 미국의 종교라고 옹호하는 것이리라. 그러기엔 '가시적인 증거'가 빈약할 뿐 아니라 전반적으로 악한 영향을 미치게 된다. 불멸의 영혼을 지탱해 줄 종교는 이러한 '겉치레' 증거보다 훨씬 견고하고 심오한 증거 위에 놓여야 한다. 그러나 나는 한때 내 신앙을 그런 짚더미 위에 쌓았다.

8

박애주의자들 사이에서

카시와기의 '성경 강연장' 헌당식에서(1913)

그는 내게 인생과 종교를 최대한 활용하는 법을 가르쳐
주었다. 박애주의는 그것이 아무리 고귀하고 섬세한 정서를
가지고 있다 하더라도, 명료한 이성과 강철 같은 의지로
고통받는 인류에게 복을 주지 못한다면, 그것은
이 실용적인 세상에서 별 효용이 없음을 가르쳐 준 것이다.

어느 중국 현자(賢者)의 "산속에 있는 사람은 산을 모른다"는 말은 참으로 옳다. 멀리 떨어져서 보면 바라보는 대상에 대해 환상을 품게 되지만, 그 대상을 포괄적으로 바라보게 해주기도 한다. 고로 산을 전체적으로 잘 보려면 멀리서 봐야 한다는 말이다.

한 개인의 조국도 마찬가지다. 그 안에 살고 있는 사람은 자신의 나라를 잘 알지 못한다. 조국의 실제 상황과, 거대한 전체의 한 부분으로서 조국이 가지는 장점과 단점, 강점과 약점을 이해하려면 떨어져서 봐야 한다. 뉴욕에 사는 일부 시민들만큼 뉴욕 시에 대해 무지한 사람이 있을까? 그들에게는 센트럴 파크 (Central Park)가 세계에서 유일한 '황야'며, 오직 그들은 시립 박물관을 통해서만 광활한 세상을 내다보고 있다. 영국 귀족은 자신이 살고 있는 '섬 제국'(Island Empire)에 대해서 무지하기로 소문나 있다. 영국의 빅토리아 여왕에게 조금이라도 현명한 신하가 되기 위해서 비싼 돈을 들여 가며 세계 여행을 하는 이유가 여기에 있다.

이교도를 회심시키기 위해 보내진 선교사들은 종종 자신들이 회심하고 집으로 돌아온다. 물론 기독교로부터의 회심이 아니라, 자신들에 대해서 가졌던 생각과 기독교 국가와 '선택받은' 기독교인 그리고 이교도의 멸망 등에 대한 생각들이 아주 많이 달라져서 온다. "소중한 아들은 여행을 보내라"는 속담이 우리나라에도 있다. 여행만큼 사람의 환상을 깨는 것은 없다.

모국에 있는 동안 나의 모국에 대한 시각은 극도로 치우쳐 있었다. 아직 이교도였을 때는 조국을 우주의 중심으로 여겼고, 세상의 부러움을 사는 나라로 믿어 왔다. '다섯 가지 곡물—쌀, 밀, 보리, 콩, 기장—을 풍부하게 내는 땅과 세상에서 가장 온화한 기후, 가장 아름다운 경치와 소녀의 눈동자처럼 맑은 바다와 호수 그리고 초승달 모양의 눈썹처럼 소나무로 우거진 언덕, 땅 자체도 영(靈)으로 가득하고 신들이 거하는 바로 그곳, 빛의 근원이여!' 이것이 아직 이교도였을 때 내가 가졌던 조국에 대한 생각이다.

그러나 내가 회심했을 때 그 생각은 얼마나 많이 달라졌는지! 나는 '저 멀리 있는 행복한 나라'와, 400개의 대학이 있는 미국과 청교도의 고향인 영국 그리고 루터의 조국 독일에 대해서 들었다. 츠빙글리(Huldreich Zwingli: 1484 - 1531 스위스의 저명한 종교 개혁자)의 자랑인 스위스, 녹스(John Knox: 스코틀랜드의 종교 개혁자)의 스코틀랜드, 아돌푸스(Gustavus Adolphus: 1594 - 1632 스웨덴의 왕)의 스웨덴에 대해서도 들었다.

이내 내 마음 속에 내 조국이 '아무짝에도 쓸모없는' 나라로 비쳐졌다. 내 조국은 외국인 선교사들이 와서야 비로소 선해질 수 있는 이교도의 나라에 불과했다. 하늘에 계신 하나님께서는 이 나라를 대수롭지 않게 여기셨다. 그토록 오랜 세월 동안 이 땅을 완전히 악마의 손에 내버려 두셨다. 우리 나라의 도덕적 혹은 사회적 결함에 대해 들으면서 우리는 미국이나 유럽은 그렇지 않다는 말을 계속해서 들었다. 우리 나라가 매사추세츠나 영국처럼 될 수 있을지 나는 매우 의심스러웠다. 심지어 우리 나라가 흔적도 없이 사라진다 해도 세상은 결코 더 나빠지지 않을 것이라고 진지하게 믿었다.

미션 스쿨에 다니는 한 일본 소녀가 선생에게 이렇게 물었다고 한다. "일본에도 세금이라는 것이 있나요?" 가엾게도 그 아이는 자신의 나라가 너무나 부패해서 강탈이나 그 외 '민중의 피를 빠는' 이교적인 행위들이 여전히 일어나고 있고, 평등과 정의와 같은 특별한 것들은 자신이 동경하는 미국에서나 있는 일이라고 생각했던 것이다. '선교사들의 탈민족적 영향'은 선교지에서 결코 드문 현상이 아니다.

그러나 멀리 유배지에서 바라본 나의 조국은 더 이상 '아무짝에도 쓸모없는' 나라가 아니었다. 내 나라가 정말로 아름다워 보이기 시작했다. 이교도 시절에 보았던 괴상한 아름다움이 아니라, 자체적으로 역사적 개성을 가지고 우주 속에서 확고한 자리를 차지하고 있는 진정한 의미에서의 조화로운 아름다움을 가진 나라로 보였다. 민족으로 존재하는 것도 하나님의 섭리에 의한 것이요, 세계와 인류에 대한 나름의 사명은 분명히 선포됐으며, 지금도 선포되고 있다. 우리 나라가 높은 이상과 고귀한 야망을 가지고 세계와 인류를 위해 존재하는 신성한 실체로 보였다. 나는 조국에 대해서 이렇게 영광스러운 관점을 가지게 된 것을 크게 감사한다.

그러나 외국을 여행하면서 얻는 유익은 이것만이 아니다. 낯선 땅에서 살 때만큼 자기 자신을 들여다보게 되는 때는 없다. 다소 역설적일지 모르지만, 우리는 자신을 더 많이 알기 위해 세상 속으로 들어간다. 다른 민족 혹은 다른 나라를 접할 때만큼 자신의 자아가 더 선명히 드러나는 경우는 없다. 다른 세상이 자기 앞에 펼쳐질 때 내적 성찰은 시작된다.

이런 결과를 얻기까지는 몇 가지 사실들이 상호 작용을 한다. 첫째, 가장 명백한 사실로 낯선 땅에서 묵고 있는 사람은 외로움을 피할 수 없다. 아무리 그 나라에서 좋은 우정을 쌓고 그들의 언어를 자유롭게 구사한대도 그는 '여전히' 이방인이다. 평상시엔 즐겁고 상쾌할 수 있는 대화도 부담스럽게 되기 일쑤다.

동사는 시제와 법에 맞게 활용해야 하고, 단수 명사에는 단수 동사를 쓰고—이것은 우리 나라 말에는 없는 현상이다—서로 비슷비슷한 수십 개의 전치사도 맞는 것 하나를 택해야 하는 등 별도의 정신적 에너지가 소비된다.

친절한 식사 초대도, 식탁 예절에 맞게 음식을 입에 넣고, 씹고, 삼키느라 특별히 더 신경을 써야 되기 때문에 기대도 많이 줄어든다. 때론 머리를 빗지 않고 식사하러 가기도 했는데, 가서 그 사실을 지적받고 나면 우리는 식사 시간 내내 양심의 가책을 받으며 앉아 있곤 했다. 그래서 우리는 혼자 있는 것이 훨씬 더 마음이 편했고, 우리의 야만스러운 태도를 예리하고 비판적인 눈으로 쳐다보는 몇몇 숙녀들의 눈길에 방해받지 않고 우리 방식대로 식사하는 것을 더 좋아했다. 이런 상황 속에서의 외로움은 훨씬 더 달콤하게 다가오기 마련이다. 독백과 내적 성찰을 매일같이 하게 되고, 객관적 자아와 주관적 자아가 서로 끊임없이 대화를 나누게 된다.

둘째로, 조국을 떠난 사람은 더 이상 개인이 아니다. 그는 자신 속에 그의 민족과 종족을 안고 있다. 그의 말과 행동은 단지 자신의 것만이 아닌 자신의 종족과 민족의 것으로 평가받는다. 따라서 어떤 면에선, 낯선 나라에 사는 모든 사람은 절대적인 권한을 가진 자기 나라의 외교관이다. 그는 자기 나라와 민족을 대표한다. 세계는 그를 통해 그의 민족을 알게 된다. 자고로 큰 책임만큼 사람을 견실하게 해주는 것은 없다.

내가 천하게 행동하느냐, 고상하게 행동하느냐에 따라서 내 나라가 경멸당하거나 칭찬받는다는 것을 알면, 경솔하게 행동하고 시시덕거리거나 경거망동하는 행동들은 전부 그만두게 된다. 웅장한 성 제임스 궁정에 파견된 대사처럼 근엄해진다. 그래서 반성하게 되고, 심사숙고해서 판단하게 된다. 그런 모습이 보이지 않는다면 국민으로서의 자격이 없다고 나는 생각한다.

셋째로, 향수병을 모르는 사람은 없을 것이다. 그건 자신에게 적합하지 않은 환경 속에 사는 사람이 겪는 자연적인 반사 작용이다. 지금은 볼 수 없지만 생각 속에서 지워지지 않는 친숙한 얼굴들과 언덕 그리고 들판이 우리 영혼을 지배하려 한다. 새로운 환경에 적응하려고 애쓰는 바로 그 순간, 오히려 고향은 시샘하는 사랑으로 우리를 자신의 달콤한 기억 속에 더 강하게 붙들어 놓는다. 그리고 나면 우울이 찾아와 아픈 가슴을 녹여 눈물을 만들고, 우리를 골짜기와 숲으로 몰아 깊은 생각에 빠지게 하고, 몸부림치며 기도하게 한다.

우리의 눈은 서쪽 바다로 굴러 떨어지는 태양을 좇으며, 고향에 있는 사랑하는 사람들이 아침에 뜨는 그 영광을 볼 때에, 우리가 여기서 잘 지내고 있으며 그들을 생각하고 있다는 것을 전해 달라고 태양을 향해 부탁한다. 이렇게 우리는 영(靈)들의 나라에 살게 된다. 제비들이 왔다 가고, 사람들은 이익을 보거나 손해를 보며 장사를 하지만, 고향으로부터 유배당한 사람들에게는 1년 내내 단조로움만 있을 뿐이다. 자기 자신과, 하나님과,

그리고 영들과의 교제가 있을 뿐이다.

모세가 자기 백성의 구원자로 나타나기 전에 미디안 땅으로 내쫓기게 된 것(출 2:15 참조)은 이런 하나님의 섭리 때문일 것이다. 엘리야가 브엘세바로 도망(왕상 19:3 참조)간 사실은, 낯선 나라에서 외로운 영혼으로 하나님을 찾는 사람들에겐 한없는 위로가 되었다.

호렙의 동굴에 홀로 있던 엘리야처럼
광야의 돌 위에 앉아 보라,
그러면 광야로부터 부드러운 음성이,
불안해하는 자녀를 위로하는 아버지처럼,
비통함과 분노와 두려움을 내쫓으며 들려온다.
'사람은 멀리 있으나, 하나님은 가까이 계시도다'

사도 바울이 아라비아로 갔던 일(갈 1: 17 참조)도 같은 맥락에서 해석된다. 이방인을 위한 사도가 하나님의 아들을 '직접' 체험하기 위해서 내적 훈련의 기간을 가지는 것은 매우 자연스러운 일이기 때문이다. 그리고 그는 돌아와서 세상을 향해 이렇게 선포한다.

"형제들아 내가 너희에게 알게 하노니 내가 전한 복음이 사람의 뜻을 따라 된 것이 아니니라 이는 내가 사람에게서 받은 것도 아니요 배운 것도 아니요 오직 예수 그리스도의 계시로 말미

암은 것이라"(갈 1:11-12).

미국에 도착한 지 얼마 되지 않아서 펜실베이니아의 한 의사(Isaac Newton Kerlin: 1834-1893 미국 정신의학의 개척자)와 우연히 만나게 되었다. 그는 매우 실천적인 박애주의자였다. 내 성격을 살펴본 후 그는 나를 자신의 보호 감독하에 두기로 했고, 내가 실천적 자선을 가장 밑바닥에서부터 두루 경험할 수 있도록 한다는 취지를 가지고 자신의 '보조원' 가운데 한 사람으로 두었다. 제국(일본) 정부의 관리에서 정신 병원의 간호보조원으로의 이동은 내게는 무척이나 갑작스러운 일이었다. 그러나 나는 그것을 느끼지 못했다. 나사렛 목수의 아들이 완전히 새로운 인생의 관점을 가르쳐 주었기 때문이다.

내가 병원에 들어간 건 마틴 루터가 에르푸르트(Erfurth) 수도원에 들어간 것과 동일한 목적에서였다는 것을 여기서 말해 두어야겠다. 내가 그곳에 있기로 한 것이 단지 세상에는 이런 분야에서 섬기는 사람들이 필요하기 때문은 아니었다. 그렇다고 내가 비록 가난하기는 했지만 직업을 찾은 것은 더더욱 아니었다. 나는 그곳을 '앞으로 닥칠 진노'의 유일한 피난처로 생각했고, 내 육신을 복종시키고 내적으로 정화될 수 있도록 나를 훈련시켜 천국을 유업으로 받기 위해서 그곳에 있기로 한 것이다. 따라서 나의 동기는 근본적으로 이기적이었고, 그 후 나는 수많은 아픈 경험을 통해서 이기주의는 어떠한 형태로 나타나든 전부 악마의 것이며 죄라는 사실을 배워야 했다.

자신을 완전히 희생하고 전적으로 자기를 잊어버려야 하는 박애주의의 요구를 따르려고 노력하면서도 내 속에 있던 선천적인 이기심은 가지각색의 두려운 죄악상으로 나타났다. 나는 내 안에서 발견한 어둠에 짓눌린 채 주저앉아서 말할 수 없는 고통으로 몸부림쳤다. 그래서 이 시기에 기록된 일기는 음울하다. 인간 존재의 밝은 측면에 더 익숙한 현대의 독자들은 그 글을 조금도 심각하게 받아들이지 않을지도 모른다. 그러나 고통을 받은 당사자에게는 참된 현실의 기록이며, 나는 그 현실을 통해 내가 오랫동안 추구해 온 평화와 그 결과 따라오는 모든 복된 열매들을 얻을 수 있었다.

그러나 이러한 나의 내적 갈등을 제외한다면 병원에서의 생활은 결코 나쁘다고는 할 수 없었다. 원장은 나의 복리에 진심으로 관심을 가졌고, 자기 자녀들에게 쏟는 정성으로 온갖 애정을 가지고 돌봐 주었다. 그는 올바른 도덕에 따라 바르게 행동하려면 육체가 건강해야 한다고 믿었다. 따라서 나에 대한 그의 배려는 내 영혼보다는 내 배에 더 쏠릴 수밖에 없었다. 그를 알지 못하는 사람들은 그를 병적인 물질주의자로 생각했고, 특히 그가 가장 즐겨 이야기하는 '도덕적 무지'(Moral Imbecility) ― 부모의 실수와 열악한 환경 때문에 생긴 건강상의 결함을 그는 이렇게 불렀다 ― 에 대해 이야기할 때는 더욱 그랬다.

그러나 그는 물질주의자도 무신론자도 아니다. 그는 '나의 평

생을 인도해 온 손길'이란 말을 자주 했으며, 여기서 나타나듯
그는 하나님의 섭리를 굳건히 믿었다. 심지어 내가 자신의 보호
아래에 들어가게 된 것도 단순한 우연 이상의 그 무엇이 있다고
생각했으며, 그러한 생각에 기초해서 나를 돌보고 보살펴 주었
다.

성경에 대한 그의 지식 또한 해박했다. 비록 엄격한 의미에서
'정통' 신앙을 가진 것은 아니었지만, 그는 냉랭한 지성주의를
혐오했고, 종종 유니테리언주의(Unitarianism, 삼위일체를 부인하
고 예수님의 신성을 인정하지 않는 종파 ‐ 옮긴이 주)를 '가장 편협하
고 메마른 종파'라고 말했다. 자기 아내가 매력적인 유니테리언
신자이고, 대부분의 직원들을 매사추세츠(유니테리언주의가 가장
성행했던 곳 ‐ 옮긴이 주)에서 고용했음에도 불구하고 말이다.

아일랜드 출신 동료가 내게 말해 준 것처럼 원장은 정말로
'악마처럼' 고함질렀고, 그럴 때면 온 집안이 벌벌 떨면서 다들
안전하게 피하려고 했다. 그럼에도 원장은 다양한 사람들이 모
인 하나의 큰 가족을 포용할 수 있는 마음을 가지고 있었고, 불
구자가 된 귀여운 조니(Johnny)나 벙어리인 예쁜 소피(Sophie)
도, 능력 있고 건강한 간호부장처럼 그를 편하게 대했다. 간호부
장은 종종 원장을 꼼짝 못 하게 했으며, 조용하도록 다그치기도
했다.

원장의 음악적 재능은 상당했는데, 식구들이 모두 퇴근해 집
에 있는 시간에는 자주 음악 선생이 치는 피아노에 맞춰 노래를

부르곤 했다. 그리고 원장이 열정을 다해 자신의 애창곡을 떨리는 목소리로 부를 때면 내적인 고뇌로 번민하던 내 영혼이 평화를 얻을 수 있었다.

하나님의 펼치신 손으로
지친 세상 주변 서서히
어둠이 내리네; 오! 당신의 뜻은
어찌 이리 조용히 이루어지는가.

그러나 내가 원장을 존경하고, 원장 밑에서 성실하게 배운 까닭은 그의 종교 때문도, 음악 때문도 아니었다. 그것은 꾸준히 실천으로 옮기고야마는 원장의 체계적인 사고와, 펜실베이니아의 돌 언덕을 무너뜨리고 그곳에다 세상에서 가장 불행한 인류를 위해 번창하는 거주지를 만들 정도로 훌륭한 방향성을 가진 그의 의지 때문이었다. 게다가 약 700명의 정신 이상자들을 다스리고 인도하며 복종시킬 수 있는 그의 관리 능력 때문이었으며, 자신의 평생과 자기 아들의 평생이 걸릴 수도 있는, 불확실한 미래에까지 펼쳐진 그의 거대한 야망 때문이었다.

내 고향이나 다른 어느 곳에서도 이런 사람을 보지 못했기에, 이 모든 것은 그를 신비로운 사람으로 만들었고 그는 나의 연구 대상이 되었다. 그 당시 내가 고뇌하던 힘겨운 종교적 의심들을 푸는 데 그가 비록 도움을 주지는 못했지만, 그는 내게 인생과 종교를 최대한 활용하는 법을 가르쳐 주었다. 박애주의는, 그것이 아무리 고귀하고 섬세한 정서를 가지고 있다 하더라도 명료한 이성과 강철 같은 의지로 고통받는 인류에게 복을 주지 못한다면, 그것은 이 실용적인 세상에서 별 효용이 없음을 가르쳐 준 것이다. 어떠한 '실천신학' 강의도 이 소중한 교훈을, 이 실천적인 사람이 보여 준 살아 있는 사례만큼 잘 그리고 인상적으로 가르쳐 주지는 못했을 게다. 내가 병적인 종교성—이렇게 불러도 괜찮다면—으로 타락하지 않도록 구해 준 사람이 바로 그 원장이다. 그러한 병적인 종교성에 빠진 사람들은, 비참함을 한탄하면서도 비참한 사람을 멀리하며, 달콤한 고독 속에서 자신의 우아한 사랑과 나태한 동정심을 돌본다.

그 원장은 마지막 순간까지 내게 가장 믿을 만한 친구로 남아 있었고, 나이와 인종과 국적과 기질이 다름에도 그에 대한 내 우정은 변함이 없었다. 뉴잉글랜드에서 대학을 다니던 시절, 다른 친구들은 전부 나의 마음과 머리를 걱정할 때, 그는 나의 배를 기억했고, 잘 먹고 즐겁게 지내라며 실질적인 도움을 거듭 베풀었다. 그리고 내가 고향으로 돌아온 후에도, 나의 평범하지 않은 행동 방식으로 인해 주변 곳곳에서 나의 정신적·영적 건강성을 의심할 때에도, 원장은 나의 진실성과 정통성을 의심하지 않았고, 대양 저편에서 원조해 주고 응원해 주었다. 나를 인간화시킨 사람이 바로 그였다. 만약 내가 책과 대학, 신학교에서만 기독교를 배웠다면, 나의 기독교 신앙은 차갑고 경직되고 관념적으로 굳었을 것이다. 그러나 위대한 성령께선 얼마나 다양한 방법으로 우리를 빚으시는지!

원장의 부인은 앞서 말했듯이 유니테리언이었다. 고향에서 내가 읽은 모든 기독교 서적 중에서 유니테리언주의를 좋게 말한 책은 한 권도 없었다. 나는 그것을 이교주의보다 더 나쁜 것으로 생각했고, 그것이 기독교와 비슷한 점이 있기 때문에 더 위험하다고 생각했다. 이 때문에 처음에는 그 부인을 매우 의심스러운 눈초리로 바라보았던 게 사실이다. 나는 부인이 머리만 있고 심장은 없으며, 우리 주님이 당신의 생애를 통해 보여 주셨던 부드럽고 여성적인 측면에 대해 전혀 무감각할 것이라고 생각했다. 그리고 무례한 야만인이었던 나는 그 좋은 안주인 앞에서 유니테리언 교리에 대한 나의 반감을 숨기지도 않았다.

그러나 이럴 수가! 그녀는 자신의 유니테리언 원칙에 일치하는 실천을 통해 자신도 심장을 가지고 있음을, 그것도 아주 부드러운 여성의 심장을 가지고 있음을 증명해 보였다. 내가 정통적 신앙을 가지고 있다는 사실은 그녀가 나를 친구로 삼는 데 아무런 걸림돌이 되지 않았다. 원장과 그 부인은 나를 자주 도와주었고, 원장보다도 그 부인이 여성의 본능으로 나의 특별한 고통을 눈치채고 위로해 주었다. 마지막 병상에서도 그녀는 나를 아주 좋은 감정으로 기억해 주었으며, 그녀가 하늘나라에 있는 도로시아 딕스(Dorothea Dix)와 그 외 다른 유니테리언 성녀

(聖女)들과 합류하기 불과 며칠 전에도, 청교도의 교리를 '고집스럽게' 붙들고 있던 한 이방인을 결코 잊지 않았다. 그리고 이 교도를 위한 마지막 선교 사업으로 그녀는 대양 저편에서 내게 가장 실질적인 크리스마스 선물을 보냈으며, 유니테리언의 일이 아닌 나의 사업에 진척이 있도록 도와주었다.

이러한 종류의 유니테리언주의와 화해할 수 없는 정통 신앙은 정통, 혹은 바른 교리라고 불릴 가치가 없다고 나는 믿는다. 내가 생각하는 참된 관용은, 자기 자신의 신앙에 대한 신념을 굽히지 않으면서도 동시에 모든 정직한 신앙을 허용하고 참아 주는 것이다. 진리의 일부는 알 수 있다고 믿으나, 모든 진리를 다 알 수 있다고는 믿지 않는 태도야말로 진정한 기독교적 관용의 기초이며, 모든 사람에게 호의를 가지고 평화롭게 대할 수 있는 원천이다. 물론 내가 이러한 건강한 시각을 하루 아침에 가지게 된 것은 아니지만, 거기에 이르기까지 훌륭하신 원장 부인의 역할이 있었음은 추호도 의심하지 않는다.

병원에서 또 한 사람의 감동적인 인물은 간호부장이었다. 남자도 그렇게 강직한 사람은 보지 못했는데, 더욱이 부장은 여자였다. 그녀는 누구나 주의 깊게 보았으며 그 커다란 건물의 이쪽 끝에서 저쪽 끝으로 오가며 일했다. 혹 어느 보조원이 부주의로 조니(Johnny)의 양말을 조지(George)의 발에 신기거나, 사라(Sarah)의 모자를 수지(Susie)의 머리에 씌웠다가는 불호령이 떨어진다. 여자도 남자처럼 다스릴 수 있다는 사실을 이 훌륭한 여성은 의심할 여지 없이 내게 증명해 주었다. 그녀는 참으로 '기독교 미국'의 산물이었으며, 이교도 국가의 모든 여성들이 가진 어떠한 기품과 미덕으로도 결코 만들어 낼 수 없는 여성이었다.

내가 병원에서 지내는 동안 매우 애착을 가지게 된 또 하나의 사랑스러운 영혼을 언급하는 것도 잊지 말아야겠다. 그는 나의 모난 기독교 신앙을 많이 다듬어 준 사람이다. 그는 델라웨어 주에서 온 사람이었고, 정서적으로는 확고한 남쪽 사람이었다. 그는 유능한 젊은 의사요, 종교적으로는 감독교회주의자였고, 기민하고 솜씨 좋은 춤꾼이었으며, 배우를 해도 잘할 수 있는 사람이었다. 시도 곧잘 썼으며, 스튜어트 왕가를 존경했다. 그는 관대하고, 친절하고, 진실하고, 매우 동정심 많은 친구였다. 그와 함께 있으면, 뉴잉글랜드에 살면서 내 속에 싹트게 된 남부 백인에 대한 편견이 순식간에 사라졌다.

나의 청교도적 신앙과 크롬웰(Oliver Cromwell: 1599-1685 청교도이자 영국의 정치가)에 대한 존경도, 신뢰와 사랑으로 내가 그를 인정하는 데 아무런 장애가 되지 않았다. 그가 한번은, 내가 이상형이라고 설명해 준 여성에 비길 만한 진짜 숙녀들을 보여 주겠다며 나를 델라웨어 주에 있는 자기 집으로 데리고 갔다. 그는 그러한 숙녀들이 실제로 미국에 있기는 한데, 펜실베이니아 주나 매사추세츠 주에는 없다고 했다. 그는 마차를 전세 내어 처음에는 주지사 집으로, 그 다음에는 전(前) 주지사 집으로,

그리고 또 다른 곳으로 나를 데리고 다녔다. 그리고 아름다운 여성을 만나게 될 때마다, 그 여성에게 예를 갖춰 인사를 하고 물러나서는 "어때?" 하고 물었다. 내 이상형에 못 미친다고 대답하면 그는 다른 사람을 소개시켜 주고, 또 다른 사람을 소개시켜 주면서, 마치 옛 기사가 자기 경쟁자로부터 자신이 숭배하는 우상에 대한 칭찬을 얻어 내려는 것처럼, 나에게서 칭찬의 말을 짜내려고 안간힘을 썼다. 그러나 나는 끝까지 진실하게 대답했으며, 결국 그를 실망시키고 말았다. 당황한 그는 도대체 델라웨어에서 내가 원하는 게 뭐냐고 물었다. 그때는 복숭아의 계절이었고, 고향에 있을 때 지리학을 공부하면서 델라웨어 주의 복숭아가 품질이 아주 좋다는 것을 배웠던 나는, 그곳에서 가장 질 좋은 복숭아를 좀 구해 달라고 부탁했다. 그는 재빨리 그리고 기쁘게 복숭아를 주문해 주었고, 나는 내가 원하는 것을 다 얻어서 매우 만족했다.

양키들(미국 북부의 백인들)에 대한 공감 때문에 내가 보지 못했던 미국의 절반을 그 친구가 보여 주었다. 사실상 미국 기독교 전체가 돈으로만 움직이는 건 아니었다. 조너선 에드워즈(Jonathan Edwards: 1703 - 1758 미국 식민지 시대 최고의 신학자)와 테오도르 파커(Theodore Parker: 1810 - 1860 미국의 설교자이자 사회 개혁가이며 유니테리언교회 목사) 같은 이도 있었다. '기사도적 기독교'(chivalric Christianity)라는 것이 실제로 있었고, 그것은 내 민족성과 잘 맞았다. 나는 내 남부 출신 친구의 정신을 어느 정도 받아들여, 그가 내게 준 공동 기도서를 여러 군데 암기했고, 감독교회 예배에 참석하기를 즐기기 시작했다. 하나님의 영으로 인도를 받으면, 날로 자라나는 자신의 신앙에 대한 확신과 다른 신앙에 대한 관용은 결코 충돌하지 않는다. 나의 델라웨어 주 출신 친구를 통해서, 올리버 크롬웰에 대한 나의 무한한 존경과, 청교도 형식의 기독교 안에 담겨 있는 소중한 진리들에 대한 나의 애정을 결코 약화시키지 않으면서도, 이 기독교 국가의 절반을 친구로 삼게 된 것을 나는 늘 감사하고 있다.

제한된 지면만 아니라면 병원에 있는 동안 내게 좋은 영향을 끼친 친구들과 다른 여러 유익한 경험들에 대해서도 쓰고 싶은 것이 많다. 심지어 아일랜드에서 온 사람도, 그것도 상류 사회 출신도 아닌 사람이 나의 정신적·영적 시야에 영감을 주고 그 영역을 확장시켜 주었다. 내가 특별히 기억하고 있는 한 건장한 남자는 영국의 정치가인 글래드스턴을 숭배하는 사람이었는데, 내가 그에게 빅토리아 여왕 같은 위대한 왕을 두고 있어서 부럽다고 하자, 그는 정색을 하고 "내가 그런 ……할 여자를 섬기느니 차라리 아비시니아(Abyssinia, 에티오피아의 별칭 – 옮긴이 주) 왕의 통치를 받겠수다"라고 말했다. 그럼에도 불구하고 세간에 잘못 알려진 이 에메랄드 섬(아일랜드의 속칭)의 아들과 딸들은 사실 얼마나 선량하고 경건한지 모른다.

내 주변 상황에 대한 이야기는 어느 정도 했으니, 이제 내 일기장에서 또 얼마의 글을 발췌해야겠다.

1885년 1월 1일

춥다. 지난밤에는 '믿음으로 의롭게 된다' 는 진리에 대해서 많은 것을 느꼈다. 밤에는 숙직이었다. 병든 사람을 돌보는 것은 처음이다. 하나님께서 내게 길을 열어 주신 것에 대해 감사했다.

정신 병원에서 보조원으로 첫날을 보냈을 때다. 존 하워드나 엘리자베스 프라이(Elizabeth Fry: 1780 - 1845 영국의 여류 자선가), 그리고 그 외 셀 수 없이 많은 성자와 성녀들의 이름 덕분에 신성하게 되었고, 오랫동안 소중한 일로 여겨져 온 노동의 분야가 이제 내게도 열렸다. 정말로 내가 성자가 된 기분이었다. 그러나 '율법의 행위'로 나 자신을 의롭게 하려는 첫 시도를 하려는 때부터 내 가슴 속 깊은 곳에서 한 목소리가 "사람이 의롭게 되는 것은 율법의 행위를 통해서가 아니라 믿음에 의해서" (갈 2:16 참조)라고 말했다.

1월 6일

욥기를 읽었다. 위로가 많이 되었다.

이번에도 존경하는 앨버트 반스(Albert Barnes) 목사의 도움으로 욥기를 읽었다. 그의 〈주석〉(Commentaries) 두 권을 쉬지 않고 빠른 속도로 읽었다. '모든 재난의 궁극적 결과는 선하다' 는 사실이 이제는 나의 생각 속에 지워지지 않게 각인되었다. 그 때 이후로 나는, 심지어 가장 어려운 때에라도, 그 인생관을 잊어버린 적이 없다.

1월 11일 일요일
하루 종일 당직이었다. 《하버갈》(*Frances Ridley Havergal: 1836 – 1879 영국의 찬송가 작사자*)을 읽었다. 영적인 일에 대해서 많은 것을 배웠다.

1월 25일 일요일
인생은 천국에 들어가는 법을 배우는 학교다. 따라서 인생에서 가장 위대한 업적은 '소중하고 영원한 교훈'을 배우는 것이다.

'천사'들을 통해서 새로운 수업을 받았다. 그중에서도 프랜시스 하버갈이 가장 두드러지는 천사다. 이때까지는 기독교의 체제 아래 살면서도 이 지상에서의 삶이 내게는 가장 중요한 것이었다. 내가 새 신앙을 받아들인 이유는, 그 신앙이 고유하게 가지고 있는 영적인 가치 때문이기보다는, 주로 행복한 가정, 자유로운 정부 등과 같은 실용적인 목적에서였다. '내 나라를 유럽이나 미국처럼 강대국으로 만들기 위해서'가 내 인생의 최고 목표였고, 이러한 의도를 실행하는 데 기독교는 무엇보다 강력한 원동력이라 생각했기에 나는 기독교를 환영했다. 그리고 지금도 얼마나 많은 사람들이 이러한 사회적·정치적인 이유들 때문에 기독교를 받아들이고 있는지 잘 안다. 그러나 이제는 천국에 대한 사랑을 위해 조국에 대한 사랑을 희생해야 한다. 그리하여 가장 진실하고 고귀한 의미에서의 조국에 대한 사랑이 내 안에 회복되도록 해야 한다.

2월 2일
내가 하나님의 아들의 직분을 얻었다는 사상이 큰 격려가 되었다.

2월 11일
필립스 브룩스(Phillips Brooks: 1835 – 1893 미국 성공회 목사이자 종교 지도자)의 〈예수님이 미치신 영향〉(*Influence of Jesus*)을 읽고 큰 격려를 받았다.

내가 하나님의 형제나 하나님과 동등한 자격을 가진 존재가 아니라 '아들'이라는 위대한 발견을 했다. 왜 힘과 순결에 대해서 하나님과 경쟁하려 하는가? 하나님과 '동등한 자리'에 올라가려고? 주제넘는 이 세상의 작은 신이여! 너 자신을 알라. 그러면 너의 모든 일이 잘될 것이다.

그리고 필립스 브룩스! 분투하는 영혼들 중에서 그가 힘을 주고 지원해 주지 못한 영혼이 어디 있단 말인가? 성례복에 가려진 그의 깊이와, 기도서 이면에 펼쳐진 그의 방대한 사상이여! 그의 책을 주의 깊게 보면서, 나는 그가 내 모든 고난들을 개인적으로 아는 것만 같았고, 그 고난에 대한 특효약도 가지고 있는 듯했다. 여행자는 만병통치약 한 알을 먹고 숨만 한 번 들이쉬면, 한 주건 두 주건 노래를 부르며 산이나 계곡이나 험난한 길도 마치 평탄한 땅처럼 걸어 다닌다.

2월 14일
내가 아는 것까지만 나의 지식이며 진리다. 세상은 다른 의견을 가지고 있을지 모르나 그것은 내 의견이 아니다. 따라서 나는 그것에 대해서 책임을 질 필요가 없다. 내가 아는 것만 상관하고 더 이상은 상관하지 말자.

나에게 수용하라고 강요하는 수많은 의견들에 대항해 나 자신을 무장하기 위해서는 내 지식의 범위와 한계를 정해야 했다. 미국은 분파의 나라이고, 각 분파들은 다른 사람을 희생시켜서라도 자신들의 수를 늘리려 한다. 내가 이미 알고 있는 다른 종파들은 말할 것도 없고, 유니테리언주의와 스베덴보리주의(Swedenborgianism, 스웨덴의 신비주의 종교 철학자 스베덴보리를 따르는 종파), 퀘이커주의 등과 같은 이상한 '주의'들이 벌써부터 나를 시험하고 있었다.
이 불쌍한 이교도는 어떤 것을 취해야 할지 갈피를 못 잡고 있었고, 그래서 아무것도 받아들이지 않기로 마음먹었다. 각자 나름대로의 장점과 단점을 가진 수십 개의 종파들 가운데 '바른 선택'을 할 수 있는 사람이 하늘 아래 누가 있단 말인가? 왜 밥티조(βαπτίζω; 담그다, 세례를 주다)라는 단어의 어원을 가지고 가련한 회심자를 괴롭히는가. 당신들만큼 위대하고 경건한 권위 자들이 영원한 구원에는 몇 방울의 물조차 필요 없다고 주장하는데, 왜 구태여 온몸을 '담가야' 한다고 그를 설득하려 하는가 (침례에 대한 논쟁을 말한다 - 옮긴이 주). 가련한 회심자를 긍휼히 여기라, '고향에 있는 기독교인들'이여, 그리고 너그러운 마음을 가지라.

2월 18일
큰 의심이 들었다. 이만저만 근심스러운 게 아니다. 나의
마음은 하나님께 고정되어야만 한다. 인간의 의견은 다양하지만
하나님의 진리는 하나여야 한다. 하나님 자신이 가르쳐 주시지
않는 한 참지식은 얻을 수 없다.

'몇 가지' 진리들을 가지고 끔찍한 투쟁을 했다. 예수는 하나님인가 아니면 인간인가? 예수를 인간이라고 믿으면 영원한 지옥 불에 떨어지지는 않을까? 그러나 에머슨(Ralph Waldo Emerson: 1803 - 1882 미국의 사상가이자 시인), 개리슨(William Lloyd Garrison: 1805 - 1879 미국 노예제 폐지론자), 로웰(James

Russell Lowell: 1819 - 1891 미국의 시인이자 문학가), 마터노(James Martineau: 1805 - 1900 영국의 유니테리언 신학자) 그리고 그 외에 다른 위대하고, 용감하고, 학식 있는 사람들은 예수를 인간으로 보았다고 한다. 그렇다면 그리스도의 신성에 대한 나의 믿음은, 내가 그토록 많은 희생을 치러 가며 떨쳐 버린 미신적인 우상 숭배만큼이나 어리석고 근거 없는 것이었단 말인가! 이 문제에 대한 나의 시름이 아직 해결되지 않았는데, 또 한 부류의 신학 자들이 내게 와서 프로테스탄트 악마들에게 속지 말라고 친절하 게 주의를 주며, 추기경 기번스(James Gibbons: 1834 - 1921 미국 의 가톨릭 성직자)의 《우리 선조들의 믿음》(*The Faith of Our Fathers*)이라는 책을 건네 주고 기도하는 마음으로 부지런히 그 것을 숙독하라고 은근히 부추긴다.

이 중요한 문제를 해결하는 데 나의 주의를 진지하게 돌리자 마자 다윈과 헉슬리, 그리고 스펜서(Herbert Spencer: 1820 - 1903 영국의 철학자)라는 이름을 가진 불가지론자들이 그러한 덧 없는 문제들은 그만두고, 볼 수 있는 것과 만질 수 있는 것에서 안식을 누리라고 충고한다. 그러고 나면 또 겉으로는 전부 귀용 부인(Madame Jeanne Marie de la Motte Guyon: 1648 - 1717 프랑 스의 신비주의자이자 작가)처럼 경건해 보이는 사람들이 내게 속삭 인다. 자신들의 선지자 스베덴보리(Emanuel Swedenborg: 1688 - 1772 스웨덴의 과학자이자 신비주의 사상가)는 직접 천국을 보았고, 그의 모든 위대한 지성을 동원해 말하고 기록한 것은 전부 다 절대적으로 옳다고 증거했다고 말이다.

그러나 위대한 생리학자 플린트 박사(Austin Flint: 1812 – 1886 미국의 생리학자이자 의학자)는 스베덴보리가 완전히 정신 병자라고 말한다. 이 모든 논쟁의 한복판에 있는 양심적인 이교도 회심자는 불행하도다! 감당할 수 없을 만큼 거센 공격으로부터 안전하게 피할 곳 하나 없이 그의 생각은 지성 세계의 이쪽 끝에서 저쪽 끝으로 세차게 내던져진다. 다시 한 번 나는 할머니의 이교도 신앙이 주는 평화로움과 평온함에 대해서 생각했다.

오, 너희 분파에 고착된 기독교인들이여! "유럽에서의 1년이 중국에서 한 시대를 사는 것보다 낫다"고 말하지 말라. 너희는 실제로 가지고 있지도 않은 평화를 우리에게 약속했다. 의견의 불일치와 종교적 원한이 우리가 바라는 것이라면, 새삼스럽게 당신들의 양식과 기원에서 나온 새로운 불화에 뒤얽힐 필요도 없다. 그것은 이미 '중국'에서 충분히 겪었다.

한번은 어느 선교사에게 기독교인들 사이에 종파가 존재하는 이유—그 이유가 있기라도 하다면—를 물었다. 그는 종파가 있으므로 다른 교단 간에 '경쟁'이 일어나고, 교회가 더욱 순결해지며 하나님의 나라도 빠른 속도로 확장되기 때문에, 종파가 존재한다는 것은 큰 축복이라고 말했다. 이런 일이 있은 지 몇 달 후 우리는 새 교회를 시작하고 그 선교사의 취향에 별로 맞지 않는 우리 나름의 방식으로 일을 꾸려 나갔다. 그러자 그때 그렇게 말했던 바로 그 선교사는, 이미 기독교의 대의를 더럽히고 있는 수백 개의 종파에 또 하나의 새로운 종파를 더하는 일은 하지 말아야 한다며, 우리의 뻔뻔스러움을 호되게 비난하는 것이 아닌가!

그러나 우리는 결코 그의 논리를 이해할 수 없었다. 종파의 존재가 '진정한 축복'이라면, 왜 종파의 수를 늘리고 그것을 통해 더 많은 이익을 얻으려 하지 않는단 말인가! 만약 그것이 저주라면 —우리 불쌍한 회심자들은 아직도 그렇다고 생각하는데— 왜 그것을 폐지하고 감리교주의와 장로교주의, 조합교회주의와 퀘이커교주의, 그리고 다른 모든 해로운 혹은 해롭지 않은 '주의'들을 연합해서 하나의 커다란 단일체로 만들지 않는단 말인가! 우리의 '이상한' 머리로는 도저히 그 선교사 친구의 역설적인 말을 이해할 수가 없었다.

3월 8일
성화의 중요성을 점점 더 많이 느끼고 있다. '이상적 순결'이
내 눈 앞에 놓여 있으나, 나는 그 상태로 들어갈 수가 없다.
오호라, 나는 비참한 존재로다!

3월 22일
지혜의 무한한 기초 전체에 기대기에는 그리고 그것을
점령하기에는 인간은 너무도 유한한 피조물이다.

그가 할 수 있는 것은 단지 이 기초의 작은 구석에 머무는 것
뿐이다. 그 작은 구석이라도 발견한다면 그는 곧바로
평온해지고 차분해질 수 있다. 그 바위는 매우 견고하기
때문이다. 이것이 바로 다양한 종파가 존재하는 이유이며, 각
종파가 모두 성공하는 이유다.

'종파'가 존재하는 이유에 대한 좀 더 인간적이고 합리적인
설명이다. 필립스 브룩스가 이러한 결론을 얻는 데 도움을 주었
다고 생각한다.

4월 5일 부활절 일요일
화창한 날이다. 영적으로 힘을 얻고, 내 인생에서 처음으로
천국과 영생을 어렴풋이 느꼈다! 측량할 수 없는 기쁨이여!
이러한 거룩한 기쁨을 한순간이라도 느끼는 것은 세상이 줄 수
있는 모든 기쁨을 수년 간 누리는 것만큼의 가치가 있다.
나의 영적인 어두움을 갈수록 더 많이 느꼈고,
나는 빛을 달라고 간절히 기도했다.

참으로 부활의 날이었다! 수개월 동안 지속되던 우울과, 성령
과의 씨름이 있은 후 얻은 이런 계시와 휴식은 나의 표현 능력
을 넘어서는 반가움이었다. 내 앞에 놓인 장식한 달걀을 먹으면
서 혀로 느낄 수 있는 것 이상의 맛을 보았다. 삶아서 식힌 뒤

색칠한 달걀이 아니라 아직 날것일 때의 달걀에서, 나는 그 당시 내 영혼의 상태를 보여 주는 교훈을 얻었다. 발생학에 대해서 내가 아는 것은 모조리 동원해서 영적인 해석을 시도하면서, 과연 내가 영적 성장의 어느 단계쯤 있는지를 곰곰이 생각했다. '난할기'(卵割期) 상태에 있는지, '상실기'(桑實期)에 와 있는지, 아니면 '부화기'(孵化期) 근처까지 성장해 있는 것은 아닌지. 여하튼 머지않아 알은 깨질 것이고, 나는 날개를 달고 높이 올라 나의 구세주이시며 온전케 하시는 이에게로 날아 갈 것이다. 오, 더 많은 빛을 받을 수만 있다면!

4월 6일
좀 더 많은 열정으로 백치 아이들을 가르쳤다.

어제 나는 지금까지 내가 만난 사람 중 가장 놀라운 사람을 만났다. 바로 정신병 아이들을 지칠 줄 모르는 열정으로 가르친, 세계적으로 유명한 교사였던 제임스 B. 리처즈(James B. Richards)다. 나는 그에게서 직접 자신이 실행했던 초기의 교수법에 대해서 들었다. 그것은 가장 비천한 자녀들에게까지도 '하나님 아버지를 보여 주는' 것이 실제로 가능하다는 것을 증명해 주는 교수법이다. 나는 충격을 받았고, 그 교수법은 내게 영구적인 영향을 미쳤다. 그때 이후로 내게 박애주의와 교육은 더 이상 단순한 동정과 실용성에서 나온 것이 아니었다. 그 두 가지 모두 고귀한 종교적인 목적을 가진 것으로 여겼고, 선하신 하나님의 일을 유일하게 행하는 길이라고 여겼다.

내가 정신 병원에서 보조원으로 일하는 것이 이제는 거룩하고 신성한 임무로 격상되었고, 이런 거룩한 의무감은 그 일이 가지고 있던 모든 노예적인 요소들을 떨쳐 버리게 했다. 교파로는 유니테리언인 리처즈를, 내게 보냄을 받은 선교사 중에서 가장 훌륭했던 사람의 하나로 나는 꼽는다. 교사로서 그의 특별한 천재성은 말할 것도 없고, 그의 인격과 동정심의 깊이는 정통 교회와의 관계와 독서를 통해서 생긴 '삼위일체주의'에 대한 내 편견을 상당 부분 깎아 내 주었다.

4월 8일
인간의 능력으로 도달할 수 있는 가장 높은 인식은 가장
순결하고 이상적인 형태의 유니테리언주의인지도 모른다.
그러나 인간은 스스로의 노력으로는 이런 높은 도덕적 경지에
이르지 못하기 때문에 그리스도를 끌어내려 자신의 부족한
지성에 부합시킨다.

하나님에 대한 인식은 우리가 그리스도를 알기 전까지는 매우 명쾌하다. 그러나 그리스도 앞에서 모두가 걸려 넘어진다. 그리스도가 없었다면 하나님에 대해서 좀 더 분명한 시각을 가질 수 있었을 거라는 생각을 나는 종종 한다.

그리스도는 그 옛날의 헬라 사람들에게만 아니라, 오늘날 일본과 중국을 비롯한 다른 모든 이교도들에게도 걸림돌이 된다. 유니테리언들이 설명하는 그리스도는 신비주의적인 동양인에게는 너무나 단순한 면이 있다. 하지만 그렇다고 삼위일체의 '이론'을 믿는 것이 더 쉬운 것은 아니다. 누가 내 앞에서 이 돌을 치워 줄 것인가?

4월 16일
퍼널드(Fernald)의 〈진정한 기독교인의 생활〉(*True Christian Life*)을 읽었다.

4월 18일
드러먼드(Henry Drummond: 1851 - 1897 스코틀랜드의 복음주의 저술가)의 《영적 세계 속에서의 자연 법칙》(*Natural Law in Spiritual World*)을 매우 흥미롭게 읽었다.

4월 19일
요한계시록을 매우 관심 있게 읽었다.

　퍼널드는 내가 처음으로 진지하게 읽을 수 있었던 스베덴보리주의의 저자다. 3년 전에 《천상의 비밀》(*Arcana Celestia*)이란 책을 한번 들추어 본 적은 있지만, 물질주의적 경향을 가졌던 그 당시의 내게는 지나치게 영적이었다. 그러나 이제 낯선 땅에서 거대한 영적인 문제들을 해결하려고 애쓰는 내게 신비주의라면 어떠한 종류든 반가웠다. '사실'(Fact)을 움직일 수는 없지만, 영적으로는 비약이 가능하기 때문이다. 그때 마침 드러먼드를 알게 되었고 나의 과학은 영적인 경향을 띠게 되었다. 이렇게 이 두 사람은 나를 아주 영적으로 만들었다.

이제 내가 설명할 수 없는 것은 하나도 없게 되었다. 그래서 나는 계시록을 펼쳐 들었다. 그때까지 나는 '혹시 계시록이 나를 회의주의자로 만들지는 않을까' 하는 두려운 마음에 아예 건드리지도 않았었다. 천사들이나 볼 책이지 귀납적 사고를 하는 인간이 읽을 책은 아니라고 생각했던 것이다. 그러나 계시록이 인간의 영적인 체험을 생생하게 묘사한 책이라면, 이제 나는 아무런 문제 없이 거기에 나오는 모든 본문을 설명할 수 있다. '삼위일체'의 문제도 그런 방식으로 해결할 수 있고, 동정녀 잉태와 부활도 곧 당연한 것으로 받아들여졌다.

《셀본의 자연 과학사》(*Natural History of Selbourne*)를 쓴 유명한 저자(Gilbert White: 1720-1793 영국의 목회자이자 박물학자)는 창세기와 지질학을 조화시키려고 무진 애를 쓰다가 결국 미쳐 버렸지만, 그 무서운 씨름도 《천상의 비밀》을 쓴 저자가 다루면 햇빛 아래 9월의 서리가 녹듯이 쉽게 해결된다.

그러나 나는 단 한 번도 다른 많은 사람들처럼 스베덴보리를 멍청하다고 생각한 적이 없다. 그는 나의 사고 능력을 초월하는 지성을 가지고 있었고, 그의 통찰력은 많은 경우 참으로 놀라웠다. 스베덴보리로부터 모든 진리를 얻으려고 하는 사람은 넘어질지 모르지만, 참된 학자적 겸손과 기독교인의 경의(敬意)를 가지고 그를 찾는 사람은 큰 복을 받고 돌아오리라고 나는 확신한다. 내가 스베덴보리의 교리를 처음 접했을 때는 매우 천박한 영성에 빠졌지만, 그 후로 그 비범한 사람이 내 사고에 미친 영향은 늘 건강한 것이었다. 그러나 어떤 면에서 그랬는지는 여기서 상세히 밝힐 바가 아니다.

5월 14일
예레미야를 읽었다. 큰 감동을 받았다.

5월 16일
예레미야가 내게 매우 큰 감동을 주었다.

5월 27일
예레미야를 읽고 큰 유익을 얻었다.

지금까지 내가 읽은 종교 서적은 주로 '기독교의 증거'나 그와 관련된 것들이고, 성경 자체는 많이 읽지 않았다. 나는 구약성경의 선지서들은, 인류의 구세주가 드디어 이 땅에 왔을 때 몇 가지 '우연'들을 가지고 세상을 놀라게 하려고 인류에게 전달한 미래 예언이 대부분이라고 생각했다. 그래서 나는 일찌감 치 선지서들을 이해할 수 없는 책으로 분류해 놓았다. 선지서들 에 관해 쓴 책은 읽었지만, 선지서 자체는 읽지 않았다.

그러나 비록 원장이 병원에서는 아무도 예레미야서를 읽지 말 라고 주의를 한 번 주기는 했지만, 이제 나는 호기심 반, 두려움 반으로, 예레미야서를 들여다보았다. 예레미야서를 읽으면 평상 시에도 우울한 병원이 온통 눈물 바다가 될까 봐 원장은 그렇게 도 금했던 것이다. 그런데 보라! 놀라운 책이로다! 너무도 인간 적이며, 너무나 공감이 되고, 미래 예언은 거의 없고 현재에 대 한 경고가 가득한 책이었다! 기적 하나 없이 기록된 책 속에서, 예레미야는 마치 인간의 모든 강점과 약점을 보여 주는 듯했다. '위대한 사람은 전부 선지자라고 불릴 만하지 않을까?' 하는 생 각이 들었다.

내 이교도 나라의 모든 위대한 사람들을 열거해 보고 그들의 말과 업적을 저울질해 보았다. 나는 예레미야에게 말씀하신 바 로 그 하나님이, 우리 나라의 몇몇 사람들에게도 말씀하셨다는 결론에 도달했다. 비록 예레미야에게만큼 분명하게 들릴 수 있 는 말은 아니지만 말이다. 하나님은 당신의 빛과 인도 하나 없 이 우리를 그냥 내버려 두시지 않고 사랑을 주신다. 가장 기독 교적인 민족을 보살피신 것처럼 그 오랜 세월 동안 우리도 돌보 셨다. 이런 생각은 내게 형용할 수 없을 정도로 격려가 되고 힘 이 되었다. 이국적인 신앙을 받아들임으로써, 어느 정도 식어 버렸던 애국심이 이제 백 배는 더 강렬하고 인상적으로 내게 돌아왔다. 나는 우리 나라 지도를 보고 눈물을 흘리며 기도했다. 러시아를 바벨론에 비유하고, 러시아 황제(Czar)를 느부갓네살에, 그리고 내 나라를 오직 의의 하나님을 통해서만 구원받을 수 있는 무력한 유대 땅에 비유했다. 나의 낡은 영어 성경에는 이런 생각들이 적혀 있다.

예레미야 3장 1 – 5절: 이런 훈계를 누가 거절할 수 있단
말인가?
예레미야 4장 1 – 18절: 이것은 슬픔에서 우러나온 말이다.
아아, 내 조국, 내 왕국이여, 그대만큼은 부디 유대인의 전철을
밟지 않도록 하라!
예레미야 4장 18 – 31절: 북쪽에 있는 러시아는 우리에게
갈대아(바벨론 제국)가 아닌가? ……

이때부터 2년 간 나는 성경에서 선지서 외에는 거의 읽은 것이 없다. 나의 종교적인 사상 전반이 선지서 때문에 바뀌었다. 친구들은 내 종교가 복음서의 기독교라기보다는 유대교의 형태를 더 많이 띠고 있다고 말한다. 그러나 그것은 사실이 아니다. 그리스도와 사도들로부터 내 영혼을 어떻게 구원할 것인가를 배웠다면, 선지자들로부터는 내 조국을 어떻게 구원할 것인가를 배웠다.

내가 병원에서 일한 지 거의 8개월이 되었을 때, 나의 '의심들'은 더 이상 견딜 수 없을 정도가 되었다. 여하튼 이것은 어떻게든 해결되어야만 할 문제였다. 사람 좋은 원장은 내게 휴식이 필요하다고 말하고는, 활동이 둔화된 내 간장(肝臟)을 위해 아폴리네리스의 물(Apollinaris' Water, 광천수[鑛泉水]의 일종)을 처방했다. 그의 실용적인 관점에서 본다면, 소위 영적인 씨름이라고 하는 것은 대부분이 소화 기관의 장애로 설명될 수 있기 때문이다. 그의 의학적 조언에 따라 나는 고향 친구들 몇 명이 살고 있는 뉴잉글랜드로 갔다. 혹시 거처를 바꾸면 '운 좋은' 일이 생기지 않을까 하는 마음에서였다. '좋은 운수'를 믿는 내 이교적 태도는 궁지에 몰릴 때마다 항상 튀어나온다.

슬픈 마음으로 나는 병원과 그곳에서 사귄 많은 좋은 친구들을 떠났다. 그동안 일을 제대로 못한 것을 깊이 후회했고, 좋은 의사의 돌봄을 받은 지 얼마 되지 않아서 이렇게 계획이 바뀌게 된 것도 아쉬웠다. 박애주의 곧 인간을 사랑하는 사업은 '나를 사랑하려는' 성향이 완전히 제거되기까지는 내가 할 수 있는 일이 아니라는 사실도 깨달았다. 영혼의 치유는 육신의 치유를 앞서야 한다. 적어도 내 경우는 그렇다. 그리고 박애주의 자체는 영혼을 치유하는 데 무력하다.

그러나 '천사들도 부러워하는' 이 일을 평가절하하려는 말은 결코 아니다. 박애주의는 이 넓은 세계 어느 곳에서도 만날 수 없는 고귀한 사상이다. 어떤 사람들은 이교도에게 선교하는 일이 더 고귀하다고 한다. 사실 그럴지도 모른다. 옷보다는 몸이 중요하듯이, 영혼의 옷인 몸보다는 영혼 자체가 더 중요할지도 모른다. 그러나 도대체 누가, 오렌지 껍질과 그 과육(果肉)을 분리하는 것처럼 우리의 몸을 영혼과 분리시켰단 말인가? 육체를 통해 영혼에 도달하지 않고 영혼만을 구원할 수 있는 사람이 누가 있단 말인가?

"평안히 가라, 덥0게 하라, 배부르게 하라"의 원칙(약 2:14 - 17 참조)을 가지고 일하는 종교 사역자는 천국에서 멀리 떨어져 있다. 돈이 있어야 건강도 있다는 원칙을 가지고 일하는 육신의 의사가 천국과는 정반대 방향에 더 가까운 것처럼 말이다. 사랑을 일컫는 헬라어의 두 단어(philia, agape)가 가지는 의미를 굳이 비교해서 따지자면, 박애주의는 아가페주의다.

어느 중국인 현자는 말했다. "의술(醫術)은 인술(仁術)이다." 그리고 내가 아는 한, 비록 이교도가 이 말을 하기는 했지만 복음서가 전하는 기독교도 이 말을 인정하고 있다. 그렇다면 어느 누가 의학과 신학을 구별할 수 있단 말인가?

9

뉴잉글랜드에서의 대학 생활

도쿄의 카시와기에서(연도 미상)

사탄과의 싸움에서 잠시 숨을 돌릴 때면
나는 언제나 바다 너머 사랑하는 복된 고향 땅을 그려 보았고,
그곳에 교회와 기독교 대학이 군데군데 있는 것을 보곤 했다.
한 제국과 그 백성들이 내 여가 시간 전부를 채워 버렸다.

나는 어떻게든 뉴잉글랜드를 보아야만 할 운명이었다. 나의 기독교 신앙이 원래 뉴잉글랜드에서 온 것이기에 뉴잉글랜드는 지금 기독교로 인해 겪는 내 모든 내적인 분투에 대한 책임이 있다. 말하자면 나는 뉴잉글랜드에 대해 일종의 권리를 가지고 있고, 따라서 대담하게 나 자신을 그곳에 의탁할 수 있었다.

우선 나는 보스턴으로 갔다가 거기서 케이프 앤(Cape Ann) 근처의 어촌으로 갔다. 그곳에서 뉴잉글랜드의 블루베리 맛과 양키들의 생활 방식과 행동 양식을 익혔다. 나는 2주 동안 이스턴 매사추세츠에 있는 바위투성이 곶(岬) 위에서 기도의 씨름을 했다. 대서양의 큰 물결은 나의 비참함을 슬퍼하고, 화강암 채석장은 내 굳은 마음을 보여 주는 듯했다. 나는 다소 진정된 상태로 보스턴으로 돌아갔다. 소들이 지나다니는 보스턴의 구석진 거리어딘가에서 2주 정도 더 틀어박혀 지내다가 코네티컷 계곡으로 향했다.

내가 그곳에 가는 건 누군가를 만나기 위해서였다. 그는 유명한 대학 총장인데, 그의 경건함과 학식은 고향 땅에서 이미 수종의 저서를 통해 맛보았다. 우리 같은 불쌍한 이교도들에게는, 위대한 학문적 성과를 이룩한 사람들은 늘 거만하게만 느껴졌고 따라서 접근할 수 없다는 생각을 품게 했다.

D.D.(Doctor of Divinity, 신학 박사)와 LL.D.(Doctor of Laws, 법학 박사)라는 두 개의 타이틀을 가진 사람이, 보잘것없는 이교도의 회의와 슬픔을 해결하겠다고 굳이 평민들에게까지 내려올 필요가 있겠는가? 그런 이들의 머리엔 늘 '진화'와 '에너지 보존' 등에 대한 생각들로 가득 차 있지 않겠는가? 나같이 하찮은 영혼에 대한 개인적인 도움을 기대하는 것은 주제넘는 일일 것이다. 그러나 나는 그를 만날 수 있다는 말을 듣고 용기를 내기로 했다. 이야기를 못 하게 되더라도 먼발치로 그를 보고 오리라고 결심하면서.

낡고 구질구질한 차림새에, 주머니엔 달랑 7달러를, 가방에는 기번스의 《로마》(Rome) 다섯 권을 챙겨 넣은 채, 나는 그 대학이 자리잡고 있는 도시에 들어섰고 드디어 총장 집 문 앞에 다다랐다. 최근에 내 친구 한 명이 그에게 내 이름을 소개했기 때문에, 그는 젊은 야만인 하나가 자신을 만나러 온다는 사실을 알고 있었다. 곧바로 응접실로 안내되었고, 나는 그곳에서 그의 지성과

플라톤적 위엄으로 압도당할 내 운명을 기다렸다.

쉿, 그가 온다! 흠 없는 그의 현존 앞에 나아갈 준비를 하라! 그는 그대의 마음을 한눈에 꿰뚫어 보고 실체를 파악해서 그대를 학생으로 받아들이지 않을지도 모른다.

문이 열렸다. 아아, 그 온유함이라니! 그의 몸은 크고 잘 다져져 있었으며 사자 같은 눈에는 눈물이 고여 있었고 악수하는 따뜻한 손은 보기 드물게 힘이 있었다. 그는 예의바른 인사와 함께 동정의 말을 건넸다. 이것은 내가 상상 속에서 그려 보았던 사람의 모습과 성품이 아니다. 단번에 묘하게 편안한 기분이 되었다. 나는 그에게 도움을 요청했고 그는 기꺼이 도움을 주겠다고 약속했다. 그리고 그곳을 떠났는데, 그때 이후로 나의 기독교 신앙은 전혀 새로운 방향으로 나아가게 되었다.

대학 기숙사에 무료로 쓸 수 있는 방이 내게 주어졌다. 나는 책상도, 의자도, 침대도, 심지어 세숫대야 하나도 가지고 있지 않았다. 친절한 총장은 수위에게 이야기해서 그런 물품 몇 가지를 마련해 주었다. 나는 제일 꼭대기 층의 방에 자리를 잡았다. 전능자께서 내게 당신을 보여 주시기 전까지는 절대로 그 곳을 떠나지 않기로 굳게 마음먹었다. 그런 목표를 눈앞에 둔 나는 개인적인 불편함은 전혀 신경 쓰지 않았다.

그 방의 전 주인이 바닥에 깔려 있던 양탄자를 치웠는데, 그 방의 새 주인이 된 나는 다시 양탄자를 깔 여유가 없었다. 그래도 서랍은 없지만 네 다리가 곧고 튼튼한 책상 하나를 발견해서 아주 잘 활용할 수 있었다. 한쪽 다리가 부러져서 사실상 다리 세 개로 지탱하고 있는 오래된 안락의자도 하나 있었는데, 몸을 약간만 비틀고 앉으면 꽤 편안하게 작업을 할 수가 있었다. 침대의 골격은 나무로 잘 짜여져 있었지만 삐거덕 소리가 나고, 침대 덮개에는 '키멕스 렉투랄리우스'(*Cimex lectularius*)라는 학명을 가진 흔히 빈대라고 불리는 벌레의 살아 있는 표본이 숨어 있었다. 나는 가장 단순한 모양의 양키 램프를 하나 장만했고, 이것과 함께 작은 세숫대야가 내가 가진 가구의 전부였다. 그러나 내게는 펜과 잉크와 종이가 있었고, 나머지 부족한 것들을 다 채울 기도하는 마음이 있었다.

이렇게 나는 뉴잉글랜드의 대학 생활을 시작했다. 그 자세한 내용은 이 책의 독자들이 요구하는 바가 아니니 생략하기로 하겠다. 이곳에서 나는 모든 학생들이 학교 생활에서 얻는 즐거움과 웃음거리들을 얻었다. 대학의 모든 교수가 마음에 들었다. 독일어 교수는 내가 만난 사람 중 가장 유쾌한 사람이다. 그 교수와 함께 괴테의 《파우스트》를 읽었는데, 자신이 느낀 비애감까지 듬뿍 섞어 가면서 매우 재미있게 가르쳐 주었다. 이 비극 작품은 마치 하늘에서 떨어지는 천둥 번개처럼 나를 때렸다. 지금도 나는 '이 세상의 성경'을 자주 들여다보는데, 성경 다음으로 자주 본다.

역사 교수는 신사 그 자체였다. 그는 내게 과거를 그리고 아울러서 현재를 공정히 판단하는 법을 가르쳐 주었다. 비록 그분 자신은 종교에 대해서 거의 말한 것이 없고 대개 '인류의 진행'에 대해서만 이야기했지만, 그의 강의들은 내게 참으로 신성(Divinity)을 가르쳐 주었다.

성경 해석학 교수는 내게 구약 역사와 신론(Theism)에 대한 특별한 수업을 해주었다. 사람 좋은 노(老) 박사는 성심을 다해 나를 돌봐 주었다. 내가 그의 수업을 듣는 유일한 학생이었기 때문에 우리 두 사람은 세 학기 연속 정기적인 토론 모임을 가질 수 있었다. 그는 유교와 내 안에 있는 다른 이교주의들을 끄집어내었고 그것을 성경적인 기준에 비추어 저울질했다.

철학에서 나는 완전히 구제불능이었다. 나의 동양적인 연역적 사고 방식은 인식과 개념 따위의 엄격한 귀납적 과정과 전혀 양립할 수 없었다. 그런 것들이 내게는 구분할 필요 없는 자명한 사실들로 보이거나, 같은 것인데 이름만 다른 것을 철학자들이 남는 시간 때우기 위해서 만든 소일거리로 보였다.

진리를 구축해 나갈 때 논리보다는 시각에 더 의존하는 동양인들에게는, 내가 뉴잉글랜드의 애머스트 대학에서 배운 것과 같은 철학은 의심이나 영적인 혼란을 해결하는 데 별 도움이 되지 않는다. 우리 동양인들을 지적인 사람들로 보고 지적으로 회심시켜야 한다고 생각한 유니테리언 선교사들과 또 다른 지적인 성향을 가진 선교사들보다 더 큰 실수를 한 사람은 없을 것이다. 우리는 시인이지 과학자가 아니다. 동양인들은 삼단논법이라는 미궁을 통해서 진리에 도달하지 않는다. 유대인들은 '연속된 계시'를 통해서 참되신 하나님을 알게 되었다고 한다. 나는 모든 동양인들이 그렇다고 생각한다.

그래서 나는 철학보다는 지질학과 광물학을 더 좋아했다. 그 과목의 원래 성격 때문만이 아니라 모든 이해를 초월하는 평화의 길로 나를 이끌어 주었기 때문이다. 결정학(結晶學, Crystallography)은 그 자체로서 하나의 설교였고, 토파즈나 자수정의 각도를 재는 일은 내게 참으로 영적인 놀이였다.

이런 분야의 학문을 가르쳤던 교수도 인류 최고의 인물이었다. 그는 로저(Roger)나 휘트마쉬(Whitmarsh)와 같은 학생들이 강의실 한쪽 구석에서 단잠에 빠져 있는 동안에도, 길거리에서 주운 돌멩이 하나를 가지고 몇 시간을 강의할 수 있었다. 그 교수가 어떻게 창세기와 지질학을 조화시키는지는 한 번도 묻지 않았다. 바위와 광물 그리고 화석과 발자국에 대한 생각으로 이미 차고 넘치는 그의 머리에 그런 것을 생각할 여지가 없다는 것을 알았기 때문이다.

그러나 존경하는 총장님만큼 내게 영향을 미치고 나를 변화시킨 분은 없다. 그가 예배당에 서서 찬송가를 부르고 성경을 읽고 기도를 하는 것만으로도 충분했다. 나는 한 번도 채플을 '빼먹지' 않았다. 그 고귀한 분을 한번 바라보기 위해서라도 결석은 하지 않았다. 그는 하나님과 성경과 그 모든 것을 이루는 기도의 능력을 믿었다. 그 거룩한 분이 기도하는 동안 라틴어 공부를 한 순진한 친구들은 나중에 천국에 가서 자신들이 한 행동을 회개하게 될 것이다. 마지막 날의 전쟁을 준비하는 데에 맑게 울리는 그분의 목소리만큼 내게 필요한 것은 없었다.

하나님은 우리의 아버지이시며 우리가 하나님을 사랑하는 것보다 더 열심히 우리를 사랑하신다는 것, 하나님이 내리시는 복은 온 우주에 너무도 편만해 있어서 우리의 마음을 열기만 하면 하나님의 충만함이 밀려들어 온다는 것, 하나님 자신만이 우리를 순결하게 해주실 수 있는데 우리 스스로 순결해지려고 노력하는 것 자체가 정말 잘못이라는 것, 자신을 정말로 사랑하는 사람은 먼저 자기를 미워하고 다른 사람을 위해 자신을 내어주어야 하기에 이기심이란 사실상 자기 자신을 미워하는 거라는 것 등등…….

총장님은 말과 행동으로 이런 소중한 교훈을 주셨다. 나를 지배하던 사탄의 능력이 그분을 만난 이후로 느슨해지기 시작했음을 여기서 고백한다. 나의 원죄와 파생된 죄가 서서히 축출되었다. 지금 생각해 보면 대학 생활을 2년 보낸 후에야—나는 3학년으로 편입했다—천국으로 가는 길에 들어서 있는 나를 보게 된 것 같다. 내가 더 이상 실수를 하지 않는다는 것이 아니라—나는 지금도 계속해서 실수를 한다—하나님은 자비로우시며 당신의 아들 안에서 내 죄를 씻으셨고, 그 아들만 의지하면 영원한 사랑에서 끊어지지 않는다는 사실을 이제는 내가 안다. 그 후에 기록된 일기를 보면 내가 정말로 그랬다는 사실을 알 수 있다.

대학에 정착한 지 얼마 되지 않아 나는 총장님께 이끌려 거대한 선교사 모임에 참석했다. 실로 이런 모임만큼 기독교 국가의 기독교성(christianness)을 잘 나타내 주는 것은 없다. 이교 국가에는 그런 게 전혀 없다. 우리는 다른 사람의 영혼에 대해서 전혀 신경을 쓰지 않는다. 그래서 만 명의 남자와 여자 지식인들이, 다른 민족에게 복음의 선함을 맛보게 할 방법에 대한 강의를 듣기 위해 서너 개의 널찍한 방을 넘치도록 채운다는 사실 자체만으로도 우리에겐 충분히 인상적이다.

많은 사람들이 쇼를 보러 가고, 또 그 쇼가 되러 간다는 사실을 생각할 때, 이 사람들에게 있어 이교도들에 대한 선교 사역은 쇼로 만들 만한 가치가 있다는 것은 자명한 일이다. 그리고 그 쇼가 다른 모든 종교 쇼 중에서도 가장 고귀하고 신성하다는 데에는 의심의 여지가 없다. 그러나 이런 선교 쇼에 한 나라의 가장 강인하고 냉철한 머리들이 참여하고, 선교에 대해서 사뭇 진지한 남자와 여자들이 무대에 등장해서 이마에 흉터와 주름살이 진 얼굴로 카피르족(남아프리카 반투족의 하나 – 옮긴이 주)과 호텐토트족의 도덕적 전쟁에 대해서 이야기를 하게 되면 그 쇼는 더 이상 쇼가 아니다.

듣는 우리도 불붙게 된다. 기독교인이 아닌 내 동포 중에 혹시 기독교 국가에 머무는 동안 기회가 되면 누구나 한번 이런 선교 쇼에 참석해 볼 것을 권하고 싶다. 결코 후회하지 않으리라고 나는 장담한다. 이 쇼는 모든 면에서 볼 만한 가치가 있다. 그 쇼를 보면 기독교 국가가 위대한 이유를 알 수 있으며, 한편으로는 자기 나라의 왜소함도 보게 될 것이다. 그러면 '기독교인들의 잔인함'에 대해서 더 이상 큰 소리로 떠들지 않게 될 것이다. 정말이지 이 선교 쇼들은 영감을 준다.

이런 쇼에서 최악의 몫은 어쩌다가 그곳에 참석하게 된 회심한 이교도들이다. 마치 서커스 사람이 길들여진 코뿔소를 잘 활용하듯 그들이 잘 활용될 것임은 두말 할 필요가 없다. 그런 회심자들이 쇼에 동원되고, 그 쇼는 또 얼마나 대단한지! 최근까지만 해도 나무와 돌에 절하던 사람이 이제는 백인들과 한 하나님을 소유하고 있다니!

"어떻게 회심했는지 좀 말씀해 주세요" 하고 그들은 아우성친다. "하지만 15분 안에 말씀해 주셔야 됩니다. 박사 학위를 가지신 유명한 무슨무슨 목사님으로부터 선교의 방법과 수단 그리고 원리에 대해서 강의를 들어야 하니까요."

'길들여진 코뿔소'(회심한 이교도)는 살아 있는 예다. 칠판에 그려진 예가 아니라, 최고의 현장에서 가져 온 최고의 표본이다. 시선 받기를 좋아하고 사람의 애무를 즐기는 그 코뿔소들은 이 사람들의 요청에 기꺼이 응한다. 자신들이 어떻게 동물의 생활을 그만두고 사람처럼 살기 시작했는지 말해 준다. 반면에 이렇게 이용당하는 것을 싫어하는 코뿔소들도 있다. 그들은 사람들에게 쇼거리가 되어서 자신의 내면적인 평화를 빼앗기는 것을 싫어한다. 사람들은 모두 그 코뿔소들이 어떤 굴곡진 길과 고통스러운 과정을 통해서 코뿔소의 생활을 그만두게 되었는지 이해를 못 한다. 그런 코뿔소들은 사람들이 자신을 그냥 내버려 두기를 바란다. 사람의 시선으로부터 떠나서 하나님의 푸른 초장에서 조용히 걷기를 원한다.

그러나 서커스 사람들은 대개 그런 코뿔소들을 싫어한다. 그래서 그들은 때로 이 특정한 목적을 위해 인도의 정글에서 휘두르기 쉬운, 대부분 매우 어린 표본들을 데리고 와서 이곳저곳으로 끌고 다니면서 주일학교 어린이들에게 보여 주고, 강단에 세우고, 코뿔소 노래를 부르게 하는 등의 방식으로 사람들이 선교에 관심을 가지게 한다.

회심한 코뿔소로서 나는 선교의 서커스 사람들에게 이 문제에 대해서 좀 더 신중할 것을 권한다. 그들은 길들여진 코뿔소를 응석받이로 만들며 '길들여지지 않은 코뿔소'(회심하지 않은 이교도)들이 길들여진 코뿔소를 모방하게 만든다. 자기 육신에 이로운 것을 가장 쉽게 얻는 방법을 다른 코뿔소들이 보기 때문이다. 그런 방식을 통해서 당신들의 일에 관심을 갖기를 바란다면 사람들에게 기독교 선교에 대한 잘못된 개념을 심어 주는 것이라고 나는 생각한다.

바울이나 바나바가 디도나 디모데 같은 사람을, 이방인의 노래를 부르게 하고, 반은 알아들을 수 없는 이상한 말로 자신이 어떻게 우상을 불에 던져 버리고 복음에 매달리게 되었는지를 이야기하게 하려고 예루살렘으로 데리고 갔다는 기록을 성경 어디에서도 본 적이 없다. 나는 어떻게 그 위대한 사도가 이방인을 열렬히 옹호하면서, 하나님의 백성도 하나님을 모르는 이방인과 다를 바 없는 죄인이며 하나님의 영광에 미치지 못한다고 말했는지를 읽었다. 이런 사실에 기초해 볼 때 바울이나 바나바와 같은 마음을 가진 사람들에게는, 이방인주의(Gentilism)가 모든 경외와 기독교의 은혜로 다루어야 할 일이라고 내 나름의 결론을 내렸다. 이들에게 있어 이방인주의는 즐거운 일도, 가엾게 여길 일도 아니며 오히려 심정을 같이하여 이방인의 처지를 자신들의 처지로 받아들일 뿐이다.

자기 민족 고유의 의상을 입은 힌두교의 젊은이에게 자기 부족어(Paoli)로 토플레이디(Toplady)의 찬송가를 부르게 해서 거두어들인 기부금은, 길들여진 오랑우탄을 보여 주어서 거두어들인 돈만큼이나 하찮은 것이다. 사람들의 바리새인적 자만에 호소하고, 그들이 이교도보다 낫다는 것을 보여 주면서 본국에 있는 기독교인들이 그들을 불쌍히 여기도록 촉구하는 그런 것을 선교사역이라고 부르지 말라. 최고의 선교사들은 항상 자신들이 보냄을 받은 그 민족의 대의와 위엄을 지키며, 소위 기독교 대중 앞에서 그들의 우상 숭배와 또 다른 타락의 양상들을 보여 주는 것에 대해 애국적인 현지 이교도들만큼이나 민감하다.

사실, 선교의 대의가 오직 기독교인의 빛과 대조되는 이교도의 어두움을 그려 주는 것에만 있다고 생각하는 사람들이 있다. 그래서 그들은 이교도들은 새까만 칸으로, 개신교 기독교인들은 하얀 칸으로 나타내는 그림을 그린다. 선교 잡지, 비평지, 신문 등 모든 간행물들은 이교도들의 사악함과 타락 또는 저급한 미신에 대한 이야기들로 가득하며, 그들의 고귀함과 신성함, 그리고 그리스도와 같은 면모들에 대한 이야기는 거의 싣지 않는다. 몇몇 선교 모임에서 강연할 때, 우리의 민족성 가운데 덕성 있는 부분에 비해 이교도적인 측면을 비교적 적게 다루었다는 기막힌 이유로, 어느 누구도 그 강연에 대한 칭찬을 하지 않아 심히 분했던 적이 여러 번 있었다.

"당신 민족이 그렇게 훌륭하다면 그곳에 선교사를 보낼 필요가 없지 않소?"라고 그들은 말했다. 그러면 우리는 종종 "여보시오, 바로 그 덕성 높은 사람들이 다른 어떤 계급보다도 더 간절히 기독교를 갈망하고 있소이다"라고 대답했다. 말하자면, 우리 이교도들이 긴팔원숭이나 침팬지보다 조금만 나으면 기독교인들은 자신들의 선교 사역이 완전히 실패했다고 생각하고 아예 포기할 수도 있다는 것이다. 그러나 우리는 옳고 그름, 진리와 거짓에 대해서 어렴풋이나마 알기 때문에 그리스도의 십자가로 인도될 수 있는 것이다. '이교도에 대한 동정'을 넘어서는 동기에 기초하지 않은 기독교 선교는, 후원의 손길이 전적으로 끊기더라도 별로 타격을 입지 않을 것이라고 나는 진심으로 믿는다.

3월 1일

하나님이 우리에게 선물을 주실 때는 실질적인 것을 주신다.
다른 사람들의 의견에 따른 단순한 공론이나, 상상력의 산물인
단순한 환상이 아니라, 세상의 바람에도 끄떡없는 참된 실체를
주신다.

3월 8일

내 인생에서 매우 중요한 날이다. 오늘처럼 그리스도의 속죄
능력이 내게 분명히 드러난 적이 없다. 하나님의 아들이
십자가에 달리신 사건에서, 지금까지 나를 괴롭히던 모든
어려움에 대한 해결책을 찾았다. 그리스도께서 내 모든 빚을
해결하셨기 때문에, 나는 타락 이전에 태초의 사람이 가졌던
순결과 순진함으로 돌아갈 수 있다. 이제 나는 하나님의
자녀이며, 예수님을 믿는 것이 나의 의무이다. 예수님 때문에
하나님은 내가 원하는 모든 것을 주실 것이다. 하나님은 나를
당신의 영광을 위해 사용하실 것이며, 결국에는 천국으로 나를
인도하실 것이다.

독자들 중에서 '철학적인' 성향의 소유자들은 위의 글을, 경
멸은 아닐지라도 일종의 연민을 가지고 읽을 수도 있겠다. 당신
들은 이 세상에 새로운 과학이 출현함으로써 루터, 크롬웰, 그리
고 버니언(John Bunyan: 1628 – 1688 영국의 종교 작가)의 종교는

이제 하나의 '전통'으로 사라졌다고 말할 것이다. 그리고 죽은 구세주가 사람에게 생명을 준다고 믿는 것은 '이성에 반하는 것'이라고 말할 것이다. 그렇다면 나도 당신들과 더 이상 입씨름을 하지 않겠다. 어쩌면 당신들은 '전능하신 하나님 앞에 선 책임 있는 영혼' 같은 문제로 고민한 적이 단 한 번도 없는지 모르겠다. 당신들의 야망은 '인생'이라고 불리는 이 짧은 존재의 시간 너머로는 뻗치지 않을 것이며, 당신들의 전능하신 심판자는 '사회'라고 불리는 인습적인 성격의 것이어서, 그 사회가 '그만하면 됐다'고 인정해 주는 것으로 필요한 모든 안정을 누릴 것이다. 그렇다. 십자가에 달리신 구세주는 영원을 소망하는 사람들, 그리고 자신의 가장 깊은 곳까지 심판하는 우주적이며 영적인 존재를 인식하는 사람들에게만 필요한 것이다. 그러한 사람들에게는 루터와 크롬웰과 버니언의 종교가 '전통'이 아니라, 진실 중의 '진실'이다.

십자가에 달리신 하나님의 아들을 궁극적으로 붙잡은 후에 따라왔던 감정의 기복을 늘어놓느라 여러분을 괴롭히지는 않겠다. 가라앉는 때도 있었지만, 좋은 때가 더 많았다. 오직 그 한 가지 일만이 나의 주의를 끌었고, 내 모든 영혼은 그 한 가지에 사로잡혔다. 밤낮으로 그 한 가지를 생각하고 또 생각했다. 지하에서 꼭대기 층의 내 방까지 석탄 통을 나르면서도 그리스도, 성경, 삼위일체, 부활 같은 그런 종류의 주제에 대해서 묵상했다. 한번은 중간층쯤에서 석탄 통 두 개를 내려놓고—균형을 잡기 위해서 나는 한 번에 두 통씩 날랐다—그 자리에 서서, '석탄 언덕'을 오가는 길에 깨달은 삼위일체에 대한 새로운 해석에 감격한 나머지 감사 기도를 터뜨렸다.

방학을 맞아 모두들 사랑하는 가족들을 만나기 위해 집으로 돌아가고, 나 혼자 대학 언덕에 남아 나의 엄마이신 하나님의 온유하신 영과 함께 있을 때가 내게는 천국이었다. 강의실에서 들려오는 떠들썩한 소리와 그 외의 갖가지 야만스런 소음으로 가득하던 언덕이, 그때는 진정한 시온으로 변했다.

사탄과의 싸움에서 잠시 숨을 돌릴 때면 나는 언제나 바다 너머 사랑하는 복된 고향 땅을 그려 보았고, 물론 내 상상일 뿐이지만, 그곳에 교회와 기독교 대학이 군데군데 있는 것을 보곤 했다. 그리고 내 마음속 깊은 곳에서 솟아나는 영감(靈感)들은 내 동포들에게 전해 줄 메시지로 하나도 빠짐없이 가슴에 담아 두었다. 한 제국과 그 백성들이 참으로 내 여가 시간 전부를 채워 버렸다.

5월 26일
이 세상에는 악보다도 선이 훨씬 더 많다는 생각에 감명을
받았다. 새, 꽃, 태양, 공기, 이 얼마나 아름답고, 밝고,
향기로운가! 그런데 인간은 날마다 악에게 불평하고 있다.
단 한 가지만 갖추면 이 세상은 천국인데도 말이다.
그것은 바로 '예수 그리스도'라는 종교다.

정말로 나는 낙관적인 사람이 되어 가고 있었다. 이 일기는 몸을 데울 난로 하나 없이 뉴잉글랜드의 혹독한 겨울을 막 지내고 난 후에, 그리고 학비 문제가 아직 해결되지 않은 상태에서 쓴 것이다.

6월 3일
예정 교리를 공부하고 그 중요성을 깨달았다. 깊은 감명의 시간이었다. 기쁨으로 가슴이 뛰었다. 모든 유혹이 사라지는 것 같고, 내 마음에 있는 고귀한 자질들이 흥분으로 타오른다. 세상의 기초가 놓이기 전부터 내가 하나님의 상속자로 예정된, 하나님의 선택받은 자 중 하나라면 두려움 따윈 무엇이며, 유혹자의 능력 또한 무엇이란 말인가!

한때 큰 걸림돌이던 교리가 이제는 내 신앙의 모퉁잇돌이 되었다. 그리고 나는 이 교리가 바로 그런 의도로 선포되었다고 믿는다. 하나님을 기쁘시게 하려고 최선을 다하면서, 자신이 선택받았는지를 진지하게 고민하는 사람은 선택받은 게 거의 확실하다. 선택받지 않은 사람들은 대개가 이런 문제로는 괴로워하지 않는다.

6월 5일
모든 기독교인을 겸손하게 할 사상이여! 내가 도대체

무엇이라고 선택받았단 말인가! 그런데도 나는 날마다
죄를 짓고 있다니!

"부러운 망상이군!" 하고 나의 철학자 친구들은 말할 것이다.
하지만 그대들이 상상하는 것처럼 부러운 일만은 아닐세. 하나
님의 선택을 받은 자의 운명은 이 세상에서 가장 불행하다네.
만약 그대에게 그 운명이 주어졌다면 그대는 분명 마다했을 것
일세. 날마다 자기를 죽이는 것, 그것이 그대들의 부러움을 사는
선택받은 자의 삶이라네. 어떤가, 내 철학자 친구들이여?

6월 15일
내 영혼의 구원은 환경이나 세상 운과는 전혀 상관이 없다.
내가 황금더미에 '빠져' 있을지라도 내 영혼의 구원과는 어떠한
관계도 없다. 내가 가장 엄격한 금욕주의의 훈련을 받는다 해도
내 영혼은 마치 굶주린 짐승 같을 것이며, 그 헌신에 대해
자랑할 것이다. 하나님의 영이 내 마음을 직접 만지시지 않는 한
회심은 있을 수 없다. 이 얼마나 위로가 되는 생각인가! 나는
가난을 한탄한다. 나의 육신이 고통스럽기 때문에. 나는
부유함을 두려워한다. 내 영혼의 구원이 위험에 처하기 때문에.
그러나 사실은 전혀 그렇지 않다! 구원은 하나님으로부터 오는
것이며, 어떠한 사람이나 사물, 상황도 내게서 그것을 뺏을 수
없다. 그것은 저기 우뚝 선 산보다도 더 분명한 사실이다.

로마서 8장 38절, 39절에 대한 내 해석은 이렇다. 가난한 자여 낙심하지 말라. 주님의 은혜가 그대에게 족하다. 부유한 자여 두려워하지 말라. 주님은 약대가 바늘귀로 들어가게 하실 수 있다.

7월 31일

지난밤에 천둥 번개가 엄청나게 쳤다. 그때 나는 영원한 생명에 대해 묵상하며 나의 연약함과 싸우고 있었다. 그런데 갑자기 천둥과 번개가 이런 '육신의 요소들'을 내 마음에서 가져가 버렸고, 어느새 나는 내가 번개에 맞아 죽어 평안하게 누워 있는 꿈을 꾸고 있었다. 내 평생에, 으르렁대는 천둥 번개를 처음으로 즐겼다.

나는 천둥을 싫어했고, 내 머리 바로 위에서 천둥이 으르렁댈 때면 정말로 이제 내 인생은 끝이라고 생각하곤 했다. 내가 이교도였을 때는 나의 모든 수호신들에게 도움을 요청했고, 그들에게 향을 피우고, '하늘의 진노'를 피할 수 있는 가장 안전한 장소로 모기장을 택해 그 속에 들어가 피신했다. 그리고 기독교인이 되고 난 후에도 구름 속에서 '하나님이 으르렁대실 때면' 내 믿음은 종종 큰 시험에 빠지곤 했다. 그러나 이제는 천둥의 영향을 받지 않게 됐으니 참으로 크신 하나님의 은혜로다. 십자가에 달리신 예수님이 내게 계시(啓示)하신 그 순간, 모든 종류의 두려움이 내 마음에서 떠났기 때문이다. 나는 속으로 이렇게 말했다. '천둥아 칠 테면 쳐라. 나는 안전하다.'

8월 16일
예수 안에서 누리는 이 기쁨과 평화여, 고독이 주는
즐거움이여, 우정으로 전해지는 이 기쁨이여, 그리고 심지어
죄 가운데서도 누릴 수 있는 기쁨이여! 오, 내 영혼아, 이 소중한
진리를 붙들어라. 그리고 모든 주의를 그 진리에 기울여라!

"수사학적인 대조법에 불과하다"고 내 비평가들은 말할 것이다. 그러나 그렇지 않다네, 문장론을 공부하는 친구들이여. 우리 기독교인들은 죄 가운데서도 실제로 즐거워한다네.
아담으로부터 시작된 타락보다 인류를 더 고양시키는 것은 없다고 말한 사람은 바로 철학자 라이프니츠다. 죄는 하나님의 아들을 통해 하나님께로 올라가는 지렛대다. 그때 우리는 자주 마르쿠스 아우렐리우스 부류의 사람들은 결코 도달할 수 없는 높이까지 도달하기도 한다.

9월 13일
노을 진 저녁 무렵은 항상 고요하고 아름답다. 저녁을 먹으러
나가려는 순간, 내가 육신에 대해서 죽어 있으면 마귀들은
절대로 공격해 올 수 없다는 생각이 떠올랐다. 그리고

'육신(죄)에 대해 죽는' 것은, 죄로 가득한 내 마음을
들여다보아서 될 일이 아니라, 오직 십자가에 달리신 예수님을
바라볼 때만 가능하다. 나를 사랑하신 그분을 통해서 나는
어떠한 정복자와도 비견할 수 없는 자가 될 수 있었다.
이러한 생각은 매우 신선했고, 오늘 하루의 모든 짐도 일순간
잊혀졌다. 감사가 넘쳤고, 성만찬으로 그날을 기념하고 싶었다.
그래서 야생 포도 한 송이를 따서 약간의 즙을 내어 자그마한
사기 그릇에 비스킷과 함께 내놓았다. 이것을 깨끗한 손수건
위에 올려놓고 그 앞에 앉았다. 감사 기도를 드린 후 감사의
마음으로 주님의 살과 피를 먹고 마셨다. 매우 신성한
행위였다. 내가 사는 동안에 이 의식은 계속적으로
반복될 것이다.

"신성모독이군! 성스러운 의식을 가지고 장난을 치다니"라고
교회 의식을 고수하는 사람들과 천주교인들은 말할 것이다. 하
지만 그대들은 로마교황과 그의 동료 사제들이 갖고 있는 성례
를 주관하는 특권은 못마땅해하면서, 같은 인간인 우리가 주님
의 죽음을 기념하는 것에는 왜 인색하게 구는가! 교황은 의식을
거룩하게 하는 배타적인 권위가 없고, 그의 직책(vicarship)은 단
지 상상 속의 허구일 뿐이라면, 당신은 어떤 권위로 당신의 '사
도성'(apostolicity)을 주장할 것인가 말이다.
 내가 아는 어느 일본인은 한 복음주의 교회에 등록하면서 자

신을 세례 받은 기독교인이라고 소개했는데, 어떤 권한을 가진 성직자가 세례를 주었느냐는 질문에 '하나님'이라고 대답했다고 한다. 그 진상은 이렇다. 어느 여름날 오후, 그는 자신의 죄를 깊이 깨달았고 십자가에서 돌아가신 예수님 안에서 용서를 체험했다. 그는 이 사건이 거룩한 세례를 받지 않고 그냥 지나가기에는 너무나 중대한 사건이라고 생각했다.

그러나 자기 거주지에서 42킬로미터 이내에서는 '세례를 줄 수 있는 허가를 받은 목회자'를 찾을 수가 없었다. 그때 마침 그 지역에 참으로 신선한 여름비가 내렸다. 그는 하늘이 직접 자신을 그 거룩한 의식으로 초대한다고 생각했다. 그래서 빗속으로 곧장 달려 나가 그곳에서 경건한 자세로 자신의 온몸을 '하늘의 물'로 흠뻑 적셨다. 이러한 세례 의식은 그의 양심을 만족시켰고, 그때 이후로 그는 우상을 숭배하는 동포들에게 자신이 그리스도의 제자임을 고백했다. 성례를 집도하는 인도자와 금으로 된 성배를 숭상하는 사람들을 나는 상관하지 않으니, 이 일에 대한 나의 기호도 방해받지 않았으면 좋겠다. 이 모든 문제의 핵심은 그리스도이시며, 사람이 그리스도를 받아들이는 방식은 서로 다르게 마련이다. 중요하지 않은 일에는 자유가 있기를!

11월 24일

추수감사절 휴가가 시작되었다. 매우 산뜻한 휴식이다. 아침에 일어나서 방문을 열어 보니 거의 예술에 가까운 세모꼴 모양의

바구니에 불그스레한 빛을 띤 맛 좋은 사과가 한 무더기 담겨
있었다. 정말 깜짝 놀랄 일이었다. 나의 외로운 영혼을
위로하기 위해 어떤 친절한 친구가 놓아 둔 것이 분명하다.
이 얼마나 친절한 일인가! 내 영혼아 이 일을 기억하라!
비록 작지만 이렇게 친절한 행위 하나가 수백 달러의 돈보다도
사람의 마음을 움직이는 경우가 더 많다. 누군지는 모르지만
나를 생각해 주고, 내게 관심을 가진 사람들이 있다는 사실에
내가 하루 종일 얼마나 위로를 받았는지! 머리를 숙여 눈물을
흘리며 감사 기도를 드렸다. 아직도 자기 이름을 밝히지 않은
그 사람에게 복 중의 복이 내릴지어다!

11월 26일
데이비드 브레이너드(David Brainerd: 1718 – 1747 인디언 부족에게
복음을 전한 장로교 선교사)의 무덤을 방문했다.

11월 28일
데이비드 브레이너드의 생애를 읽었다. 그의 일기를 읽으면서
마치 내 일기를 읽는 듯한 기분이 들었다. "나의 모든 어려움을
견디기 힘들게 하는 것은 하나님이 당신의 얼굴을 나에게
숨기신다는 사실이다"라고 기록한 부분에서는 울지 않을 수가
없었다. 하지만 하나님께서 내적인 자극과 외적인 자극으로
훈련시키는 사람은 나만이 아니라는 생각에 큰 위로를 받았다.

브레이너드처럼 복된 연단을 받은 영혼의 소유자와 천국에서
즐겁게 교제할 날을 동경했다.

12월 4일
아침에 총장님의 수업 시간에 '내가 어떻게 기독교를 진리로
믿게 되었는가'에 대해서 발표를 했다. 오직 그리스도 안에서만
'도덕적 분열'의 화해가 있다는 걸 어떻게 발견하게
되었는지를 정직하고 허심탄회하게 이야기하고, 루터의 말로
간증을 마쳤다. "다른 길은 없다. 하나님이여 나를 도우소서."
참으로 하나님은 나를 도우셨고, 하루 종일 무엇인가 정직하고
양심적인 일을 했다는 기분이 들었다. 오, 내 영혼아, 그대는
오직 하나님께서 그대에게 하신 일의 '증인'일 뿐임을
알지어다. 그대의 보잘것없는 지성이 그대를 치장해 준 것은
세상에 드러내지 말지어다. 주님을 신뢰하고, 그의 의로 구원을
받으라.

훌륭하신 우리 총장님은 다른 모든 진정한 기독교인들처럼,
깊은 존경을 가지고—내 경험에 비추어 볼 때—'회심한 이교도'
들을 대했다. 그는 내게, 1859년 초에 기독교인이었던 내 동포
한 사람이 자기 집에서 하룻밤을 지냈는데, '이방인이 복음을 들
었다'는 엄숙한 사실에 너무도 압도당해 그날 밤 내내 잠을 잘
수 없었다고 말하는 것이었다. 심지어는 그가 우리같이 회심한

이교도에게 과도한 가치를 부여할까 두려워서, 한번은 내가 기독교인이기 때문에 도와주는 거라면 무슨 일이든 거절하겠다고 솔직하게 그에게 고백하기도 했다.

그러나 나는 그의 강의나 기도 모임에서 그에게 도움이 될 만한 일은 무엇이든 할 준비가 되어 있었다. 그는 나를 '길들여진 코뿔소'의 표본으로 이용하지는 않을 거라는 확신이 있기 때문이다. 그날 아침 나는, 내가 어떻게 기독교의 유산이 전혀 없는 나라에서 기독교를 나의 신앙으로 받아들이게 되었는지를 고백하게 되었다. 모든 것을 솔직하게 이야기했고 그 일로 인해 기분좋은 아침을 맞을 수 있었다.

12월 5일
하나님의 섭리가 내 조국에도 미친다는 생각에 깊은 감명을
받았다. 모든 좋은 선물이 하나님께서 주신 것이라면,
내 동포들의 칭찬할 만한 몇몇 면모들은 위로부터 온 것임이
분명하다. 우리의 고유한 은사와 혜택으로 하나님과 세계를
섬겨야 한다. 하나님은 2천 년 동안 노력해서 얻은 우리의
민족적 특성이 미국과 유럽의 사상으로 완전히 대체되는 것을
원치 않으신다. 기독교의 아름다움은 기독교가 하나님이
각 민족에게 주신 모든 독특한 특성을 거룩하게 만들어 준다는
데 있다. 일본도 동일한 하나님의 민족이라니 이 얼마나 복되고
격려가 되는 말씀인가!

12월 23일
학비를 어떻게 낼지 생각이 많다.

어떤 독자들은 내가 그때까지 어떻게 생활비를 충당했는지 매우 궁금해할 것이다. 거기에는 몇 가지 길이 있었다. 펜실베이니아에서 번 돈과 내 서투른 펜대로 글을 몇 편 써서 번 돈으로 대학 첫해는 그럭저럭 편안하게 살 수 있었다. 한번은 고마우신 성경 해석학 교수 F 박사님께서 마치 자기 친구가 주는 것처럼 해서 내 주머니에 100달러를 집어넣어 주시고는, 형편이 어려워지면 '또 오라'고 하셨다. 고백하기 부끄러운 일이지만, 한 여섯 번 정도 '길들여진 코뿔소' 노릇을 하고 얻은 것으로 많지는 않지만 생활비를 보충하기도 했다.

이쯤에서 기독교 국가인 미국에 경의를 표하며 말하고 싶은 점이 있다. 그것은 동포들에게 복음을 전하는 사역자가 되기를 원하는 회심한 이교도가, 자기 육신의 필요 때문에 참으로 몸이 고생스러워 어려움을 겪는 경우는 이 미국 땅에서는 대체로 없다는 것이다. 그래서 때로는 이런 사실을 아는 일부 몰지각한 사람들의 위선이 슬며시 고개를 들기도 한다. 하나님보다 자신의 배(腹)를 더욱더 사랑하는 일부 터어키인, 그리스인, 아르메니아인, 힌두인, 브라질인, 중국인, 일본인들은 '길들여진 코뿔소'로 가장해서 미국 기독교인들의 친절함을 교활하게 이용하는 것이다. 그래서 가끔 본국의 교회들은 현지에 나가 있는 선교사들로부터 '무분별한 자선 행위'에 대해서 주의를 받는다. 함께 있는 동안 돌보아 주고 교육시켜 준 그 회심자들이, 자기 나라로 돌아가는 길에 복음은 바다에 던져 버리고 국가 공무원이 되거나, 다른 무슨 사탄의 일에 끼어 들어서 이교도 동포 앞에서 기독교 국가를 헐뜯기까지 한다는 불행한 소식이 본국의 교회 앞으로 전해지곤 하기 때문이다.

그러나 정작 양심 있는 회심자들이 의심받기를 싫어하는 일은 따로 있다. 기독교 국가에서 배운 복음을 본국으로 돌아가 후원금을 받으면서 전한다는 바로 그런 의심을 받는 것을 가장 괴로워한다. 동포들이 그 사람과 그의 복음에 대해서 무엇이라고 말하겠는가? "저 복음은 돈이 되나 보지?" 하며 그를 야유하고 그의 복음을 저버릴 것이다. 불쌍한 회심자여! 그가 동족을 그리스도께로 인도하려면, 마땅히 받아야 할 자신의 권리인 기독교의 자선을 희생해야만 하는 것이다.

이런 상황 속에서 '이교도 회심자의 자립'이란, 그 가치를 아무리 비하시킨다 해도 분명 사리 분별력 있는 행동이다. 그래서 나는 최대한 그 원칙을 고수하기로 마음먹었다. 우선 지출을 최소한으로 줄이고 내가 먹고 입는 것으로 충족되지 않는 영양과 편안함은 신선한 공기와 하나님의 영에서 얻으려고 했다. 대학 생활의 첫 18개월 동안은 내가 계산한 대로 그럭저럭 잘 되어 가고 있었다. 그러나 지금, 뉴잉글랜드에서 두 번째로 맞는 이번 크리스마스에는 달러 지폐 한 장, "In God We Trust"(우리는 하나님을 믿는다)라고 새겨진 동전 한 닢 못 본 지 꽤 오래되었다. 나는 하늘에서 만나가 내리기를 열심히 기도했지만, 그 만나는 결국 내리지 않았다.

친애하는 F 박사의 말이 기억났다. 다시 한 번 기도를 드린 후 굳은 결심을 하고는 눈과 벌목된 나뭇가지를 헤치며 그의 집으로 향했다. 거리로는 불과 몇백 미터밖에 되지 않았건만, 그날 밤 그 길은 얼마나 길게 느껴지던지! 드디어 그의 집 앞에 도착했고, 그의 서재에 켜진 불빛을 뚫어져라 바라보았다.

'들어가서 도움을 요청할까?' 길고 긴 10분 동안 나는 눈 속에 서서 곰곰이 생각하고 또 생각했다. '내 동포들이 나더러 종교로 먹고 살았다고 하면 어떻게 하지?' 낙심이 되었다. 더 이상 일을 진전시킬 수가 없었다. 결국 '기다리자'고 스스로 다짐하며 다시 한 번 내 외로운 발걸음을 돌려, 대학 언덕 전체에서 이제는 유일하게 불이 켜진 내 방으로 향했다. 두 가지 경우를 저울질해 보니, 내 동포나 다른 민족에게 오해받기보다는 차라리 배고픈 쪽이 낫다는 결론이 나왔다. 단지 나의 복음을 위해서.

1887년 1월 5일
저녁때 F 박사를 방문해 금전적인 도움을 요청했다. 참으로 불같은 시험이었다. 나 자신을 거의 통제할 수가 없었다. 하지만 그는 매우 친절했고, 얼마를 마련해 주겠다고 약속했다.

나는 그 시험을 외면하고, 내 노력으로 그것을 극복하려고 크리스마스 휴가 내내 노력했다. 경제적인 필요 때문에 몇몇 시골 교회에서 한두 번 '길들여진 코뿔소' 노릇을 할 수밖에 없었다. 그래도 여전히 돈은 상당히 부족했다. 이제 내게 남은 딜레마는 '미국 기독교에 세금을 매기느냐, 아니면 최근에 미망인이 된 마음 좋은 기숙사 사감에게 빚진 채로 있느냐'였다.

이런 끔찍한 딜레마에 빠져 있는 나를 하나님은 그대로 방치하지 않으셨다. 하나님의 개입은 내가 기대했던 만나의 형태가 아니라, 하나의 생각 속에 주어졌다. 그때 이후로 그 생각은 내게 말할 수 없는 가치를 지니게 되었다. 그 지루한 시간들을 보내면서 집어 든 한 낡은 잡지에서 감미로운 목소리의 미국인 가수 애들레이드 A. 프록터(Adelaide A. Proctor)가 부른 노래를 발견했던 것이다.

사랑을 위해, 자비롭고 진지한 뜻을 가지고
남에게 줄 수 있는 자여, 그대는 위대하오.
그러나 사랑을 위해 그것을 받아들이는 자,
그가 더 자비롭다고 나는 생각하오.

이 노래에 힘을 입어 다시 한 번 용감하게 F 박사님 집으로 찾아가서, 떨리기는 했지만 지금의 사정을 설명했고, 그렇게 그 불 같은 시험을 통과했다. 며칠 뒤 시내 우체국 바로 앞에서 그분을 만났을 때 그분은 약속을 지켰다. 상대방의 얼굴도 알아보기 힘든 땅거미가 질 무렵이었다. 그 고마우신 분은 내게 다가와 몇 마디 친절한 말을 건네고는 내 주머니에 무엇인가를 밀어넣더니, 어둠 속에 나를 남겨 둔 채 곧바로 터벅터벅 걸어가 버렸다. 육신의 필요가 채워진 나는 영적인 진리의 진주를 찾기 위해 또 다시 바다 속으로 뛰어들었다.

2월 5일

맑고, 춥다. 영적인 세상에도 추운 날들이 있다. 마음을
따뜻하게 가지려 하고, 다른 사람을 사랑하는 마음을 키우려
하고, 좀 더 진지하게 기도하려고 하지만, 이런 노력들은 마치
추운 날씨에 석탄 불과도 같아서 부분적이고 일시적으로만
효과가 있을 뿐이다. 하지만 따뜻하고 온화한 영적인 바람이
일단 한번 불면, 내 사랑을 따뜻하게 하는 것이 얼마나 쉬우며,
내 기도는 또 얼마나 진지해지며, 즐거워하고 만족하기가
얼마나 쉬운지! 우리가 하는 모든 노력에도 불구하고 우리는
여전히 비참한 죄인이다. 우리를 순결하고 거룩하게 하려면
초자연적인 하나님의 도움이 반드시 있어야 한다.

뉴잉글랜드의 살을 에는 겨울 날씨를 나는 유독 심하게 느꼈다. 내 살을 쑤셔 대는 추위 때문이 아니라—그것은 곧 익숙해졌다—내 소중한 석탄이 바닥나는 속도 때문이었다. 기숙사의 벽

돌들이 불쌍한 학생의 난로를 통해 열을 흡수한 후에야, 비로소 학생은 자기 몸을 데울 수 있었다. 그러나 이런 기후 속에도 영적인 교훈은 있지 않겠는가! 이 쓸쓸한 방은 하나님의 성령이 떠났을 때의 내 마음과도 같다. 아무리 불을 때도 여전히 춥다. 북캐롤라이나 주의 휴양지인 버뮤다 방향에서 불어오는 온화한 바람은 하나님의 성령이다. 그 바람이 불 때면 모든 것이 녹기 시작하고, 가난한 학생은 더 이상 석탄 값을 두려워하지 않아도 된다. 오, 하늘의 서풍이여 불어라. 그리하여 내 마음과 다른 모든 얼어 있는 것들을 녹여 버려라.

4월 15일 아침 기도
내가 당신 앞에 나아오는 것은 깨끗하거나 순결하고,
사랑스러워서가 아닙니다. 내가 당신 앞에 나아오는 것은
당신에 의해 채워져서, 당신에게 좀 더 진지하게 기도하고,
이 세상을 좀 더 사랑하고, 당신의 말과 진리로
좀 더 많은 가르침을 받기 위함입니다. 당신은 내게 모든
선함과 긍휼과 사랑의 근원이신 당신을 양식으로 삼고, 당신을
소유하라고 요구하십니다. 순종과 신실함과 순결은 오직
당신으로부터 오는 것이며, 우리 스스로는 아무리 노력해도
만들어 낼 수가 없습니다.
당신은 당신의 율법에 순종할 것을 명하십니다. 우리 스스로의
힘에 의지하는 게 아니라 우리의 무능을 자각함으로써 우리가

당신께로 나아가고 당신을 소유할 수 있게 하기 위해서입니다.
당신은 우리를 당신께로 인도해 가기를 원해서 우리에게
율법을 주셨습니다. 그러므로 오, 주님이시여,
나의 전적인 무능과 타락을 인정하고, 당신의 생명으로
채움 받고자 당신 앞에 나아옵니다. 나는 부정(不淨)합니다.
나를 정결케 하기를 당신께 기도합니다. 나는 믿음이 없습니다.
내게 믿음을 주옵소서. 당신은 선함 그 자체이시며,
당신이 없으면 나는 어둠일 뿐입니다. 나의 불결함을 보시고
나의 죄를 깨끗하게 씻어 주시옵소서. 아멘.

4월 23일

기독교인의 기도는 하나님의 특별한 중재로 자신의 욕망을
채워 주기를 바라는 단순한 요청이 아니다. 그것은 참으로
영원하신 성령과의 교제를 통해서, 이미 하나님의 마음 속에
가지고 계신 그 뜻을 우리로 기도하게 하는 것이다. 이러한
태도로 드리는 모든 기도는 하나님께서 들으시며, 아니
들으실 수밖에 없다. 따라서 기독교인의 기도는 예언이다.

이것은 예전에 내가 기도에 대해서 가졌던 이교적인 생각에서
상당히 발전한 것이다. 그러나 유감스럽게도 기독교 제도 아래
에 있는 많은 이들이 기도에 대해서 아직도 이교적인 생각을 가
지고 있다. 나는 한때 하나님이 우리의 기도로 완전히 설득당해

서 자연 법칙 자체가 뒤집어질 수도 있다고 생각했었고, 아직도 그런 식으로 기도를 이해하는 사람들이 의외로 많다. 그러나 절대 그렇지 않도다, 내 영혼이여, 항상 선한 것을 의도하시는 그분의 뜻에 그대의 뜻을 맞추어라. 그러면 태양을 멈추게 해서 더 많은 빛과 즐거움을 누리려는 불가능한 기도로 더 이상 씨름하지 않게 될 것이다.

이러한 묵상과 함께 나의 뉴잉글랜드에서의 대학 생활을 마쳤다. 무거운 마음으로 들어갔으나, 내 주님이신 구세주께 승리의 영광을 돌리며 나왔다. 그때 이후로 나는 더 많이 공부하고 더 많이 배웠지만, 그것은 그 대학의 유서 깊은 언덕에서 배운 것들을 확증하는 정도였다.

나는 고국에서 세례를 받은 지 십여 년 뒤인 바로 이곳에서 진심으로 회심했다고, 돌아섰다고 믿는다. 이곳에서 하나님은 당신 자신을 내게 계시해 주셨고, 특히 그 한 사람—독수리 눈에, 사자 얼굴에, 양의 마음을 가진 대학 총장님—을 통해서 그렇게 하셨다. 내 안에 계신 성령과, 내 앞에 놓인 좋은 모범들과, 자연과 내 주변의 환경이 드디어 나를 굴복시켰다. 물론 완전한 복종은 평생의 과업이다. 그러나 더 이상 나의 헛된 노력으로 나를 복종시키려 하지 않고, '우주의 권력자'를 의지할 정도로는 바로잡혔다. 이 세상의 작은 신, 바로 인간이란 종족은 오직 전능하신 권력자 그분만이 복종시킬 수 있다.

대학에서 내가 얻은 지적인 유익은 미미했다. 적어도 내가 영적으로 얻은 것에 비하면 말이다. 자기 영혼의 구원에만 지나치게 사로잡힌, 그리고 육신의 생명을 유지하는 데에도 적잖이 매달린 학생이 학업에서 큰 진전을 이루리라고 기대할 수는 없으리라. 그러나 대학은 내게 참으로 관대했다. 비록 내가 특별 학생으로 들어갔지만, 그래서 대학과는 아무런 유기적인 관계를 가질 권리가 없었지만, 그들은 나를 입양했고, 자기 자식들 중 하나로 삼아 주었고, 그런 이유로 내가 명예상을 받게 되자 학생들은 세 번의 환호성을 보내 주었다.

이제 나는 내 종교와 조국뿐 아니라 내 모교를 위해서도 고상하고 명예롭게 살 수밖에 없다. 한바탕 소란이 일어나는 야구장 밖에서라면 '대학 정신'이라는 것도 고상하고 기독교적인 정서라서 충성스레 따르면, 그것만으로도 학생들을 이 세상의 모든 선동과 외모 숭배와 사람을 두려워하는 것과 비열함과 나약함으로부터 지키는 데 충분할 것이다. 그러나 나의 '대학 정신'을, 고귀한 자립과 껍데기뿐인 모든 것에 대한 용감한 도전과, 진리에 대한 끈기 있고 경건한 추구와, 종교의 우두머리를 두지 않는다는 것에 둔다면, 그것이 정통주의라고 나는 이해하고 있다. 세련된 이교주의도, '최고의 확률'(the greatest probability)을 신봉하는 종교도, 저속한 19세기적 의미에서의 '성공'도 아니었다. 또한 나는 내가 섬기고 만족시킬 어머니가 또 한 분 주어졌다는 것에 대해 매우 감사하고 있다. 내가 그분의 이름과 영광에 걸

맞는 삶을 살기를!

두 달 동안의 긴 여름 방학 동안, 요란스럽던 주인들이 떠나 간 기숙사에서 가을에 신학교에 들어갈 준비를 하기 위해 홀로 지냈다. 그렇게 보낸 시간은 내 생애 최고의 시간이었다. 평화로 운 외로움, 아름다운 자연 경관, 내 안에 계속해서 임재하시는 하나님의 성령, 과거와 미래에 대한 고찰! 참으로 그 언덕은 내 하나님의 집 시온처럼 아름다웠다.

그렇게 행복했던 날들 중 하루에 대한 기록이다.

8월 27일

맑고, 기분좋은 날이다. 고요하다. 아직도 너무 외로울 때가 많지만, 나의 하나님을 의지한다. 지금 당장 하나님께서 내 생명을 가져가신다면 내 영혼은 어떻게 할 것인지 물었다. 내 영혼이 이렇게 답했다.

"주께서 나를 치신다 할지라도 나는 즐거워할 것입니다. 나는 비록 죽어도 하나님의 뜻은 확실히 이루어질 것입니다. 헌신된 영혼은 자기 자신의 성공을 기뻐하는 것이 아니라, 오직 하나님이 영화롭게 되는 것만을 기뻐합니다."

9월 12일

A(Amherst College)에서의 마지막 날이다. 매우 인상적인 날이었다. 지난 2년 동안 내가 이곳에서 했던 많은 씨름과

받았던 많은 유혹들을 생각해 보았다. 또한 하나님의 도움으로 나의 죄와 연약함을 이겨 냈던 많은 승리들을, 그리고 하나님이 주셨던 많은 영광스런 계시들을 생각했다. 참으로 내 인생의 모든 것이 새로운 방향을 가지게 되었고, 그 방향으로 이제 나는 소망과 용기를 가지고 나아갈 수 있게 되었다. 하나님의 특별한 은총이 이 신성한 언덕에 함께하기를!

작별 인사를 하러 총장님을 만나러 갔다. 여느 때와 같이, 그 존경하는 분 앞에 서자 눈물이 앞을 가렸다. 너무도 할 말이 많아 거의 아무 말도 할 수가 없었다. 그분은 내게 몇 가지 충고를 하시더니, 장래에 보탬이 되도록 100달러를 손에 쥐어 주시고는 풍성한 축복과 함께 나를 보내 주셨다. 기어이 눈물이 쏟아졌고, 울먹이며 겨우 몇 마디를 했다. 내가 그분을 얼마나 생각하는지 주님은 아실 것이다. 그분은 내게 모든 것을 해주셨는데, 이제 교육과 학위와 그 외 많은 것을 받은 후에 나는 100달러를, 그분 표현대로라면 '잔액'을 받아 가지고 떠나는 것이다. 오, 내 영혼아, 주께서 그대에게 돈과 은혜를 맡기시는 그날이 오면 가난하고 고통받는 자를 위해 반드시 그대의 지갑과 마음을 아낌없이 열지어다!

내 방에 돌아오니 어둡고 날씨가 험해서인지 제비 세 마리가 길을 잃고 들어와 있었다. 새들은 벽을 향해 미친 듯이 날갯짓을 해댔다. 그 연약한 짐승을 조심스레 손으로 잡았다. 어둠 속으로 그들을 내보내는 게 못내 걱정됐지만, 그들이 나를 두려워했기 때문에 내 방에 둘 자신이 없었다. 그래서 우주의 아버지이신 하나님의 자비로운 보살핌에 그들을 의탁한 후 밖으로 날려 보냈다.

다음날, 나의 대학이 자리잡고 있는 도시를 떠나 신학교로 갔다.

10

신학에 빠져들다

시즈오카 현의 고텐바에서(1917)

진정한 신학은 다른 모든 과학보다 더 실질적이다.
육체적 질병과 시민의 무질서 안에 내재된
그 원인 자체를 들여다본다. 참된 신학자는 자연히
이상주의자이지만 몽상가는 아니다.

내가 결국 신학생이 되기로 마음먹기까지는 길고 힘겨운 싸움이 있었다. 내가 군인의 가족에서 태어난 건 앞서도 말했지만, 군인들은 실용적인 성향을 가진 다른 모든 사람들처럼 탁상공론이나 감상주의는 무엇이든지 다 경멸한다. 그런데 대체로 성직자만큼 비실용적인 부류의 사람이 누가 있겠는가? 이 바쁜 사회 속에 그들이 나누어 주는 제품들은 '감정'이라고 하는 것인데, 그거야말로 이 세상에서 최악의 게으름뱅이들이 만들어 내는 아무짝에도 쓸모없는 애매한 것이며, 그것을 나누어 준 대가로 그들은 먹을 것과 입을 것 그리고 그 외 현실적이고 실질적인 가치가 있는 것들을 얻는다. 그래서 우리는 성직자들이 구호금으로 먹고 산다고 말했고, 구호금보다는 '칼'이 좀 더 명예로운 존재의 수단이라고 믿었다.

이처럼 성직자가 되는 것도 한심한데, 더구나 기독교 성직자가 된다는 건 내 운명의 종말과도 같았다. 우리 나라와 같은 이교도 국가에서 활동하는 기독교 사역자들은 직·간접적으로 외국인들의 후원을 받았고, 어떤 형태로든 외국 감독관의 관할 아래 있어야 했다. 참된 독일인 치고 이탈리아인이나 프랑스인 성직자의 지배를 달가워하는 자가 하나도 없듯이, 참된 내 동포들도 외세의 영향이라면 어떠한 종류라도 그 속박을 싫어한다. 국가의 명예를 생각하는 이런 양심적인 태도에서 벗어나려고 자유방임이나 보상과 같은 경제 원리의 도움을 불러들이는 것을 우리는 천박하게 여겼고, 심지어 국가적 자립에 위협이 되는 것으로까지 보았다.

우리의 사상 자체는 세계적이다. 온갖 민족의 온갖 사람들로부터 가르침을 받는 것을 우리는 진정 기쁘고 감사하게 생각한다. 그러나 빵은 그렇지가 않다. 사실 가장 위험한 건 정신적인 게 아니라, 바로 물질적인 속박이다. 프랑스는 프레드릭 대왕의 정신을 속박하고 있었지만, 프랑스의 지배로부터 독일을 구한 사람이 바로 그 프레드릭이다. 프러시아는 볼테르(François Marie Arouet Voltaire: 1694 - 1778 프랑스 계몽시대의 박식한 사상가)를 물질로 속박하고 있었다. 그런데 그의 비참함과 파멸을 보라. 물질의 영역에서 세계주의(Cosmopolitanism)는 항상 악한 원리다.

그러기에 내 경우 기독교 성직자는 정신적·물질적인 두 가지 측면에서의 구속을 의미했다. 그래서 나는 나 자신과 내 조국의 명예를 위해서 기독교 사역을 한다는 건 아예 생각도 하지 않았다. 기독교를 받아들이라는 권유를 처음 받았을 때도 나를 두려움에 떨게 했던 건 정작 '나를 성직자로 만들지나 않을까' 하는 생각이었다. 그리고 나중에 종교적인 일에 관한 내 열의에 기독교인 친구들이 나를 주목하게 되고, 그들이 이 세상에서 나의 사명이 아마도 설교하는 것인지도 모르겠다는 생각을 하게 되었을 때에도, 나는 맹세코 아니라며 주먹을 휘두르면서 단호히 그들의 제안을 거절했다. 전문적인 성직자들을 내 마음 중심에서부터 미워했고, 내 친구 중 누구라도 성직자가 되라고 설득할 때면 난 미친 듯이 날뛰곤 했다.

그러나 성직자에 대한 내 평생의 편견은 높은 직위에 있는 고상한 성직자들을 만나면서 상당히 많이 줄어들었다. 뉴잉글랜드의 애머스트(Amherst) 대학의 존경하는 총장님은 성직자요 신학자였다. 내게 세례를 준 감리교 사역자도 매우 존경할 만한 성품을 가진 성직자였다. 그래서 늘 하던 대로 성직자 계급을 비난할 때에도 그분은 항상 제외시켰다. 성경 해석학 교수였던 F 박사, 대학 교목이었던 B 박사 등, 그들은 모두 성직자였지만 협잡꾼도 바람잡이도 아니었다. 나는 성직자가 때론 사회의 가장 유용한 일원이 되기도 한다는 사실을 보게 되었고, 좋은 사역자를 두는 것이 손해나는 일이 아니라는 것과, 그들이 이 세상에서 아무 일도 하지 않는 것이 아니며, 종종 위대한 일들을 한다는 사실을 알게 되었다.

루터도 평범하지는 않았지만 성직자가 아니었던가? 용맹스런 우상 파괴자 존 녹스도 성직자요 신학자가 아니었던가? 세계의 위대한 전사(戰士)들 중에도 진지하게 신학을 공부한 사람들이 있지 않았던가? 비록 영국인이지만, 내 이상형인 신사요 기독교인인 존 햄프던(John Hampden: 1594 – 1643 영국의 청교도 혁명 때의 정치가)의 영웅적인 행위들은 심오한 신학적 신념의 결과가 아니었던가? 가스파르 드 콜리니(Gaspar de Coligny: 1519 – 1572 프랑스의 제독으로 16세기 프랑스 프로테스탄트의 가장 뛰어난 평신도)가 자신이 사랑하는 조국 프랑스의 개혁을 위해 위대한 계획을 짤 때에 그의 신학이 전혀 중요하지 않았다고 말할 수 있는가?

만약 신학이 장난이고 세계 최고의 거짓말쟁이와 위선자들이 부리는 마법사의 도구였다면, 세계에서 가장 위대한 지성인들의 직업이며 고귀한 영혼들을 훈련시키는 도구이기도 하지 않았겠는가? 만약 신학이, 그 어원이 가리키는 대로, 하나님에 대한 과학이라면, 어느 아담의 자손이 겸허한 마음으로 신학을 공부하지 않을 수 있단 말인가? 하나님이 지으신 세상을 연구하는 과학 중에서 신학이 아닌 것이 무엇이겠는가? 그리고 하나님에 대한 과학으로 인도를 받지 않는다면 인간의 어떤 행동이 옳고 진실할 수 있단 말인가? 그렇다면, 내 영혼아, 신학생이 될지어다! 다윗이 하나님의 언약궤를 블레셋인들의 손에서 구한 것처럼,

위선자들과 영적 사기꾼들의 손에서 신학을 구하라! 과학 그 자체는 가장 고귀한 것이다. 그것을 '이교도들'의 손에 내버려 두는 사람만이 비열할 뿐이다.

영적 체험의 실체를 날마다 더 많이 느끼면서 한때 내용 없고 비실용적이라고 보았던 신학에 대한 나의 인식을 모두 깨 버릴 수 있었다. 내가 신학을 싫어하는 이유를 알게 된 것이다. 만약에 영(靈)이 쌀이나 감자처럼 분명한 실체라면, 왜 신학은 경멸하고 농업은 칭송한단 말인가? 옥수수를 길러서 하나님이 지으신 세상에서 나오는 그 소산물로, 나 자신과 굶주린 내 동포들을 먹이는 것이 고귀한 일이라면, 그 하나님의 율법을 배워서 하나님의 영혼으로 우리의 굶주린 영혼을 만족시켜 더 고상하고 인간다워지는 것은 왜 고귀하지 않단 말인가? 깍지와 짚만을 양성해서 진짜 밀이요, 쌀인 것처럼 대중에게 나눠 주는 농업을 우리는 경멸하고 야유한다. 그건 실상은 농업(農業, agriculture)이 아니라, 아무도 먹이지 못하는 석업(石業, Rock - Culture)이요, 사업(沙業, Sand - Culture)이다. 따라서 내가 헐뜯었던 신학은 신학이 아니었다. 그것은 귀신학(Demonology)이었다. 성령 대신에 바람을, 설교 대신에 궤변을, 음악 대신에 소리만을 주는 학문이었다.

신학은 실질적이며 먹거나 마실 수 있는 것이다. 너무나 실질적이고 영양가도 많아서 신학이 주는 물을 마시는 자는 목마르지 아니하며, 신학이 주는 고기를 먹는 자는 배고프지 않다. 신학을 부끄러워하는가? 그렇다, 비신학(No - Theology), 귀신학은 영원히 부끄러워하라. 그것을 신학교에서 가르치든, 다른 기관에서 가르치든 상관하지 말고 부끄러워하라.

그러나 제대로 된 신학은, 그것을 어디서 가르치든 자랑스러워하라. 아직도 이 세상이, 자신의 썩어 없어질 물질을 가난하고 배고픈 자를 위해서 기꺼이 내어 준 조지 피보디(George Peabody: 1795 - 1869 미국의 자선가이자 은행가)와 스티븐 지라드의 이름을 명예롭게 기리는 한, 우리의 종교적인 사상을 체계화하고 선한 행실과 하나님에 대한 믿음을 과학으로까지 만들어 놓은 네안더(Johann August Wilhelm Neander: 1789 - 1850 독일의 프로테스탄트 신학자)와 율리우스 뮐러(Julius Müller: 1801 - 1878 독일의 신학자)와 같은 부류의 사람들도 계속 숭상할 것이다. "신학의 중심은 마음이다"라고 교회사의 시조 네안더는 말했다. 따라서 마음은 없고 배(腹)만 있는 사람은, 신학을 하지 말아야 한다.

이렇게 설득된 나는 결국 신학을 공부하기로 마음먹었다. 절대로 전문적인 직함을 달지 않는다는 단 하나의 중요한 조건하에서 말이다. 나는 속으로 이렇게 말했다. '주님, 제가 목사가 되도록 강요하시지 않는다면 신학을 공부하겠습니다. 제가 기독교 국가의 모든 신학을 소화하는 데 성공할지라도 제 이름 앞에 두 개의 D(D.D., 신학 박사)로 지칭되는 그 육중한 칭호를 붙이지 않겠습니다. 저의 이 마지막 희생을 봐서라도 그것만은 허락해 주셔야 합니다.' 하나님은 승낙하셨고, 이런 협정을 맺고서야 나는 신학교에 들어갔다.

9월 18일 일요일

실질적이고 실용적인 면이 하나도 없는 게 신학이라 칭하는
과학이라면 그건 공부할 만한 하등의 가치도 없다. 그러나
진정한 신학은 다른 모든 과학보다 더 실질적이다. 의학은
인간의 육체적인 고통을 완화해 주고, 법률학은 인간의 인간에
대한 이해 관계를 다루지만, 신학은 육체적 질병과 시민의
무질서 안에 내재된 그 원인 자체를 들여다본다. 참된 신학자는
자연히 이상주의자이지만, 몽상가는 아니다. 신학자의 사상은
수세기 후에야 실현된다. 그의 일은 마치, 완성되려면 셀 수도
없는 세월이 걸리는 건물에 벽돌 한두 개 얹는 것과 같다. 오직
정직하고 신실한 일은 결코 헛되이 돌아가지 않는다는 믿음
하나로 그는 그 일에 손을 댄다.

9월 19일

신학은 작은 자가 이해하기엔 너무 큰 주제다. 작은 지성의
소유자들은 그토록 거대한 주제를 다룰 능력이 자기 안에
없다는 사실을 알고 나면, 자기 수준에 맞게 나름의 신학을
만들고, 자신보다 신학을 더 잘 이해하는 사람들에게는 저주를
퍼붓는다. 오 내 영혼아, 그대의 초라함에 맞도록 신학을
축소시키지 말고, 신학의 위대함에 맞도록

그대 자신을 확장시켜라.

10월 12일

교실에서 하는 공부에 다소 넌더리가 났다. 신약 해석학
시간에는 지옥과 연옥에 대해서 토론했고, 변증학 시간에도
실질적이지 않은 주제들을 가지고 토론했다. 영성 없는 신학은
가장 건조하고 가치 없는 학문이다. 진지한 주제들을 놓고
토론하면서 웃고 농담하는 학생들을 보는 건 거의 충격적인
일이었다. 이런 사람들이 진리의 근본에 도달치 못하는 건
당연한 일이다. 만세반석으로부터 생명을 얻으려면 최상의
열정과 진지함이 필요하다.

11월 3일

'의무' 보다 더 고차원적인 도덕을 찾고 있다. 하나님의
은혜로부터 오는 도덕을 갈망하고 있다. 그러나 불행하게도
그런 도덕은 인류 대부분이 부인할 뿐만 아니라, 신학교의
학생들이나 교수들도 그런 도덕은 거의 믿지 않는 것 같다.
이 신성한 담 안에서도 밖에서 듣는 것과 별다른
새로운 이야기는 듣지 못하고 있다. 이 신학자들이 이교도인
나에게 가르치고 있다고 생각하는 것의 많은 부분은
공자나 부처도 내게 가르쳐 줄 수 있는 것들이다.

11월 7일

이 세상은 무엇인가? 우주적인 반목과 분쟁의 장이다. 불신앙과 신앙, 로마 가톨릭과 개신교, 유니테리언주의와 정통주의. 인류는 한 부분이 다른 부분과 대립되게, 설사 같은 부분이라도 그 속의 한 구역이 또 다른 구역과 대립되게 천막을 세운다. 그들은 모두 남의 실수와 실패에서 자기 이득을 챙기려 한다. 개인만을 믿지 못하는 게 아니라, 인류 전체가 독사의 세대요, 인간 혐오자이며, 가인의 후손들이다. 오, 내 영혼아, 온갖 '주의'들로부터 벗어날지어다. 감리교주의건, 조합교회주의건, 다른 무슨 고상하게 들리는 주의건 간에 상관치 말고, 진리를 추구하며 인간으로서 처신하고, 사람들로부터 벗어나서 위를 바라볼지어다.

11월 18일

데이비드 흄의 생애를 읽고 있다. 이 예리한 철학자의 냉철한 지성을 만남으로 내 종교적인 열의가 좀 식었다. 그러나 나의 종교적인 체험들을 한번 과학적인 방법으로 엄격하게 시험해 보고 싶다. 내가 '철학의 꿈나라라는 신기루' 속에 머무는 게 아니라고 지적으로 확신하고 싶다. 물리학이 진보하고 있는 이 시대에 의심하는 자들을 저주로 물리치는 건 타당치 않다. 분명히 종교는 객관화되어야 하며, 만질 수 있어야 하며, 과학적으로 이해할 수 있어야 한다. 그러나, 이럴 수가!

내 주위를 둘러보니, 사람들은 여전히 예전과 같은 길을
걸으면서, 어떻게 하면 교구 사람들이 무척 따랐던 성격 좋은
목사님들 흉내를 잘 낼까 서로 경쟁하고 있다.

12월 5일

모든 사람의 삶에는 하나님이 미리 정하신 일종의 패러다임이
있다. 사람의 성공은 모자라지도, 넘치지도 않게 이 패러다임에
자신을 맞추는 데에 있다. 오직 그 패러다임 안에서만 완전한
평화가 있다. 사람의 육체와 정신은 그 패러다임 안에 있을 때
가장 유익하게 사용될 수 있다. 사람은 종종 야망이 부족해서
그 패러다임에 도달하지 못하며, 자신의 능력을 다 발휘하지
못하고 이 세상을 떠난다. 반면에 지나친 야망은 그 패러다임을
뛰어넘게 한다. 그리하여 시스템은 망가지고 때아닌 죽음을
맞게 된다. 인간의 선택하는 능력(자유 의지)은 이 패러다임에
자신을 맞추라고 있는 것이다. 일단 자신이 타야 할 흐름을
타고 나면, 사람의 노력은 이제 더 이상 자신을 앞으로
나아가게 하는 데 사용되지 않고 오직 그 흐름 안에 있게 하는
데에만 사용된다. 이 흐름 안에 있는 축복은 무엇이든지 받고
즐기지만, 축복을 찾아서 이 흐름 밖으로 나가지는 않는다. 이
흐름을 방해하는 장애물은 무엇이든지 과감하게 뚫고 지나간다.
하나님께서 그 길을 정하셨으니 움직일 수 없는 산은 아니기
때문이다. 그러므로 자기 자신을 의지하지 말지어다.

하나님께서는 그대가 타야 할 흐름을 정하셨고 선장도 정해
주셨다. "너희는 그의 말을 들으라!"(마 17:5 참조).

12월 29일

아직도 내가 신학을 공부하는 것을 타인 앞에서 부끄러워할
때가 있다는 사실이 부끄럽다. 사실, 세속적인 생각을 가진
사람들은 어떠한 학문이건 그것의 영적인 측면을 보지 못하기
때문에, 단지 먹기 위해서 설교한다는 발상을 갖고 있는
그들에게는, 신학을 공부한다는 게 분명 매우 비열하게 보일
것이다. 복음을 전하는 참된 설교자의 소위 자기 희생이라는
건, 자기의 희생을 대부분의 사람들이 희생으로 봐주지
않는다는 데 있다. 심지어 사람들은 그 희생을 사람이
할 수 있는 가장 비열한 행위로까지 본다. 실제적인 자선이나
다른 친절한 행위들은 그렇게 보지 않으면서 말이다.
그것—신학 공부—을 희생이라 여기는 사람들에게는 최대한
그 사실을 숨기고, 그것을 비열하다고 생각하는 사람들에게는
그것을 최대한 밝히는 것, 아, 그렇구나! 기독교인들은
이 세상에서 무척이나 가시 돋친 길을 가야 하는구나. 참으로
십자가의 자녀들에게 주어진 길은 좁기도 하여라. 아버지여,
사람들 앞에서 공개적으로 당신을 부인한 것을 용서해 주시고,
내 소명에 대해 좀 더 많은 용기와 확신을 가질 수 있게
해주옵소서.

그러나 나는 더 이상 신학 공부를 할 수 없게 되었다. 지난 3년간의 극심한 정신적 긴장으로 신경이 불안정해지고, 매우 심각한 만성 불면증에 시달리게 되었기 때문이다. 휴식이나 진정제, 기도도 효과가 없었고, 내가 선택할 수 있는 유일한 길은 고향 땅으로 돌아가는 것밖에 없었다. 신학을 포기하고, 이국땅에서 보낸 유배 기간 동안 내가 얻은 게 무엇이든 그것을 가지고 고향으로 돌아가야 했다.

돌이켜 생각해 보니, 그러한 하나님의 인도는 지혜롭고 온당했다. 미국의 신학교들은 특별히 미국 교회에서 일할 젊은이들을 훈련시키기 위해 세워졌기 때문에, 미국과는 처지가 다른 나라에서 일할 사람들을 훈련시키기에는 이상적인 장소가 아니다. 구약과 신약, 성경 해석학 연구를 제외하고는, 신학교에서 가르치는 많은 것들을 없애 버려도 실제로 선교지에서 사역하는 데는 별 지장이 없을 게다. 결코 목회 신학, 역사 신학, 교리 신학, 조직 신학이 중요하지 않아서가 아니다. 인간의 지식 중에 기독교인이 몰라도 되는 분야는 없다고 나는 진심으로 믿는다. 그러나 문제는 상대적 중요성이다. 우리가 씨름해야 하는 대상은 회의적인 흄이나 분석적인 바우어(Ferdinand Christian Baur: 1792-1860 독일의 신학자)가 아니라, 힌두 철학의 미묘함, 중국 도덕주의자들의 비종교성, 그것과 아울러서 신생 국가들의 혼란스러운 생각과 행동들이다.

이 신생 국가들이 품고 있는 새로운 열망은 물질 지향적이지만, 이들의 근본적인 의식은 정신 지향적이다. 서구의 기독교인들이 사용하는 '교회'라는 단어의 일반적인 의미를 내 동포들은 전혀 알지 못하며, 다른 나라에서는 분명 가치 있는 제도지만, 우리 나라에서 교회가 개척되었을 때에도 안정적인 제도로 자리 잡을 수 있을지는 아직도 심각한 의문이다.

지난 2천 년 동안 우리 민족이 살면서 익숙해진 도덕과 종교의 교육 방식은 결코 책을 가지고 강단에서 설교로 이루어진 것이 아니다. 우리는 도덕과 지성을 구분하지 않는다. 학교가 우리의 교회이며, 사람의 존재 전체가 다루어지는 곳이라고 우리는 알고 있다. 종교 전공이라는 개념이 우리에겐 이상하게 들리며 심지어 불쾌하기까지 하다. 성직자들이 있지만, 그들은 근본적으로 사원 관리자일 뿐 진리와 영원한 진실을 가르치는 선생들은 아니다.

우리 나라의 모든 도덕 개혁자들은 선생, 즉 '교육자'였고, 그들은 문학과 과학을 가르치면서 영적인 것들도 가르쳤다. "지식의 참된 가치는 의로운 길을 밝혀 주는 데 있다. 인간이 지식을 습득하는 건 직업적인 도덕 선생이 되기 위해서가 아니다"라고 다까야마 히코구로(1747 - 1793 에도 시대 중엽의 친천황파의 지사)는 말했다. 그는 기인이요 일본인 이교도였으며, 자신과 뜻을 같이하는 많은 이들과 함께 그 섬나라 역사상 가장 숭고하고 고귀한 개혁을 도덕, 정치 등의 여러 분야에서 이루어 냈다.

영혼을 회심시키고 교인을 늘리는 등의 일을 하는 수단과 기술은 또 어떠한가? 수단과 기술을 통해서 기독교로 회심한 영혼은 마찬가지로 수단과 기술을 통해서 이교도로 재회심할 수 있다. 사실, 이러한 물질의 시대에 살고 있는 우리는 환경에 지나치게 의존한다. 또한 진화론이 결국에는 기독교를 회심시켜 버린 것처럼 보이기도 한다. 좋은 성가대, 기분 좋은 교제, 젊은 여성들의 바자회, 무료 점심 식사, 주일학교 야유회 등 이 모든 것들이 이제는 사기를 진작하는 중요한 수단으로 여겨지고 있으며, '목회 신학'의 많은 부분도 그런 일에 매달려 있는 것 같다.

만약에 젊은 신학생들이 '성령의 불'보다 '세련된 수사학'을 더 탐낸다면, 그리고 그 성령의 불마저도 수사학을 위해서 탐낸다면, 설교자의 설교가 성령의 불을 일으키고 우상을 파괴하기보다는 웅변술과 드라마적인 관점에서 더 많이 이야기된다면, 크리소스토무스(Johannes Chrysostomus: 347 – 407 콘스탄티노플의 사제로서 황금의 입을 가진 요한이라 불렸음)이 황금빛 울림으로 천상의 계시를 전달한 자신의 혀를 저주하고, 아우구스티누스(Aurelius Augustinus: 354 – 430 초대 기독교 최고의 교부)이 수사학을 '기만하는 기술'이라고 경멸하고도 남을 일이다. 만약 사도 바울의 외모가 비평가들의 말대로 변변치 못했고 그의 헬라어도 썩 세련되지 못했다면, 그리고 보쉬에(Jacques Bénigne Bossuet: 1627 – 1704 프랑스의 가톨릭 신학자)의 언변이나 마시용(Jean Baptiste Massillon: 1663 – 1742 프랑스의 설교자이자 웅변가)의 세련된 문체도 프랑스 혁명의 맹렬한 기세를 꺾지 못했다면, 그리고 땜장이 존 버니언과 상점 주인 무디(Dwight Lyman Moody: 1837–1899 대중전도자)가 그 시대에 더할 나위 없이 훌륭한 복음의 설교자가 될 수 있었다면, 정말 그렇다면 내가 신학교 훈련을 다 마치지 못한 것에 아쉬워할 필요가 없을 것이다.

내가 전문적인 직함은 절대로 달지 않는다는 합의를 보고 신학교에 갔다는 사실은 앞에서 언급한 바 있다. 몇몇 친구들은 내가 자격증도 얻지 못한 채 신학을 그만두는 것을 유감스럽게 생각했다. 그러나 내게 그 자격이라는 건 참으로 두려운 존재였다. 그리고 그 새로운 특권을 얻는 것에 대한 두려움은, 신학교 담 안에서 그 특권이 주는 이득에 대한 말들이 오가는 것을 보면서 더더욱 커졌다. "사택 제공되고 천 달러" "시카고의 혼란을 주제로 하는 20달러짜리 설교" 등 그와 비슷한 단어의 조합으로 이루어진 문구들은 내 귀에 매우 거슬렸다.

돼지고기나 토마토, 호박처럼 설교에도 시장 가치가 있다는 건 적어도 동양의 사상은 아니다. 존 스튜어트 밀은 우리 동양인들을 매우 의심이 많은 사람들이라고 하면서, 스페인의 가톨릭 신자와 비교했다. 그런 우리가 가장 의심하는 사람은 다름 아니라 종교를 파는 사람이다. 종교는 현금으로 환원할 수 없다는 게 우리의 일반적인 생각이다. 사실은 종교가 많을수록 오히려 현금은 적다. 우리가 비록 미신적이기는 하지만, 아직은 종교를 정치 경제와 조화시킬 줄 모른다. 만약 신학 자격증이 사람의 종교에 시장 가치를 보증해 준다면, 그런 보증을 받지 못한 나는 행복하다. 적어도 유혹을 피할 수 있기 때문이다.

이처럼 사역의 대가로 보수를 받는 문제는, 우리에게는 아직도 토론의 여지가 많다. 이교도의 선생들에게는 봉사의 대가로 받는 정해진 보수라는 것이 없다. 해마다 두 번씩, 학생들은 각자 능력이 되는 한에서 무엇인가를 가져왔다. 금 열 냥에서부터 나물이나 당근 한 묶음까지가 소위 '감사의 표시'라고 불렸던 선물의 등급이었다. 교회 세금이나 좌석 임대료 같은 것들을 가지고 죽도록 찔러 대는 집사들도 없었다. 자신의 물질적인 필요를 하늘과 사람들에게 전적으로 의지할 수 있을 정도로 영적 훈련이 되어 있어야 비로소 선생이 될 수 있었다. 그들은 이것이 가장 실용적인 '적자생존'의 방법이라고 생각했다. 그 기준대로라면 사이비 선생이나 시간만 때우는 사람들에게 속을 위험도 없었다.

사람이 영으로만 사는 것이 아니라, 이 땅에서 나오는 모든 소산으로도 산다는 것을 나는 인정한다. 이것이 사역의 대가로 보수를 받는 사람들의 주장이고, 우리도 전적으로 타당한 주장이라고 생각한다. 오늘날 우리가 배우는 생리학 이론에 의하면 사람은 빵과 고기에서 정신적인 힘과 영적인 힘을 얻는다. 그렇다면 '에너지 변형'의 원칙에 의해서 영혼을 양고기와 바꾸지 못할 이유가 어디 있단 말인가? 육신의 굶주림도 영혼의 굶주림에 못지않은 죄다. 건강의 신성한 법칙에 의하면, 머리를 쓰고 마음을 혹사하는 복음의 사역자들은 제대로, 그리고 잘 먹고 잘 입어야 한다.

그러나 불쌍하게도 이 엄격한 동양인들은 이 간단한 과학적 주장을 이해하지 못한다. 사람이 밥으로만 사는 것이 아니라는 건 그들도 믿는다. 그런데 그들은 영도 어떤 면에서는 육신의 양식이 되며, 하늘이 내리는 영의 충만함을 안고 사는 사람들은 양고기 요리나 치킨 파이 없이도 살 수 있다고 믿는다. 그래서 선교사의 생활 방식에 대해서 '불친절한' 비판을 하곤 한다. 물론 이 선교사들이, 선교의 적들이 때때로 보고하는 것처럼 '궁전에서 사는 것처럼' 사는 건 아니다. 그저 자기네들 나라에서 사는 것처럼 살 뿐이다. 그러나 정작 선교지 사람들의 눈에는 그들이 정말로 호화롭게 사는 것처럼 보인다는 게 문제다. 부와 안락함이 상대적인 개념이라는 건 아마 여러분도 잘 알 것이다. 그래서 다다미(돗자리의 일종)에서나 뒹구는 사람들에게 안락의자는 분명 사치다. 바로 여기에서 하나의 장벽이 생기는 것이다. 선교사들은 이 장벽을 뚫고 죽어 가는 이교도들에게 구원의 기쁜 소식을 전하기 위해 무척이나 열심히 일해야 했다.

그러나 가끔씩 '복 받은' 선교사들이 오기도 하는데, 그들은 이교도들의 이러한 성향을 파악하고는 거기에 맞게 처신한다. 하얀 넥타이를 벗어 던지고, 머리는 하나로 묶고, 파이나 그 외 고향의 맛있는 음식들은 먹지 않고, 다다미에서는 무릎을 꿇는 등 모든 다양한 방법과 방식으로 영혼들을 예수께로 인도하는 자신의 중대한 일에 몰두한다. 그들은 우리가 빛과 진리를 깨닫도록 훌륭하게 도와주고, 우리 이교도들은 그런 선교사들을 기쁘게 맞이한다. 우리는 그들을 축복하고 또한 우리에게 그 선한 일을 하라고 그들을 보내신 하나님께 감사드리는 것도 잊지 않는다.

그런 선교사 중에 크로셋(Mr. Crossett)이라는 중국으로 파송된 장로교 선교사 한 분이 있었다. 그는 스스로 중국인이 되었는데, 그것도 관리 계급이 아니라 평민으로 살았다. 결국 이런 '기행'(奇行) 때문에 본국의 후원은 잃었지만, 오히려 이교도들이 그의 사역에 큰 힘이 되어 주었다. 그는 베이징 상인 이교도들의 후원으로 베이징에 구빈원을 시작했다. 그는 보통의 중국인들처럼 3등 선실을 타고 다니며 황해 지역에서 사역을 하다가, 영원한 고향으로 부름을 받게 되었다. 마지막으로 자기 선실에서 편안히 누우라는 선장의 간언도 그는 점잖게 거절했다. 오직 자신이 보냄을 받은 사람들 속에서 죽음을 맞고 싶다는 소망 하나로 말이다. 결국 사람들은 강제로 그를 선실로 데려갔고, 거기서 그는 자기 주위에 둘러선 모든 이들을 자신의 하나님이요 구세주이신 주님께 의탁하면서 숨을 거두었다.

그의 죽음은 어김없이 고향 땅에도 전해졌다. 종교 소식지들은 별다른 논평도 없이 그의 죽음을 알렸다. 아니 그뿐 아니라 여러 사례들을 인용하며 그의 희생은 어리석었다고, 일등 선실에서 흰 넥타이를 매고도 충분히 선한 일을 할 수 있었다고 암

묵리에 지적하기도 했다. 그러나 베이징 사람들과 톈진 사람들을 비롯해서 머리를 하나로 묶고 다니는 민족의 신사들은, 그의 섬김을 잊지 않고 있다. 그들은 그 선교사에게 '기독교인 부처'라는 칭호까지 붙여 주었다. 그의 존재가 너무나 신성했기 때문이다. 그 선교사가 전한 종교로부터 이득을 본 사람은 극히 소수였을지 모르지만, 그 사람 자체로부터는 신성한 슬픔과 사랑에 대해서 모두가 무엇인가를 배웠을 것이다.

이 얼마나 운 좋은 선교사인가! 모든 사람이 그를 모방할 수는 없을 것이다. 어쩌면 그의 위장은 타조의 위장이어서 별 탈 없이 중국인의 음식을 소화할 수 있었는지도 모른다. 그가 운이 좋았다고 내가 말하는 이유는, 그와 같은 사람은 '선교지의 어려움'에 대해서 불평할 필요가 없기 때문이다. 우리는 그를 흉내내려고 하지는 않을 것이다. 흉내낸다는 건 분명 위선이며 어떠한 종류의 선도 얻을 수 없기 때문이다. 물론 머리를 하나로 묶고 3등 선실을 타고 다니는 게 문제의 핵심은 아니다. 그러나 그의 정신은 분명히 핵심이라고 할 수 있다. 그 정신을 우리는 '기행'이라고 경멸할 수도 없고 경멸해서도 안 된다. 우리 가운데 혹 이교도들에게 성공적인 선교사가 되려는 야망을 가진 자가 있다면, 당연히 그와 같은 사람이 되게 해달라고 우리는 기도할 것이다.

그러나 이처럼 모든 환경에 적응하는 능력은 신학교 훈련을 통해서는 얻을 수가 없다. 신학교의 훈련은 우리를 잘못된 환경에 적응시킬 뿐 아니라, 그렇게 한번 발을 딛고 나면 그 속에서 다시 벗어나기란 매우 어렵다. 나는 내 동포들 중에서, 신학교 훈련을 받는 동안 서양식 생활 양식과 사고 방식에 물들어 있다가, 마치 이방인처럼 되어서 고국에 돌아와 무척이나 힘들게 이전 환경에 다시 적응해야 하는 경우를 수도 없이 보았다.

끓인 쌀과 으깬 콩은 새롭게 개조된 그의 신체적 조건에 충분한 영양을 공급해 주지 못하며, 딱딱한 다다미에 앉으면 그의 아래쪽 사지에는 어느새 활막염과 기타 다른 질병들이 생긴다. 고향 교회에는 차가운 공기를 데워 줄 스팀 난로가 없어 그의 성대는 고통스러워하고, 형편없는 환기 장치로 그의 머리는 지끈거린다. 그가 최소한도로 필요로 하는 것이 자기 동포들의 눈에는 최고의 것이다. 그는 살이 빠지고 사기도 저하된다. 갑자기 달라진 환경 속에서 설교하는 일이 더 이상 견딜 수 없게 된다. 끝내 그는 다른 직업으로 옮겨 가고 자기보다 더 단련된 사람이 그 자리를 대신한다. 생존 경쟁이 그에게는 너무나 벅찼던 것이다.

그렇다면 그의 사상은 어떠한가? 그의 사상도 자기 동포들의 사상과는 도저히 양립할 수가 없다! 그는 흄주의와 테오도르 파커주의를 비난한다. 그러나 그 설교를 듣는 이들의 생각 속에는 흄이나 파커라는 존재가 없다. 로마 제국의 몰락과 블러디 메리(Bloody Mary : 1516 - 1558 영국의 여왕 메리 1세로 수많은 프로테스탄트의 피를 흘리게 했음)의 박해도 '마이동풍' ─ 이해할 수 없는 것들을 우리는 전부 이렇게 부른다—처럼 들린다. 그는 성경을 가지고 성경의 진리를 증명하지만, 이 사람들에게 성경이란 한가한 골동품 애호가들이나 가지고 있는 그을음투성이의 양피지 더미에 불과하다. 그의 설교는 그들의 머리 위를 스치며 대기 속으로 사라질 뿐이다. 그는 청중들에게 실망하고, 청중들도 그에게 실망한다. 불만, 불평, 사임, 분리의 연속이여! 구태여 거지들을 전도하러 보낼 사람을 왕자로 만들 필요가 있었을까?

그러나 이것은, 지금 이 시간 불행에 처해 있는 나 자신을 위로하기 위해서 회상해 낸 신학교 생활의 부정적인 측면들에 불과하다. 신학 훈련의 긍정적인 측면들을 여기서 구체적으로 꼽을 필요는 없겠지만, 신학교가 선지자를 만들 수는 없다 하더라도—선지자는 시인처럼, 만들어지는 게 아니라 태어난다—선지자가 성장하고 발전하기에는 가장 좋은 곳임에는 틀림없다. 또한 천사들의 거처는 아니라 하더라도—이 지하 세상에 천사들의 거처란 없다—하늘 아래 그 어떤 곳보다도 순결하고 거룩한 단체다. 신학교의 결점들이 다른 어떤 기관들의 결점보다 더 강하게 두드러진다는 사실은 바로 신학교 안에서 빛나는 빛이 더 밝고 선명하다는 증거다.

불쌍한 신학자들이여, 비판을 사랑하는 이 세대에 대한 그대들의 입장은 매우 불리하도다! 세상은 오직 천사들에게만 기대할 수 있는 것을 그들에게 기대한다. 신학자들을 정죄하는 바로 그 죄를 세상도 짓고 있으면서, 세상은 다시 그들에게 돌을 던진다. 자신들은 공공연히 그리고 정치적·경제적으로 맘몬주의를 추종하면서, 복음 사역자들에게는 욕을 해댄다.

기독교 사역자들과 선교사들이여! 전능하신 하나님과 구세주 앞에서는 재를 뒤집어쓰고 회개하라. 그러나 그대들과 같은 사람들 앞에서는 자신의 계급을 부끄러워하지 말라. 왕의 가족인 우리들은, 외부인의 잣대로 보면 잠시 숙고할 가치도 없는 실패에 대해서 너무 크게 생각한다. 시온에서 일어나는 마음의 흔들림이, 맘몬 제국에서 울부짖으며 이를 가는 것과 대등하게 해석되지 않게 하라.

나는 내 조국으로 발길을 돌리기 위해 신학교를 떠났다.

11

귀향

To be Inscribed upon
my Tomb.

I for Japan;
Japan for the World;
The World for Christ;
And All for God.

간조가 사용했던 성경과
성경 겉표지 안쪽에 적혀 있던 간조의 친필.

바로 여기가, 내가 나의 것이라고 부를 수 있는,
이 땅과 이 지구에 나를 묶어 주는 곳이다.
이곳은 내 고향이자 내 전쟁터다.
나의 봉사와 기도와 생명을 무료로 얻게 될 땅이다.

기독교 국가에서 받던 훈련이 이제 끝났으니, 독자들은 내가 결과적으로 기독교 국가를 어떻게 생각하는지 궁금할 것이다. 처음 그 나라에 내렸을 때 받았던 내 인상이 마지막까지도 변하지 않았는지, 기독교 국가가 결국에는 이교도 국가보다 낫다고 생각하는지, 기독교는 내 나라에 소개할 만한 가치가 있는 종교인지, 혹은 기독교 선교가 존재하는 정당한 이유라도 있는지 등에 대해서 말이다.

우선 솔직히 고백하자면, 내가 기독교 국가에 완전히 빠져든 것은 아니었다. 최고의 대접을 받으며 향후 가장 가까운 친구가 될 사람들을 사귀었던 3년 반의 세월도, 나를 그곳에 완전히 귀화시키지는 못했다. 나는 언제나 이방인이었고, 그것을 숨기려는 어떠한 시도도 하지 않았다. 문명 국가에 사는 티에라 델 푸에고 사람들(Tierra - del - Fuegians, 티에라 델 푸에고는 남아메리카 대륙 남단의 섬)이 남십자성(Southern Cross) 아래로 펼쳐진 거품이는 해안 절벽 위를 배회하던 옛날을 그리워했던 것과는 달리, 그리고 라틴 문화에 동화된 인디언들이 고향의 초원에서 다시 들소들과 어울려 지내기를 바라는 것과는 달리, 나는 좀 더 고상하고 고귀한 목표를 가지고 내가 기독교 국가에 머무는 마지막 날까지 '내 집뿐이리'(Home - Sweet - Home) 식의 그리움으로 고향 땅을 그리워했다. 나는 결코 미국인이나 영국인이 되고 싶다는 생각을 해본 적이 없다. 오히려 내가 가진 이교적 배경을 나만의 특권으로 여겼고, 기독교인이 아닌 '이교도'로 나를 이 세상에 내신 하나님께 거듭 감사했다.

이교도로 태어나면 몇 가지 이점들이 있다. 이교도 국가는 인류의 발전이 미완성된 단계로서, 지금까지 어떤 형태의 기독교가 이룩한 것보다 더 높고 완전한 단계로 발전할 가능성을 갖고 있다고 나는 믿는다. 아직 기독교가 전파되지 않은 이교도 민족에게는 무한한 희망이 있다. 자기 선조보다 더 위대한 삶을 찾아 나서는 청년의 희망 말이다.

내 민족이 비록 역사적으로는 2천 년 이상의 나이를 먹었지만, 그리스도 안에서는 아직 어린아이일 뿐이며, 따라서 미래의 모든 희망과 가능성은 앞으로의 빠르게 성장해 가는 나날들 속에 감추어져 있다. 그와 같은 나날을 무수히 목격할 수 있다는 것은 내게 매우 감사한 일이다. 분명 그러한 날들을 보면서 나는 새로운 진리의 능력에 관해 더욱더 많은 걸 느낄 수 있을 것이다. '날 때부터 기독교인'인 사람들에게는 진부한 말처럼 들리는 것들이 내게는 새로운 계시였으며, 태초의 부모가 이 세상 첫날에 불렀을지도 모를 온갖 찬송들을 내 속에서 끌어냈다. 그날을 어느 시인은 이렇게 노래했다.

투명한 이슬 휘장 아래서
장엄하게 지는 햇살로 몸 감은
금성, 하늘의 군대와 함께 나타나더니
아아! 인간의 눈 앞에 세상이 펼쳐지도다.

나는 18세기 동안 기독교 역사가 겪은 변화와 발전을 나 개인의 경험 속에서 모두 맛보았으며, 그동안의 분투와 씨름에서 벗어났을 때는 좀 더 동정적인 사람이 되어 있었다. 우상을 숭배하던 단계에서 십자가에 달리신 하나님의 아들 안에서 영혼의 해방을 얻기까지, 영적인 발전의 단계들을 모조리 거쳤기 때문이다. 이런 환상과 체험이 모든 하나님의 자녀들에게 허락된 것은 아니다. "제십일시"(마 20:1 - 16 참조)에 부름받은 우리들은 적어도 이런 특권이라도 부여받음으로 어둠 속에서 보내야 했던 그간의 오랜 세월을 보상받을 수 있었다.

기독교 국가에 대해서 어떠한 형태로든 바른 평가를 하려면, 우선 순결하고 단순한 기독교와, 교사들이 장식하고 교리화한 기독교를 엄격하게 구분해야 한다. 이 시대를 사는 현명한 사람이라면 그 누구도 감히 기독교 자체를 나쁘게 말하지는 못할 거라고 나는 믿는다. 내 손에 들어온 회의적인 책들을 빠짐없이 읽고 나서 내가 내린 결론은, 나사렛 예수의 이름을 일컫는 사람들에게 가해진 그 모든 격렬한 공격에도 불구하고 나사렛 예수는 여전히 그대로 남아 있다는 것이다. 만약 기독교가 내가 지금 믿고 있는 그대로라면, 그것은 히말라야 산처럼 견고하고 요지부동일 것이다. 그것을 공격하는 이는 결국 스스로에게 손해를 입히는 결과를 초래할 뿐이다. 그러니 바보가 아니고서야 누가 바위를 향해 돌진하겠는가.

어떤 사람들은 자신들이 기독교라고 생각하는 것에 달려드는데, 그건 사실상 기독교가 아니라 기독교 위에 덧씌워진 상부구조들이다. 그러한 상부구조는 믿음 없는 신자들이 세운 것이다. 어처구니없게도 그들은 '바위' 그 자체로는 세월의 힘을 견딜 수 없다고 판단하고 그 위에다 성전, 성당, 교회, 교리, 서른 아홉 개의 신조(1563년에 공포된 영국국교회의 기본적인 신앙 조항) 등과 같이 소위 불에 쉽게 타 버릴 구조물들을 세웠던 것이다. 게다가 어떤 어리석은 이들은 그런 구조물들이 쉽게 타 버린다는 걸 알아채고는 거기에다 불을 질러 놓고 그 불길을 보고 즐거워하며, 바위도 불길과 함께 사라졌을 것이라고 생각한다. 그러나 보라, '그 숱한 세월의 마모에도 끄떡없이' 우뚝 솟은 채 바위는 그대로 있다.

그렇다면 도대체 기독교가 무엇이란 말인가? 성경 그 자체가 기독교가 아닌 건 분명한 사실이다. 비록 기독교의 많은 부분이, 아니 어쩌면 그 핵심이 성경 속에 있기는 하지만 말이다. 또한 기독교는 시대의 긴급한 사정에 알맞게 사람들이 고안한 그 어떤 교리들의 묶음도 아니다. 사실 우리는 '무엇이 기독교인가' 보다는 '무엇이 기독교가 아닌가'를 더 많이 알고 있다.

우리는 모두 기독교가 진리라고 말한다. 그러나 그건 정의할 수 없는 것으로 또 다른 정의할 수 없는 것을 정의하려는 시도에 불과하다. "진리란 무엇인가?"라고 로마의 빌라도처럼 진실치 못한 이들은 묻는다. 그러나 진리는 생명처럼 정의하기 어렵다. 아니 불가능하다. 그래서 이 기계의 세기(this mechanical century)는 그 두 가지 즉 진리와 생명을 의심하기 시작했다.

비샤(Marie François Xavier Bichat: 1771 - 1802 프랑스의 유력한 생리학자이자 해부학자), 트레비라누스(Gottfried Reinhold Treviranus: 1776 - 1837 독일의 생리학자), 베클라르(Pierre Augustin Beclard: 1785 - 1825 프랑스의 외과의사이자 해부학자), 헉슬리, 스펜서, 헤켈(Ernst Heinrich Haeckel: 1834 - 1919 독일의 생물학자)은 각자 나름대로 생명에 대한 정의를 내렸지만, 만족스러운 건 하나도 없었다. 어떤 사람은 "활동하는 조직체"라고 말했고, 또 어떤 사람은 "죽음에 저항하는 세력의 총합"이라고도 했다. 그러나 우리는 이미 생명이 그 이상의 의미를 갖고 있다는 걸 알고 있다. 생명에 대한 참된 지식은 생명을 가지고 살

때에만 얻을 수 있다. 외과용 메스와 현미경은 생명체의 메커니즘(mechanism)만을 보여 줄 뿐이다.

진리도 마찬가지다. 오직 진리를 따를 때에만 진리를 알 수 있다. 쪼개고 따지고 장황하게 늘어놓는 건 오히려 진리를 진리답지 못하게 만든다. 진리는 확고하고 장엄하게, 제자리를 지키고 서 있다. 그 진리를 우리에게로 부르지 말고 우리가 직접 진리를 향해 가기만 하면 되는 것이다. 진리를 정의하려고 시도하는 것 자체가 우리의 어리석음을 만천하에 선포하는 것임을 왜 모르는가? '무한한 우주' 외에 도대체 그 무엇이 진리를 정의하거나 한정지을 수 있단 말인가? 오로지 우리는 그저 우리 자신의 어리석음을 감추기 위해서라도 진리에 대한 정의는 포기하도록 하자.

그래서 나는 기독교를 정의할 수 없다는 그 사실이 곧 기독교가 존재하지 않는다는 증거는 아니며, 기독교가 속임수라는 증거는 더더욱 아니라는 걸 알게 됐다. 기독교의 가르침을 따르면 따를수록 그 실체가 더 분명해진다는 건, 기독교가 '무한한 진리' 그 자체와 아주 밀접하다는 사실을 보여 준다.

나는 기독교가 다른 종교와 전혀 무관하지 않다는 것도 알고 있다. 실로 기독교는 '위대한 10대 종교' 중 하나다. 어떤 사람들처럼 기독교를 유일하게 가치 있는 종교로 보이려고 다른 종교는 몽땅 얕잡아 보는 그런 일은 여기서 하지 않을 작정이다. 그러나 기독교는 내가 접해 본 그 어떤 종교보다도 훨씬 더 큰 의미가 있다. 적어도 내가 자라면서 알았던 종교보다는 완벽하며, 내가 들은 '비교 종교학' 강의 전부를 샅샅이 뒤져 봐도 기독교보다 더 완벽한 종교는 아직 찾지 못했다.

이쯤 되면 "기독교에 대한 칭찬은 이제 그만 하라"고 말하는 독자들도 있을 것이다. "어떤 점에서 기독교가 당신의 이교주의보다 더 완벽한지 이야기하라"고 그들은 계속 요청한다.

이교주의는, 기독교 국가에서 기독교로 통하는 다른 많은 사상들처럼, 도덕을 가르치며 도덕을 지켜야 한다고 가르친다. 또한 우리가 가야 할 길을 보여 주면서 그 길을 가라고 명령한다. 그렇다. 그 이상도 그 이하도 아니다. 사람을 희생 제물로 요구하거나, 유아를 제물로 드리는 행위 등에 관한 이야기는 이교주의 논의에서 제외시키기로 하자. 기독교 국가에서 벌어지는 맘몬 숭배─악어에게 던지진 않아도 다른 방식으로 행해지는─나 유아 살해와 같은 무서운 행위와 미신들이 사실은 기독교가 아닌 것처럼, 그러한 행위 또한 이교주의가 아니다. 이런 문제일수록 서로를 공정히 대하고, 섣부른 판단을 자제하고 너그러이 용서하도록 하자. 더 잘나고 강한 우리네 적은 다른 곳에서 얼마든지 만날 테니 말이다.

이처럼 우리가 가야 할 길을 보여 준다는 데 있어서는 기독교도 이교주의와 뜻을 같이한다고 나는 자신있게 말한다. 참으로, 다른 어떤 종교보다도 기독교는 더 분명하고 확실하게 그 길을 제시해 준다. 기독교가 비춰 주는 인도의 빛에는, 다른 종류의 신앙에서 종종 부딪히는 도깨비불 같은 면이 전혀 없다. 기독교의 두드러진 특징 중 하나는 빛과 어둠 그리고 생명과 죽음이 참으로 확연히 구분된다는 것이다. 그러나 모세의 십계명과 부처의 계명들을 비교해 본 공정한 재판관이라면, 그 누구라도 단번에 이 두 종교의 차이가 낮과 밤 정도로 현저하게 나타나는 건 아니라는 사실을 깨달을 것이다. 부처, 공자, 그리고 다른 '이교도' 선생들이 가르치는 청렴한 생활을 기독교인들이 자세히 연구해 본다면 자신들이 누리는 자족한 생활을 부끄럽게 여기게 될 것이다.

만약 중국인들과 일본인들이 공자가 가르친 것만 제대로 지키게 할 수 있다면, 그 두 민족을 가지고 유럽이나 미국의 그 어느 민족이 만든 기독교 국가보다도 뛰어난 기독교 국가를 만들 수 있다는 것을 나는 의심치 않는다. 아무리 훌륭한 기독교 회심자라도 이제껏 불교나 유교의 핵심을 포기한 사람은 없었다. 우리가 기독교를 환영하는 이유는 기독교가 우리 자신의 이상에 더 가까이 가도록 도와주기 때문이다. 오직 열심당원들이나 부흥주의자들, 그리고 볼거리를 즐기는 선교사들에게 아부하는 사람들만이 자신들이 종전에 예배하던 대상을 화형시키는 데 몰두할 뿐이다. "나는 폐하러 온 것이 아니요 완전하게 하려(fulfill) 함이라"(마 5:17 참조)고 기독교 창시자는 말하고 있다.

기독교는 우리가 율법을 지키도록 해준다는 점에서 이교주의보다 더 큰 의미를 지니며 더 고상하다. 이교주의에다 생명을 더한 것이며 율법을 지킬 수 있게 해주는 유일한 종교다. 기독교는 바로 '율법의 정신'(the Spirit of the Law)이다.

기독교는 다른 모든 종교와는 달리 내면에서부터 일한다. 그래서 기독교는 이교주의가 많은 눈물을 흘리며 추구하고 모색했던 바로 그것이다. 선(善)을 보여 줄 뿐만 아니라, 단번에 우리를 영원히 선하신 그분에게 인도함으로 우리 자신을 선하게 만든다. 우리에게 길을 제공할 뿐 아니라 생명까지도 거저 준다. 기찻길만이 아니라 엔진도 제공해 준다. 만약 그런 종교가 또 있다면, 난 '비교 종교학'을 다시 새롭게 배워야 할 게다. (글래드스턴은 기독교를 이렇게 정의했다. "기존에 확립된 기독교적 의미에서 볼 때, 기독교는 우리가 받아들여야 하는 추상적인 교리가 아니라, 우리가 생명의 연합으로 결합되어야 하는 살아 있는 신적인 인격이다. 기독교는 죄로 인해 하나님과 분리된 자연이 하나님과 재결합하는 것이며, 그 과정은 교훈을 가르치는 게 아니라 은사와 능력을 부여받은 새로운 생명을 나눠 줌으로 이루어진다." (로버트 엘스미어[Robert Elsmere]에 대한 비판에서 - 지은이 주)

'구원의 계획에 관한 철학'에 대해서는 철학적 지혜나 마음껏 상관하게 내버려 두자. 구원의 사실은 확고하며, 철학이건 또 다른 무엇이건 간에 그 사실을 없앨 수는 없다. 인간은 아직 하늘 아래 주어진 다른 이름 가운데 인간이 구원받을 수 있는 어떠한 이름도 들어 본 적이 없다. 윤리학도 우리에게는 필요 이상으로 충분하다. 우리가 수업료만 잔뜩 지불한다면 어느 박사라도 기꺼이 윤리학을 가르쳐 줄 것이다.

박사가 굳이 가르쳐 주지 않아도 우리는 도둑질을 해서는 안된다는 것을 안다. 그러나 아아, 어떻게 하면 실제로, 다양한 그리고 영적인 의미에서의 도둑질을 하지 않을 수 있을까! "나를 앙망하라 그리하면 구원을 얻으리라"(사 45:22 참조). "모세가 광야에서 뱀을 든 것같이 인자도 들려야 하리니 이는 그를 믿는 자마다 영생을 얻게 하려 하심이니라"(요 3:14 - 15). 구원의 철학이야 어떻건 간에 우리의 구원은 이 '앙망'(바라봄)에 있다. 19세기 동안의 기독교 역사가 내게 그렇게 가르치고 있고, 하나님께 감사하게도 내 보잘것없는 영혼도 그렇다고 증언하고 있다.

이것이 바로 기독교다. 적어도 내게는 그렇다. 하나님의 아들로 인해 우리가 받은 속죄의 은혜를 통한 구원이 바로 기독교인 것이다. 분명 기독교는 그 이상일 수는 있지만 그 이하일 수는 없다. 그렇다면 이것이 기독교의 정수다. 그리고 교황, 주교, 목사 등 그에 따르는 부속물은, 그것이 유용하건 그렇지 않건 간에 기독교의 필수 요소는 아니다. 그래서 기독교는 다른 무엇보다도 가치가 있다. 참된 인간이라면 누구나 기독교 없이는 살아갈 수 없을 것이며, 평안도 누릴 수 없을 것이다.

웹스터(Noah Webster: 1758 - 1843 영국의 어학자로 '웹스터 사전' 편찬자) 사전은 기독교 국가를 '이교도 국가 혹은 회교 국가와는 달리 기독교가 우세한, 혹은 기독교의 제도들이 다스리는 지구상의 영역'이라고 정의하고 있다. 완전한 천사들이 사는 나라라고 정의하지는 않았다. 기독교 국가는 기독교가 우세하거나 대다수의 사람들이 자기 삶의 지침으로서 기독교를 존중하는 나라다. 어느 민족이건, 신앙과 신자 이 두 가지 요소가 실천적 도덕을 결정한다. 사나운 색슨족, 해적 같은 스칸디나비아족, 쾌락을 즐기는 프랑스인들이 나사렛의 신인(神人)의 가르침을 받으며 이 세상에서 살아가려 하는 것, 그것이 바로 우리가 기독교 국가에서 보게 되는 모습이다. 그렇다면 그들의 잘못된 모습에 대해서 기독교를 탓하지 말라. 오히려 그러한 호랑이 같은 사람들을 억제하는 기독교의 능력을 칭송하라.

기독교가 없었다면 그들은 어떻게 되었겠는가? 그들의 파괴적인 행위를 억제하고 그들에게 정의와 용서를 베풀 레오(교황 레오 1세)와 같은 교황들이 없었다면 그들은 어떻게 되었겠는가? 그러한 사람들에게 불교와 유교란 만성 소화 불량에 맹물처럼 무력했을 것이다. 효과도, 맛도 없어서 그들은 동물적 생활로, 영원한 파괴의 세계로 돌아갈 수밖에 없었을 것이다. 오직 맘몬주의, 술 밀매, 루이지애나의 복권 등 여러 범죄의 악독한 행위에 대항하는 교회의 군사들만이, 기독교 국가가 곧바로 파멸과 죽음으로 곤두박질치는 위험을 막고 있는 것이다.

로버트 잉거솔(Robert Green Ingersoll: 1833–1899 미국의 법률가)이라는 한 장로교 목사의 아들은, 자기 나라의 모든 교회들을 차라리 극장으로 만드는 편이 바람직할 거라고 장담했다. 그가 그런 식으로 말한 건 자기 나라가 절대로 자신의 충고를 받아들이지 않을 거라 확신했기 때문이다. 기독교 국가의 '야만성'에 대해서 무엇이라 말하든 상관없다. 그런 질병 자체가 바로 그 질병을 활동하게 만드는 생명의 활력을 증언하고 있지 않은가?

그렇다면 가장 어두운 것이 가장 밝은 것 가운데 나타나는 시각적인 현상을 관찰해 보라. 빛이 밝을수록 그림자는 더 짙어진다. 진리에는 악한 것은 더 악하게 만들고, 선한 것은 더 선하게 만드는 특성이 있다. 왜 그런가를 묻는 건 쓸데없는 일이다. "무릇 있는 자는 받아 넉넉하게 되되 무릇 없는 자는 그 있는 것도 빼앗기리라"(마 13:12). 경제뿐만 아니라 도덕에서도 마찬가지다. 왁스를 녹이는 바로 그 해가 진흙을 굳게 만드는 것이다. 기독교가 모든 인간에게 비취는 빛이라면, 그것이 선(善)뿐만 아니라 악도 발전시킨다는 사실은 전혀 이상할 게 없다. 따라서 기독교 국가에서 최악의 악이 발생하리라고 우리는 자연스럽게 예상할 수 있는 것이다.

들리는 말에 의하면 인구 4천만 명이 사는 일본보다 인구 5백만 명이 사는 뉴욕에서 더 많은 살인 사건이 일어난다고 한다. 그랜트 장군(Ulysses Simpson Grant: 1822-1885 미국 18대 대통령)이 일본 시찰을 통해 얻은 결과는, 일본에 있는 가난한 사람의 수와 형편은 미국에 비하면 아무것도 아니라는 것이었다. 런던의 극심한 빈곤 문제는 널리 알려진 사실이며, 일반적으로 기독교 국가에서는 도박과 음주 문제가 더 심각하다. 이 사람들의 입맛을 만족시켜 주는 알코올 음료 중에는 우리 나라 술주정뱅

이들이 양껏 마셨다가는 머리가 핑 돌 만큼 독한 것들도 있다. 기독교 국가의 일부 대도시 뒷골목에서는 점잖은 사람들은 감히 들여다보지도 못할 광경들이 펼쳐지고 있고, 이것은 어느 나라 언어로든 가장 상스러운 말로밖에는 설명할 수가 없다. 파렴치한 도박, 대낮의 강도 행위, 성공을 위해 동료를 희생시키는 냉혹한 일들이 그곳에서는 사업과도 같은 거대한 규모로 벌어지고 있다.

이교도들을 불쌍한 눈으로 바라보고 기독교 문명의 복을 영광스럽게 여기는 그대들이여, 여기 그대들의 동료 중 하나인 어느 박애주의자로부터 내가 들은 이야기를 공정하고 열린 눈으로 읽어 보라.

기독교 국가 중에서도 가장 기독교적인 나라의 수도 외곽에 어느 노부부가, 겉으로 보기에는 이 세상의 좋은 것들을 즐기면서 조용히 살고 있었다. 그 부부가 잘 사는 이유는 자신들만이 아는 비밀이었다. 그런데 한 가지 이상한 점이 있었다. 그들에게는 스토브가 하나 있었는데, 언뜻 보기에도 두 사람 몫의 요리를 하기엔 너무 컸다. 그리고 식사 시간이 훨씬 지나 모두가 잠자리에 든 한밤중인데도 그 집 굴뚝에서는 연기를 토해 내는 게 아닌가. 그 도시의 한 용감한 여성이 이 희한한 가정을 주목하게 되었다. 이 여성은 이 세상의 어두운 일들을 추적할 때면 예리한 여성적인 본능에다 가장 실용적인 재치까지 발휘하곤 했다. 그녀는 이 사건을 조심스럽게, 조용히 조사했다. 증거 위에 증거가 더해졌고, 더 이상 의심의 여지가 없게 되었다.

어느 어두운 밤에 그녀는 그 계통의 관계자들과 함께 그 집으로 쳐들어갔다. 스토브가 의혹의 대상이었다. 그들은 스토브를 열어 보았다. 거기서 무엇이 나왔을 것 같은가? 늙은 나이에 놀이가 될 만한 타다 남은 무연탄 찌꺼기? 아니었다. 너무도 끔찍한 일이었다! 그 속엔 사람의 모습을 한 것들이 있었다. 보들보들한 아기들이 거기서 태워지고 있었던 것이다. 태우는 가격은 한 명당 2달러! 이 일을 아무런 제재도 받지 않고 20년 동안 했던 것이다! 게다가 이 일로 돈도 꽤 벌었다! 무엇 때문에 이렇게 끔찍한 일을 해왔단 말인가? 그것은 단지 이 불행한 아기들이 태어나게 된 수치를 감추고 없애기 위해서였다! 사생아가 엄청나게 많이 태어난 도시, 그래서 이 노부부의 거래는 날로 번성했던 것이다! 이 이야기를 들려준 사람은 계속해서 이렇게 말했다. "그 가엾은 아기들이 이 세상에 태어난 건 아마 …… 때문일 겁니다. 놀랄 일도 아니지요." (망신 위에 망신이다!)

몰렉 신 숭배(아기를 제물로 바쳐서 섬기는 신. 레 18:21, 20:3-4, 왕하 23:10, 렘 32:35 참조)가 기독교 국가에서도 행해지다니! 인도의 신화까지 들춰 보지 않아도, 인간을 제물로 바치는 공포의 미신 행위를 상상해 볼 수 있는 곳이 바로 여기다. 이교도 암몬족은 그나마 분명한 종교적인 목적을 가지고 유아들을 희생 제물로 바쳤지만, 이 마녀들은 단지 '한 명당 2달러'가 유일한 목적이었다. 분명 '이교도는 가까이에' 있다. 해외여행을 다니면서 주로 어두운 면만을 보고 온 내 동포들은 "기독교 국가는 야만적인 나라"라고 말한다. 그들이 공정치 못한 건 사실이지만, 이 '야만성의 측면'에 관한 한 그들이 받은 인상은 옳다. 이렇게 야만성에 있어서도 이교도 국가는 기독교 국가의 경쟁 상대가 못 된다.

그러나 기독교 국가의 악이 그토록 악하다면, 그들의 선 또한 얼마나 선한가! 이교도 국가를 사방으로 뒤져 보라. 자기네 인류의 역사를 장식할 만한 존 하워드(John Howard) 같은 사람 한 명 나오는가 말이다.

첫 장에서 이미 언급했듯이, 투철한 유교 학자이신 내 아버지는 중국의 고대 학자들을 무척 존경하셨는데, 내게 재차 말씀하시기를, 당신이 아는 바에 의하면 공자가 온갖 칭송을 아끼지 않았던 요(堯)와 순(舜)도 미국의 조지 워싱턴에 비하면 아무것도 아니라는 것이었다. 아버지보다 워싱턴을 더 잘 아는 나도 아버지의 이러한 '역사 비평'을 보증할 수 있다. 워싱턴처럼 영웅주의와 온유한 마음, 능력과 공명정대한 목적, 상식과 종교적 신념에 대한 열정이 결합된 성품, 마치 올리버 크롬웰과 같은 그런 성품은 비기독교 체제 아래서는 결코 나올 수가 없다.

우리 나라 고관들도 거대한 부를 축적한 후엔 자신의 '미래를 위해' 절에 기증하거나 가난한 이들을 공양한다는 말은 나도 들은 적이 있다. 그러나 조지 피보디나 스티븐 지라드처럼 오직 주기 위해 축적하고, 주는 것을 기뻐하는 사람을 이교도들 속에서는 볼 수가 없다. 이렇게 알려진 몇몇 소수의 사람들뿐만 아니라, 남의 눈에 띄지는 않아도 특별히 선한 사람들이라고 칭할 만한 사람들이 기독교 국가에는 많이 있다. 이들은 '선' 그 자체를 위해 선을 사랑하는 사람들이며, 인류가 일반적으로 악을 행하는 데 열심인 것처럼 이들은 선을 행하는 데 열심이다. 이런 사람들이 얼마나 조심스레 대중의 눈을 피해 가면서 자신의 노력과 기도로 이 세상을 조금이나마 낫게 만들기 위해 애쓰는지, 비참한 상황 속에 처한 이들을 신문에서 읽고는 얼마나 자주 눈물을 흘리는지, 얼마나 온 인류의 행복을 자신의 사명으로 여기는지, 그리고 얼마나 기꺼이 인간의 고통과 무지를 개선하는 일에 동참하려 하는지를 나는 내 이 두 눈으로 직접 보았으며, 그런 사람 모두에게서 발견할 수 있는 참된 정신 또한 자신 있게 증언할 수 있다.

소리 없이 일하는 이런 사람들은 조국이 위험에 처하면 그 누구보다 먼저 자신의 목숨을 바친다. 이교도의 나라에서 새로운 선교 사업이 시작된다는 말을 들으면 그 사업을 담당하는 선교사에게 가지고 있던 기찻삯을 전달하고는 걸어서 집으로 돌아오면서, 자신의 행동에 대해 하나님을 찬양한다. 애통해하는 마음을 품고 하나님의 긍휼 속에 있는 모든 신비를 이해하고 자기 주변의 모든 이에게 긍휼을 베푼다. 게다가 이런 부류의 사람들은 사납거나 맹목적인 열정을 품지 않으며, 온유하고 침착하게 선한 일을 감당한다.

솔직히 말해 나는 오직 기독교 국가에서만 이처럼 선한 사람들을 보았다. 용감한 사람, 정직한 사람, 의로운 사람은 이교도 국가에도 많이 있다. 그러나 과연 예수 그리스도의 종교로 다듬어지지 않고서도 선한 사람이 나올 수 있을지는 의문이다(여기서 선한 사람이란, 다른 나라 언어에는 그에 필적하는 단어가 없는 영어 단어 'Gentleman' 하나로 요약될 수 있는 사람을 일컫는다). '기독교인, 전능하신 하나님의 젠틀맨', 바로 이런 사람은 이 세상에서 독특한 인물이며, 형용할 수 없을 만큼 아름답고, 고상하고, 사랑스러운 사람이다.

기독교 국가에서 이와 같은 선한 사람들이 악한 사람들에 대해서 가지는 힘(power)은, 선한 사람의 수가 상대적으로 부족한 것을 고려할 때, 엄청나다. 이것은 기독교 국가의 또 하나의 특징인데, 이곳은 이교도 국가보다 선이 실현될 가능성이 더 많고 그 영향력 또한 막강하다. 개리슨(William Lloyd Garrison: 1805 - 1879 미국의 저널리스트이자 노예제도 폐지론자)이란 사람은 '친구도 없고 드러나지도 않는 사람'에 불과했지만 한 인종의 자유가 그로부터 시작되었다. 존 B. 고프(John Bartholomew Gough: 1817 - 1886 미국의 금주 운동가)라는 사람 때문에 무질서한 음주 습관이 흔들리기 시작하기도 했다.

이런 사람들에게 있어서 소수란 결코 패배를 의미하지는 않는다. 비록 그들의 헌법은 패배를 암시하는지 몰라도 말이다. 그들은 자신들의 의로운 목적뿐 아니라 국민의 양심 또한 확신하기에, 결국 국민도 자기들 편에 설 것이라고 굳게 믿는다. 그들은 부자를 두려워하고, 공경하고, 존경하지만, 선한 사람에 대해서는 더욱 그렇다. 그들은 워싱턴의 용기보다 워싱턴의 선함을 더 자랑스럽게 여기며, 제이 굴드(Jay Gould: 1836 - 1892 미국의 사업가)보다 필립스 브룩스를 더 자랑스럽게 여긴다. 사실 그들 중 많은 사람들은 제이 굴드를 더 부끄러워한다. 그들이 가진 의는 힘으로 나타나며, 약간의 의로도 엄청난 부와 맞먹고, 종종 그 부를 능가하기도 한다.

그들의 '국민적 양심'—한 국민으로서 사람들이 가지는 양심의 총합—또한 그들 개개인의 평균적 양심보다 얼마나 고상하며 순결한지! 개인적으로는 자유롭게 탐닉하는 그 일을, 한 국가의 국민으로서는 강하게 저항한다. 최근 미국에서 터진 남북전쟁에서 많은 '불경(不敬)한 사람들'(하나님을 믿지 않는 사람들이라는 뜻 - 옮긴이 주)이 기독교인으로서 죽어 갔다고 들었다. 나는 그 말을 의심하지 않는다. 그 전쟁은 원칙에 관한 전쟁이었지, 명예나 더러운 이윤을 추구한 것은 아니었다. 그들은 기독교적인 목표를 가지고 행진했다. 즉 열등한 인종의 해방이 그들의 목표였던 것이다. 역사상 그 어떤 국가도 그런 이타적인 목적을 가지고 전쟁을 치른 적이 없었다. 오직 기독교 국가만이 그런 전쟁을 할 수 있다. 그러나 그 전쟁에 참여한 사람 모두가 기독교인은 아니었다.

또한, 이 사람들이 대통령 후보의 도덕적 완결성을 얼마나 꼼

꼼하게 따지는지를 보라. 대통령으로 뽑히는 사람은 유능하면서도 도덕적이어야 한다. 리슐리외(Armand Jean du Plessis Richelieu: 1585 - 1642 루이 13세 시대의 프랑스 재상)나 마자랭(Jules Mazarin: 1602 - 1661 이탈리아 태생의 프랑스 정치가로 탐욕적이고 음험하다는 비난을 받았음) 같은 사람도 그들의 대통령이 될 수 없다. 다른 모든 면에서는 통치자로 가장 적합하되 도덕성이 없는 가련한 후보들에게 화가 있으리로다. 자신의 성품에 흠집을 내는 단 한두 개의 얼룩 때문에 그는 실패하였도다.

그러나 이교도 국가에서는 '도덕성'이 정치가가 갖추어야 할 일반적인 성품은 아니다. 그런데 왜 기독교 국가에서 그토록 엄격하게 모르몬교 신도(1830년 미국에서 조셉 스미스가 창설한 모르몬교는 '말일 성도 예수 그리스도 교회'라는 이름으로 모르몬경을 경전으로 삼고 있으며, 미국 유타 주를 본산지로 하고 있다)들을 단속하는 것일까? '신비 종교류'의 축첩(蓄妾)과 복혼(複婚)은 실제로 행하고 있으면서 말이다. 정말 이상한 모순이라고 여러분은 생각할 것이다. 그렇다. 분명 이상한 일이다. 하지만 존경할 만한 일이다. 이들은 국민으로서는 복혼을 허용할 수 없었던 것이다. 만약 그것을 하겠다면 은밀하게 하도록 하라. 국가적 양심은 아직 이런 비밀스런 행위까지 주시할 만큼 예리하지가 못하다. 그러나 국가법의 묵인과 보호를 받는 제도로서의 복혼, 그것만큼은 기독교인이든 불신자든 절대 눈감아 줄 수 없다. 당연히 모르몬 교도들도 이 법을 따라야 한다. 그렇지 않으면 유타 주는 이미 밝고 명예로운 별들이 여러 개 번쩍이는 미국 국기에 또 하나의 별을 추가하지 못할 것이다.

모든 고귀하고 가치 있는 정서를 양성하는 소위 '국가적 양심'이란 것은 야비하고 하찮은 그 어떠한 정서도 발을 들여 놓지 못하게 한다. 그래서 '마녀'는 누구든지 대낮의 빛을 쬘 수가 없다. 마녀들이 사람들 사이에 나타나려면 반드시 '의의 옷'을 입어야 한다. 그렇지 않으면 의의 옷을 입은 또 다른 마녀들에게 '린치'를 당할 것이고 결국 그들의 존재는 '망각' 속에 파묻혀 버릴 것이다.

맘몬(財神)들도 의의 법에 따라 행동한다. 정직은 다른 돈벌이 사업과 마찬가지로 정치에서도 최선의 정책으로 여겨진다. 사람들 앞에서는 아내에게 키스하는 남편이, 집에서는 그 아내를 때린다. 도박장은 '당구장'이라는 이름으로 통하고, 심지어 타락한 천사들도 '숙녀'라고 불린다. 술집마다 밖에서는 보이지도 않게 칸막이를 쳐 놓고 사람들은 어둠 속에서 술을 마신다. 자신들의 악한 습관을 부끄럽게 여기는 게 분명하다. 이 모든 것이 최악의 위선을 조장한다고 여러분은 말할 것이다. 그렇다면 악을 인가해 주는 것이 덕(Virtue)이란 말인가? 나는 그렇지 않다고 생각한다.

그러므로 나는 선과 악을, 하늘을 사랑하는 종달새와 굴 속에 사는 박쥐들을, 오른편의 양과 왼편의 염소를 구별하는 것이 기독교 국가라고 생각한다. 우리 모두가 향해서 가고 있는 곳, 선과 악이 완전히 분리된 상태를 미리 맛보는 곳이 바로 기독교 국가다. 이 세상은 비록 아름답기는 하지만, 원래부터 천사들의 세상은 아니었다. 우리가 '앞으로 살게 될 세상'을 위해 우리를 준비시켜 주는 예비 학교의 의미를 가진다. 이 세상이 마땅히 갖추어야 할 모습을 만들어 보려는 우리의 보잘것없는 시도 때문에, 이 세상이 가지는 그러한 교육적인 가치를 간과해서는 안 된다.

고대의 그리스인들처럼 이 세상을 신들의 집으로 생각하는 공리주의(功利主義)나 '감상적인 기독교'와 같은 피상적인 사상들은 크롬웰처럼 전혀 상냥하지 않은 선지자들을 보면 생각을 달리할 것이다. 사실 그러한 사상이 모든 사람을 행복하게 해줄 수는 없다. 많은 경우 '최대 다수의 최대 행복'은 의롭고 공정한 정부와는 정반대의 정부를 의미하는 말이 되고 있다. 아마 하늘 아래 그 어느 곳도 콩고나 잠비아에 있는 아프리카의 정글만큼 '보편적인 만족'을 누리는 곳은 없을 것이다.

영혼을 가장 잘 훈련시킬 수 있고, 따라서 이 지구가 창조된 원래의 의미가 가장 잘 실현되는 곳이 최고의 나라다. 그 목적이 달성되고 나면, 우리는 모두 이 세상을 떠나 어떤 사람들은 영원한 축복으로, 나머지는 영원한 저주로 가고, 지구 자체는 자신의 임무를 다 마치고 원래의 요소로 돌아가게 될 것이다.

기독교 국가의 장점에 대한 이야기를 접기 전에 한 가지 특징만 더 언급하자. 근대의 생물학이 자주 주제로 삼고 있는 기독교 교리가 하나 있다. 바로 '부활'이다. 르낭(Joseph Ernest Renan: 1823－1892 프랑스의 종교사가이자 히브리어 학자)과 그의 제자들이 이 교리를 가지고 무엇을 요리해 내든, 이 독특한 교리가 가지는 실제적인 중요성은 어떠한 사상적 경향을 가진 '역사학파'라 하더라도 무시할 수 없을 것이다.

대체로 이교도들은 매우 빨리 늙는 데 반해, 기독교인들은 늙는다는 걸 전혀 모르는 채 심지어 죽음에 대해서까지도 소망을 가지는 이유는 무엇일까? 80세가 되어서도 마치 20대처럼 여전히 미래를 계획하는 사람들은, 우리 이교도들이 보기에는 거의 기적적인 신비에 가깝다. 우리 나라에서는 사람이 40세가 넘으면 늙었다고 보는 데 반해, 기독교 국가에서는 50세를 넘지 않으면 중요한 직책을 맡기기에는 부적합하다고 본다.

우리는 자녀가 성년이 되자마자 휴식과 은퇴를 생각하고, 효의 가르침이 뒷받침되어 놀고 먹으며 젊은 세대의 보살핌과 대접을 받는 것을 당연한 권리로 여긴다. 그런데 선교사였던 저드슨(Adoniram Judson: 1788－1850)은 평생을 고생하며 살아 왔지만, 자기에겐 영원한 안식이 있으니 살아서 더욱 일하고 싶다고 외쳤다. 빅토르 위고(Victor Marie Hugo: 1802－1885 프랑스의 시인이며 소설가이자 극작가)는 84세의 나이에 이렇게 말했다. "나는 온 세상을 조국으로서 사랑하기 때문에 매시간 더 진보하고 있다. 내 작업은 이제 시작일 뿐이다. 나의 업적은 아직 기초도 제대로 놓이지 않았다. 그 업적이 계속해서 세워지고 또 세워지는 것을 보고 싶다." 이런 사람들과, 술잔에서 노년의 위로를 찾았던 중국의 시인 도연명이나 머리칼에 회색빛이 띠기 시작하자마자 이 바쁜 세상에서 물러나려는 내 동포들과 비교해 보라.

하나님을 인정하지 않는 생리학에서는 이 모든 것을 식생활과 기후 등의 차이로 본다. 그러나 우리가 먹던 쌀을 계속해서 먹고, 우리가 겪은 장마를 계속해서 겪어도 지금까지와는 다르게 살 수 있다는 사실로 볼 때, 이러한 생리학적인 설명만으로는 부족하다는 것을 알 수 있다.

기독교 국가의 진보주의는 기독교에서 기인한다고 나는 본다. 믿음과 소망, 그리고 자비, 이 세 가지 생명의 천사들이 지난 19세기 동안 기독교 국가에서 죽음과 그의 악한 천사들에게 맞서고 혼신을 다해 막아 내면서 일한 결과, 드디어 오늘날의 기독교 국가가 탄생하게 된 것이다.

생명은 최고의 적, 죽음이 품은
헛된 증오를 조롱한다…… 생명 자신이
독재자의 왕좌, 무덤에 올라앉아,
유령 같은 원수의 승리를
자신의 먹이로 삼는다.
– 브라이언트(William Cullen Bryant: 1794 – 1878 미국의 시인이자
저널리스트)

기독교 국가에 사는 사람들이 여전히 많은 죄를 짓기는 하지만 또한 그 죄를 이겨 낼 힘도 가지고 있다. 치유될 수 없다고 생각하는 그 어떠한 슬픔도 아직은 그들에겐 없다. 이런 힘만으로도 기독교는 가질 만한 가치가 있는 것 아닌가?

그러면 기독교 선교의 존재 이유(raison d´etre)는 무엇인가? 그것은 이미 앞에서 언급한 바 있다. 기독교 선교는 기독교 자체의 존재 이유다. 데이비드 리빙스턴(David Livingstone: 1813-1873 스코틀랜드 출신 선교사이자 아프리카 대륙 탐험가)은 이렇게 말했다. "선교의 정신은 우리 주님의 정신이며, 하나님이 주신 종교의 진수 그 자체다. 잘 전파된 박애주의는 기독교 그 자체다. 기독교의 순수성이 입증되려면 지속적으로 전파되어야 마땅하다." 그렇다. 기독교는 전파되지 않으면 살아남지 못한다.

하나님께서 왜 그토록 많은 인류를 계속해서 어두운 이교주의에 내버려 두시는지를 생각해 보았는가? 내 생각에는 어두움을 정복해 가는 그대들의 노력을 통해서 기독교가 살아 성장케 하기 위함이 아닐까 싶다.

아직도 세상에는 1억 3400만의 이교도들이 있다. 그렇게 많은 이교도가 남아 있다는 게 감사할 뿐이다. 알렉산더 대왕처럼, 더 이상 정복할 땅이 없다고 서러워할 필요가 없기 때문이다. 만약 하나님께서 당신에게 집에서 지갑만을 끌어 안은 채 이교도에 대한 마음은 닫고 살라고 명하신다면 어떻겠는가? 쓸데없는 책무를 면제해 주신 것을 감사하겠는가? 혹시 기독교 선교가 당신에게 책무라면, 그래서 하나님께 더 많은 복으로 보상받아야 하고, 당신의 마음을 훈훈하게 해줄 이교도들의 감사도 있어야 한다면, 주저 없이 기독교 선교를 그만두라고 권하고 싶다. 하나님도, 이교도도 당신에게서는 아무런 유익을 얻지 못할 테니 말이다.

"만일 복음을 전하지 아니하면 내게 화가 있을 것이로다"(고전 9:16). 이것은 사도 바울의 말이다. 내 생각엔 선교사가 되지 않는 것이 바울에게는 가장 큰 시련이 아니었겠는가 싶다. 자기 안에 계속해서 팽창하는 생명을 가지고 있는 그가, 과연 우주적인 사랑으로 확장해 나가지 않을 수 있었겠는가? 기독교 선교를 하지 않고도 살 수 있었겠는가 말이다. 맡은 일의 어려움이나 이교도들의 오만함 등을 가지고 비겁하게 불평할 거라면, 우리는 전해 줄 기독교가 없다고 차라리 정직하게 고백하는 편이 낫지 않을까?

그렇다면 자기 나라에도 이교도들이 충분히 많이 있는데, 구태여 왜 다른 나라의 이교도들에게까지 선교사를 보내는가?

세상은 하나의 단일체이며, 인류는 하나의 거대한 가족이라는 사실을 여러분은 알 것이다. 나는 그 사실을 내가 가진 기독교의 성경에서 읽었다. 비록 기독교적이건 비기독교적이건 간에 애국심은 그 사실을 부인하는 것처럼 보이지만 말이다. 사실 다른 사람을 완전하게 하지 않고서는 자기 자신도 완전해질 수 없다. 이교도 국가로 둘러싸여 있는 완벽한 기독교 국가란 있을 수 없다. 다른 민족을 기독교화함으로써 우리는 우리 자신을 기독교화하게 되는 것이다. 이것은 실제의 경험을 통해서 풍부하게 예증된 원리다.

당신이 해외 선교를 중단하고 모든 에너지를 국내 선교에 집중시킨다고 하자. 과연 무엇을 얻겠는가? 놀라운 회심도, 위스키의 저주에서 해방되는 가정도, 옷을 제대로 입는 아이도 늘어날 것이다. 그것은 의심할 여지가 없다. 그러나 또 한편으로는 무슨 일이 일어나겠는가? 이단 정벌과 교단끼리 뒤에서 험담하는 일이 늘어날 것이고, 아마도 주일학교 소풍과 교회 안에서의 '일본식 결혼'(Japanese marriages, 사무라라는 목사가 미국에서 출판한 일본 풍속을 소개한 소책자 제목. 일본 사회의 후진성을 고의로 과장해 미국인의 동정을 노렸다고 일본 기독교인들의 비난을 받고 사무라는 교직을 박탈당했다)도 늘어날 것이다. 기독교를 지금까지 1800년 이상 누린 당신들은 이제 그 어리석고 이교적인 견해, 즉 한쪽으로 선을 행하면 다른 쪽으로 행하는 선이 줄어든다는 그런 생각은 충분히 극복했으리라고 나는 생각한다.

외부에서의 성장은 언제나 내부의 성장을 의미한다. 당신이 무기력증 때문에 고민하고 있다고 하자. 의사를 찾아가니 계속해서 무슨 특효약을 처방해 준다. 그러나 아무것도 도움이 안 되고 점차 의사에 대한 신뢰마저 잃게 된다. 그러다 드디어 문제의 본질을 깨닫게 된다. 그래서 당신은 관심을 밖으로 돌린다. 일단 자신의 문제는 잊고 다른 일을 시작하는 것이다. 그것이

양배추를 재배하는 일일 수도 있다. 그러자 숨이 트이고 이두박근이 조금 더 커지고 단단해진다. 어느새 당신의 문제가 해결됐다는 것을 느끼게 되고 이제 당신은 전보다 더 건강한 사람이 되어 있다. 당신은 바로 반사작용을 통해 스스로를 치유한 것이다. 양배추에 정성을 쏟았더니, 양배추가 당신을 치료해 준 것이다.

이것은 교회도 마찬가지다. 이단 정벌을 단속하고 새로운 신학을 처방해 주는 것만으로는 문제를 영원히 해결하지 못할 수도 있다. 아니, 더 악화될지도 모른다. 그런데 일부 지혜로운 사람들이 그들에게 해외 선교라는 처방을 해 준다. 그래서 해외 선교에 동참하게 되고 금세 관심을 가지게 된다. 그들은 온 세계에 동정심을 가지게 되고, 궁극적으로 자기 자신들도 확장되는 것을 느낀다. 이렇게 생긴 새로운 동정심은 이단 재판과 새로운 신학의 약물로 잠들어 버린 옛 동정심을 불러일으킨다. 오로지 자신에게만 관심을 쏟을 때는 일으키지 못했던 내적인 부흥이, 이제 자신이 아닌 다른 사람들에게 자신을 내어 주고 나니 다시 한 번 일어나는 것을 그들은 보게 되는 것이다.

이교도를 회심시켰더니 이제 그 이교도가 당신을 재회심시킨다. 이것이 바로 인류다. 모든 종족은 이렇게 서로 밀접하게 연결되어 있다. 이교도를 '동정'하는가? 비참한 상태에 있는 당신의 형제들을 동정하는가? 그들을 부끄럽게 생각하지 않고 그들이 그렇게 비참하게 된 것에 대해 당신 자신을 탓하는가? 나는 이것이 기독교 선교의 참된 철학이라 믿는다. 다른 기초에서 출발한 선교는 전부 쇼이며, 연극이며, 적에게 비판받아 마땅하며, 이교도들마저 무시할 것이다.

그러나 당신은 이렇게 물을 것이다. "이교도들은 기독교를 기쁘게 받아들이는가?" 물론 지각있는 이교도들은 기쁘게 받아들인다. 그리고 지각없는 사람들도, 지금은 비록 선교사들에게 돌을 던지는 등 이런저런 해를 끼치지만, 일단 지각을 회복하기만 하면 곧바로 자신들의 잘못을 깨닫게 될 것이다.

물론 우리는 기독교의 이름으로 들어오는 많은 것들을 달가워하지 않는다. 지금 우리의 지적 수준에 맞게 기독교를 전달하는 데 꼭 필요한 것이 아니라면, 성찬식 빵, 성례복, 의무적인 기도서, 신학 등은 제발 보내지 말았으면 좋겠다. 그리고 미국 국교나 영국 국교를 마치 기독교인 양 우리에게 강요하지 않았으면 좋겠다.

우리 가운데서 직접 그리스도께 돌을 던진 사람은 한 명도 없기를 바란다. 만약 그리했다면 우리는 전능하신 왕께 돌을 던진 것이며, 그에 대해서는 진리가 직접 우리를 정죄할 것이다. 그러나 그리스도의 이름으로 우리에게 자기 자신의 관점—그들은 그것을 신학이라고 부른다—과 '자유 결혼'이니 '여성의 권리'니 하는, 우리에겐 다소 유쾌하지 못한 자신들의 풍속 습관을 가르치는 선교사들에게 돌을 던지는 것에는 우리를 꾸짖지 말라. 우리는 자기 보존을 위해서 그렇게 하는 것이다. 가톨릭은 옹호하되 로마 가톨릭은 옹호하지 않는 사람들, 피오나 레오 같은 로마 교황들이 학교나 기타 공무(公務)에 간섭하는 것을 강단 설교와 신문 사설을 통해서 정면 공격하는 사람들은, 우리가 미국 국교니 영국 국교니 하는 다른 외국의 '주의' 들에 항의하는 일에 찬성할 게다.

그러므로 우리에게 선교하러 오는 사람들은 상식을 갖추고 오기를 바란다. 한 민족이 하루 아침에 회심이 가능하다고 말하는 선교 서커스 사람들의 말은 믿지 말라. 이 지구상 그 어느 곳에도 영적인 엘도라도는 없다. 그 어느 곳에도 사람이 단 한 번에 수십 명, 수백 명씩 회심하지는 않는다. 어디를 막론하고 세상은 언제나 실제적이다. 다른 나라들과 마찬가지로 이곳에서도 사람은 의심하고, 가장(假裝)하고, 실족한다.

어떤 선교사들은 마치 우리가 자기 조국의 사람들인 양 설교한다. 그들은 미국인과 영국인에게 매우 효과적인 무디와 생키(Ira David Sankey: 1840 – 1908 미국의 전도자)의 전도 방식이 일본인과 중국인에게도 동일한 효과를 낼 것으로 기대한다. 그러나 일본인과 중국인은, 여러분도 잘 알다시피 미국인이 아니다.

그들이 자랄 때는 '주는 나의 목자시니' 나 '이제 내가 잠드오니' 처럼 천사 같은 노래들이 없었다. 그들은 에스티(Estey) 파이프 오르간 소리만큼 징 소리도 즐긴다. 그들은 '이교도들' 이며 따라서 그것을 염두에 두고 그들을 가르쳐야 한다. 그런데 어떤 이들은 그들에게 예수 그리스도에 대한 설교를 하고, 신약 성경을 한 권씩 나눠 주고, 세례를 받도록 설득해서 그들의 이름을 교회 명단에 올리고, 본교회에 보고하고 나면 이제 그들은 안전하며 어떻게든 천국에는 갈 것이라고 생각한다.

그러나 그들은 천국에 갈 수도 있지만, 가지 못할 수도 있다. 그들 속에 있는 옛 아담의 모습, 유전적 영향, 정신적 특성, 사회적 환경은 그들이 배우는 새롭고도 이상한 교리를 그리 쉽게 따라가지 못한다. 하나님 없는 과학을 우리는 경멸하지만, 과학 없는 전도도 우리는 그렇게 높이 평가하지 않는다. 신앙과 상식은 완벽하게 공존할 수 있으며, 열정적이고 성공적인 선교사들은 모두 상식이 풍부했다고 나는 믿는다.

또 하나는, 당신들 자신의 영혼 속에 있는 사탄을 먼저 물리친 후에 우리에게 오도록 하라. 존 버니언이 사탄을 다룬 경험이 거의 없는 어느 목사에 대해서 한 이야기를 여러분은 기억할 것이다. 그 목사가 버니언의 영혼을 치유할 수 없었던 것처럼, 그 목사와 같은 사람들은 우리 이교도들을 치유할 수 없다. 회심에 대해서는 '멀리서 온 보고서'로만 들어 보았던 '태생적 기독교인'들은, 우리 이교도들이 어둠에서 빛으로 나오면서 겪는 죽음의 싸움에는 별 도움을 주지 못한다.

내가 아는 미국의 한 퀘이커 교도인 교수는, 내가 그리스도께로 나아오는 씨름의 와중에 극복해야 했던 여러 의심과 어려움을 이야기하자, 기독교는 '사랑'이라는 한 단어에 다 담겨 있는 매우 단순한 것이라며 나를 이해할 수 없다고 말했다. 한 단어

일지 모르나, 온 우주로도 담을 수 없는 단어가 사랑이다! 참 부러운 사람이다. 그의 조상들이 그를 대신해 모든 싸움을 다 싸웠던 것이다. 그는 힘겨운 씨름에 대해서는 인식조차도 없는 기성 기독교인으로 이 세상에 태어났다. 백만 장자의 아들이 자수성가한 사람의 고난과 투쟁을 이해할 수 없듯이 그 교수는, 그리고 기독교 국가에 있는 그와 같은 많은 사람들은, 우리 이교도들이 그 한 단어에 평화롭게 안착하기까지 우리 영혼 속에서 어떤 싸움을 싸워야 하는지 이해하지 못한다.

그런 사람들에게는 선교사로 우리에게 오지 말고 그냥 교수로 자기 나라에 남아 있으라고 충고하고 싶다. 우리의 복잡함과 얽힌 것들이 그들을 혼란스럽게 하는 것처럼, 그들의 단순함과 곧은 것이 우리를 혼란스럽게 하기 때문이다. 참으로, 기독교에 대해서 진지한 체험을 한 사람들은 기독교가 전적으로 쉽고, 편안하고, 그저 누구에게나 좋은 그런 것은 아니라는 사실을 안다. 기독교는 시인 브라이언트가 말한 '자유'와 비슷한 데가 있다는 걸 그들은 그 체험을 통해 알게 되었던 것이다.

수염을 기른 채,
빈틈없이 무장을 하고,
갑옷으로 싸여 있는 한 손에는
넓은 방패를 쥐고, 또 한 손에는 칼을 쥐었다.
그대의 이마는 아름다운 영광으로 빛나지만,

상흔이 남아 있는 것은 지난날 치른 전쟁의 증거.

그대의 육중한 팔과 다리는 싸움으로 강하게 되었도다.

우리는 《천로역정》은 감사하게 받아들일 수 있다. 그러나 행복하고 즐겁고 달콤한 종교에 대해서는, 그것이 십자가에 달리신 그분의 기독교가 아니라는 것밖에는 모르겠다. 당신 자신의 영혼에서 먼저 이교주의를 정복하라. 그러면 우리 안에 있는 이교주의도 성공적으로 정복할 수 있을 것이다.

모든 '주의'들 가운데서 순전(純全)한 기독교를 걸러 냈고, 상식을 날카롭게 갈았고, 무엇보다 당신들 자신의 영혼으로부터 사탄을 물리쳤다면, 당신들이 이교도에게 상당한 유익을 끼치지 못할 이유가 없다고 본다. 하나님께 감사하게도 실제로 그런 선교사들이 이교도 국가에 왔었고, 또한 우리는 그들을 더 많이 보내 달라고 부르짖고 있다.

일단 오기만 하면 우리는 그들이 외국인이라는 사실을 금방 잊어버리게 된다. 그들의 서툰 언어도 더 이상 장벽이 아니다. 그들의 눈동자 속에서 기독교를 보기 때문이다. 그들의 악수하는 손에서도 우리는 기독교를 느낀다. 오, 그들이 우리 가운데서 얼마나 밝은 빛으로 빛나는지! 그들의 존재만으로도 어둠은 물러간다. 이런 선교사들은 구태여 설교를 할 필요가 없다. 설교는 우리가 하겠다. 뒤에서 우리를 붙잡아 주기만 하라. 이런 선교사 한 명이 모험과 실험을 일삼는 수십, 수백 명의 선교사들보다 낫다. "천사장이 시기할 만한 일, 그것은 이교도에게 그리스도를 전하는 일." 그렇다. 이 시기할 만한 일에 참여하는 바로 그 사람이 천사장이 아니겠는가?

그렇다. 우리에겐 기독교가 절실하다. 그러나 나무나 돌의 우상을 파괴하는 일이 우리가 기독교를 필요로 하는 가장 큰 이유는 아니다. 나무나 돌의 우상은 이교도 국가나 다른 어떠한 나라에서 섬기는 우상들에 비하면 순진한 것들이다. 우리의 악한 것은 더 악하게, 선한 것은 더 선하게 드러내기 위해서 우리에겐 기독교가 필요하다. 오직 기독교만이 우리 죄를 깨닫게 해준다. 그리고 죄를 깨닫게 한 후에는 죄를 넘어서고 정복할 수 있게 해준다.

이교주의는 인간의 존재 양식 중에서 미지근한 상태라고 나는 늘 생각한다. "그것은 아주 뜨겁지도 아주 차갑지도 않다"(계 3:16 참조). 무기력한 인생은 나약한 인생이다. 그런 인생은 고통을 덜 느낀다. 따라서 즐거움도 덜 느낀다. '데 프로푼디스'(de profundis, '깊은 데서'라는 뜻의 라틴어로 매우 비참한 상태에서 외치는 소리를 일컬을 때 쓰는 말. 시 130:1 참조)는 이교주의의 속성이 아니다.

우리가 강해지려면 기독교가 필요하다. 하나님께는 충성을, 사탄에게는 적의를 맹세하기 위해 우리는 기독교가 필요하다. 나비 같은 인생이 아니라 독수리 같은 인생, 분홍 장미의 자그마한 완성이 아니라 참나무의 기운찬 힘을 원한다. 어린아이일 때는 이교주의만으로도 살 수 있다. 그러나 성인이 되어서는 오직 기독교밖에 없다. 세상은 성숙해 가고 있고, 우리도 세상과 함께 성숙해 가고 있다. 따라서 모든 사람이 기독교를 필요로 하는 날이 언젠가는 반드시 올 것이다.

고향 집으로 돌아가는 50일 동안을 나는 바다에 있었다. 남십 자성 밑을 항해하면서, 참된 십자가는 서고 거짓 십자가는 쓰러 지는 것을 보았다. 내가 사랑하는 사람들을 곧 보게 되어서 기 뻤다고 생각하는가? 그렇다. 군인이 행복해하는 의미에서 나는 행복했다. 그 '군인'은 적을 일단 만나고 난 후에 적을 정복하기 를 꿈꾸는 군인이다.

그분이 나를 발견하셨고, 띠를 두르시고, 내가 가려고 하지 않는 곳으로 데려가시겠다고 넌지시 말씀하셨다. 그분은 나의 작은 영역에서 치러야 할 전투를 맡기셨고, 나는 아니라고 대답 할 수 없었다. 아아, 나는 많은 싸움을 하며 그분을 찾았다. 나 는 그분을 발견했고, 그러자 그분은 곧바로 내게 당신의 전쟁터 로 나가라고 명하셨다! 이것은 군인의 집에서 태어난 사람의 운 명이다. 투덜거리지 말라. 감사하라.

1888년 5월 16일 정오, 맑음, 오후에는 안개
아침 10시경에 내 조국이 시야에 들어왔다. 어제 정오부터 451킬로미터를 달렸다. 100킬로미터만 더 가면 집이다. 창세기 32장을 읽었다. 내 망명의 날 동안에 하나님께서 내게 보여 주신 긍휼 하나라도 나는 받을 가치가 없다는 생각에 많은

위로를 받았다. 인생의 슬픈 경험들이 남긴 빈 공간을 하나님의
은혜가 채워 준다. 내 인생이 하나님의 인도를 받았다는 것을
안다. 그리고 비록 내가 많은 두려움과 떨림으로 고향 땅으로
돌아가지만, 나는 해(害)를 두려워하지 않는다. 하나님께서
계속해서 내게 당신을 더 많이 보여 주실 것이기 때문이다.

5월 16일 자정
밤 9시 30분에 집에 도착했다. 약 3만 2천 킬로미터의
여행 끝에 드디어 이곳에 도착하게 된 것을 하나님께
감사드린다. 온 가족의 기쁨은 이루 말할 수 없이 컸다.
내 가엾은 부모님이 누린 가장 행복한 시간이었던 것 같다.
남동생과 여동생은 많이 자랐다. 남동생은 활동적인 청년으로,
여동생은 조용하고 착한 숙녀로 성장했다. 밤새 아버지와
이야기를 나누었다. 어머니는 넓은 세상 경험에는 관심이 없다.
당신의 아들이 무사히 집으로 돌아온 것이 기쁘실 따름이다.
내가 떠나 있었던 그 세월 동안 나의 가족을 지켜 주신
하나님께 감사드린다. 내가 보고 경험한 모든 것을 아버지께
말씀드릴 수 있도록 아버지가 무사히 잘 계시는 것이 내 기도
제목이었다.

"야곱이 또 이르되 내 조부 아브라함의 하나님, 내 아버지 이
삭의 하나님 여호와여 주께서 전에 내게 명하시기를 네 고향,

네 족속에게로 돌아가라 내가 네게 은혜를 베풀리라 하셨나이다 나는 주께서 주의 종에게 베푸신 모든 은총과 모든 진실하심을 조금도 감당할 수 없사오나 내가 내 지팡이만 가지고 이 요단을 건넜더니 지금은 두 떼나 이루었나이다"(창 32:9-10).

이것이 바로 하나님께서 영화롭게 하시는 사람의 상태다. 야곱은 하란에서 자신이 추구하고 기도했던 모든 것, 레아와 라헬, 자녀들과 양떼를 가지고 있었다.

하나님의 가난한 종인 나도, 기독교 국가에서 추구하고 기도했던 모든 것을 얻었다. 물론 야곱이 받았던 그런 종류의 복은 아니다. 사실 그런 면에서는 난 너무나 궁핍했다. 땅과 바다를 3만 2천 킬로미터 돌아다니고 난 후에 내 주머니에 남은 것은 달랑 75센트뿐이었으니 말이다.

나의 지적인 자본도 마찬가지였다. 내가 집으로 가지고 돌아온 지적인 자본은, 나와 같은 나이와 처지의 다른 동포들이 대체로 가지고 돌아오는 것에 비하면 사소한 것이었다. 과학, 의학, 철학, 신학, 그 어느 것도 부모님을 기쁘게 해드릴 만한 졸업장이 내 가방엔 없었다.

그러나 내가 원했던 것을 나는 얻었다. "유대인에게는 거리끼는 것이요 이방인에게는 미련한 것이로되"(고전 1:23). 물론 내가 기독교 국가에서 기대했던 방식으로 그것을 발견한 건 아니다. 거리에서 얻은 것도, 심지어 교회나 신학교에서 얻은 것도 아니다. 그러나 어쨌든지 다양하고 상반된 방법으로 나는 그것을 얻었고, 만족했다. 그렇다면 그들이 좋아하건 말건 바로 그것이 내가 부모님과 동포에게 주는 선물이다. 이것은 인간 영혼의 희망이며, 모든 민족의 생명이다. 인류의 역사에서 어떠한 철학이나 신학도 그 자리를 대신할 수는 없다. "내가 복음을 부끄러워하지 아니하노니 이 복음은 모든 믿는 자에게 구원을 주시는 하나님의 능력이 됨이라 먼저는 유대인에게요 그리고 헬라인에게로다"(롬 1:16).

저녁 늦게 집에 도착했다. 그곳 언덕에, 삼나무 울타리에 둘러싸인 부모님의 초가집이 서 있었다. 문을 열며 나는 외쳤다. "어머니, 당신의 아들이 돌아왔어요." 어머니의 가냘픈 몸매, 전보다 더 많은 고된 노동의 흔적을 지닌 그 육체가 얼마나 아름다운지! 델라웨어의 친구가 선택해 준 여자들에게서 보지 못했던 이상적인 아름다움을, 나는 내 어머니의 신성한 모습에서 다시 찾을 수 있었다. 그리고 이 널따란 지구에 12분의 1 에이커의 땅을 차지하고 있는 내 아버지도, 진정한 영웅이셨으며 공정하고 인내심 있는 남자였다. 바로 여기가, 내가 나의 것이라고 부를 수 있는, 이 땅과 이 지구에 나를 묶어 주는 곳이다. 이곳은 내 고향이자 내 전쟁터다. 나의 봉사와 기도와 생명을 무료로 얻게 될 땅이다.

집에 도착한 다음날 나는 이교도들이 시작했다는 기독교 대학의 학장으로 초청을 받았다. 특이한 기관이며, 세계사에 독특한 사건이다. 이 제의를 받아들여야 할까?

그러나 이 책은 여기서 끝내야겠다. 나는 여러분에게 '내가 어떻게 기독교인이 되었는가'를 이야기했다. 내 삶에 중요한 사건들이 많이 생기고, 독자들이 나의 이야기 방식에 싫증내지만 않는다면, 그들은 '나는 어떻게 기독교인으로서 일했는가'라는 또 한 권의 이런 책을 얻게 될 것이다.

우치무라 간조 연보

1861 다카사키 한시의 아들로 에도에서 출생
1877 도쿄외국어학교에서 삿포로 농업대학에 관비생(官費生)으로 입학, 기독교로 개종(17세)
1881 삿포로 농업대학 졸업(21세)
  홋카이도 개척사 어용 관직을 임명받음, 도내의 어업을 조사·연구하는 일에 종사
  친구들과 삿포로 그리스도교회를 건립하여 전도 활동에 힘씀
1883 홋카이도 개척사 어용 관직 사직
1884 미국 유학길에 오름(24세)
  펜실베이니아 주립 아동백치원의 간호인으로 근무
  뉴잉글랜드의 애머스트 대학에서 수학
  하트포드 신학교 입학, 4개월 간 신학 공부
1888 일본으로 귀국(28세)
  니가타 현의 호쿠에쓰 가칸 학교에서 교장직을 맡음
  선교에 대한 그의 원칙과 서양 선교사들 사이의 불화로 교장직 사직
  제일고등중학교의 강사로 부임
1889 요코하마 가즈코와 결혼
1891 제일고등중학교 불경사건(不敬事件: 천황의 초상 옆에 걸어 놓은, 천황이 서명한 새로운
  '교육 칙어'(敎育勅語) 사본 앞에 머리를 숙여 경의를 표하기를 거부한 사건)으로 교사직을
  박탈당함
  아내와 사별
1893 《구안록》(求安錄) 출간
1894 《전도의 정신》 출간
  《지리 연구》 출간
  Japan and Japanese 출간
1895 *How I Became a Christian* 출간
1897 《번영을 위한 최상의 유물》 출간

《요로즈초호》(萬朝報) 영문란 주필 역임(37세)

1898 《요로즈초호》 주필 사임

평론지 《도쿄 도쿠리츠잣시》(東京獨立雜誌) 발행

1900 《도쿄 도쿠리츠잣시》 폐간

월간지 《세이죠노겐쿠》(聖書之硏究)를 창간, 30년간 문필 전도에 전력(40세)

1903 고우도쿠 슈우스이 등과 반전론(反戰論)을 제창

《요로즈초호》지의 객원직을 사임

오직 성서 연구와 복음 전도에 힘씀

1930 도쿄에서 별세(70세)

옮긴이 **양혜원**

서울대학교 불문과를 졸업했으며 이화여자대학교 대학원에서 여성
학을 수료하고, 2013년 도미하여 클레어몬트 대학원대학교에서 종
교학 석·박사를 취득했다. 한국 라브리선교회 협동간사로 1995년
부터 6년간 섬겼으며, 통역과 번역 일을 해왔다. 역서로 《이디스
쉐퍼의 라브리 이야기》, 《대천덕 자서전: 개척자의 길》, 《예수원 이
야기: 광야에 마련된 식탁》, 《거북한 십대, 거룩한 십대》, 《우치무
라 간조 회심기》, 《너를 사랑하기 때문에》, 《아주 특별한 모자》,
《쉐퍼의 편지》(이상 홍성사)가 있으며, 저서로 《교회 언니의 페미니
즘 수업》, 《교회 언니, 여성을 말하다》(이상 비아토르), 《유진 피터슨
읽기》(IVP)가 있다.

우치무라 간조 회심기
: 내 영혼의 항해 일지

How I Became a Christian
: Out of My Diary

지은이 우치무라 간조
옮긴이 양혜원
펴낸곳 주식회사 홍성사
펴낸이 정애주
국효숙 김의연 김준표 박혜란 손상범
송민규 오민택 임영주 차길환

1986. 11. 10. 초판 발행   1996. 5. 23. 초판 12쇄 발행
2001. 7. 9. 개정판 발행   2017. 5. 10. 개정판 16쇄 발행
2019. 10. 11. 개정2판 1쇄 발행   2023. 7. 15. 개정2판 2쇄 발행

등록번호 제1-499호 1977. 8. 1.
주소 (04084) 서울시 마포구 양화진4길 3   전화 02) 333-5161   팩스 02) 333-5165
홈페이지 hongsungsa.com   이메일 hsbooks@hsbooks.com
페이스북 facebook.com/hongsungsa
양화진책방 02) 333-5161

ISBN 978-89-365-1385-6 (03230)